Kohlhammer

## Die Autorin

**Brigitte Spillmann**, Dr. phil. Ausbildung zur Volksschullehrerin. Studium der Geschichte und der Deutschen Literaturgeschichte. Promotion in Geschichte; Dipl. Psychotherapeutin und Psychoanalytikerin (C.G. Jung). Lehranalytikerin, Supervisorin, Dozentin. Präsidentin des Zürcher C.G. Jung-Instituts (1997–2007). Langjährige eigene Praxis in Zürich. Vortragstätigkeit und Workshops im In- und Ausland. Heute freie Autorin.

Brigitte Spillmann

# Sehnsucht nach Lebendigkeit

## Symbole als transformierende Kraft in der Psychotherapie

Verlag W. Kohlhammer

1. Auflage 2024


Gesamtherstellung: W. Kohlhammer GmbH, Stuttgart

Print:
ISBN 978-3-17-043534-6

E-Book-Formate:
pdf: ISBN 978-3-17-043535-3
epub: ISBN 978-3-17-043536-0

# Inhalt

# Vorwort

Psychoanalyse bewegt sich seit ihren Anfängen in prekärem Gebiet: Einerseits einem emanzipatorischen Ansatz verpflichtet, der den mündigen Menschen im Blick hat, anderseits voller Respekt vor der Rätselhaftigkeit und Einmaligkeit des Individuums, das, umfangen vom Unbewussten, ein Leben lang Unverfügbarem ausgesetzt ist. So muss sich auch die tiefenpsychologisch fundierte Psychotherapie durch viele Ungewissheiten hindurch in die Terra incognita eines jeden Menschen vortasten. Das macht sie in der heutigen Zeit verdächtig. Die vorherrschende akademische Psychologie, die wesentlich auf die biologisch-naturwissenschaftliche Medizin und kognitive therapeutische Verfahren ausgerichtet ist, verspricht Effizienz, Messbarkeit und Wirtschaftlichkeit. Hier zählt das Kontrollierbare, die »objektive Wirklichkeit«, an deren »Normalität« der von einer »Störung« befallene Mensch möglichst bald wieder symptomfrei teilhaben soll. Aber das Feld des Normalen umfasst bei weitem nicht das unabsehbare Feld alles Wirklichen.

Ein trügerisches Bewusstsein möchte uns zwar so gerne glauben lassen, wir könnten unser Leben im Griff haben, aber die Psychoanalyse lehrt uns seit langem, dass wir damit der bedrohten Menschlichkeit nicht gerecht werden. Der Zeitgeist, aber auch aus persönlichen Gründen verödete und verletzte Leben lassen Menschen in ihrer Lebendigkeit verstummen. Wo sie nicht in stiller Resignation verharren, treibt sie die Sehnsucht um. Mit ihr haben wir es in Therapie und Analyse früher oder später immer zu tun – und damit auch mit der Frage, wie ein Leben in all seiner Ausgesetztheit, seiner Zerbrechlichkeit und Begrenztheit überhaupt lebendig gelebt werden könne. Hier spielen Symbole eine unersetzliche Rolle; sie vermögen die engen vom Bewusstsein und der konkreten Realität gesetzten Grenzen zu transzendieren und dem Einzelnen die Weite und Tiefe alles Wirklichen zu eröffnen. Sie stoßen gleichsam ein Fenster auf ins Hintergründige und Unbewusste, mit dem wir als dem Unverfügbaren – zu unserem Glück und Unglück – auch zu leben haben. Nur so aber gelingt es, sich die Welt wirklich anzuverwandeln und in aller Unbehaustheit einen tragfähigen Boden zu finden.

Psychoanalyse und Psychotherapie ereignen sich darum wesentlich im Wirkungsfeld der Symbole, die als Wegmarken auf dem Lebensweg jeden Einzelnen mit seinem unverwechselbar eigenen Schicksal verbinden. Davon erzählen auch die vielfältigen Erfahrungen aus meinem langjährigen Praxisalltag, in dem ich immer wieder Menschen begegnet bin, die im Umgang mit Symbolen ihr individuelles Geschick annehmen und damit – trotz aller Widrigkeiten und Versehrtheit, aller Enttäuschungen und allem Scheitern – zu ihrer ganz eigenen Lebendigkeit finden konnten. Das Buch darf deshalb auch als ein Plädoyer für Psychoanalyse und Psychotherapie gelesen werden. Und hier gilt: Bei allem bewussten Bemühen um klare

Wahrnehmung der konkreten Lebensrealität und ihren Anforderungen und Versagungen werden wir gleichzeitig stets ermutigt, uns geduldig auf den Prozess mit dem Unbewussten einzulassen, der sich den auftauchenden Symbolen entlang bewegt, um uns so schließlich eine lebendige, beseelte Welt zu eröffnen. Was für Therapie und Analyse gilt, gilt natürlich überhaupt: Die nie verstummende Sehnsucht nach Lebendigkeit drängt uns alle, uns durch alle Veränderungen hindurch im ständigen Wandel immer wieder neu auf das unberechenbare, rätselhafte Leben einzulassen.

# Dank

Mein Dank gilt ganz besonders allen Menschen, die ich in meiner langjährigen therapeutischen Praxis auf einer kleineren oder größeren Wegstrecke begleiten durfte; ich habe von ihnen viel über seelisches Erleben und das Leben gelernt. Das betrifft auch die Studierenden in meinen Lehrveranstaltungen, denen ich viele Anregungen verdanke.

Florian Rotberg danke ich für die wohlwollende Aufnahme meines Buchprojekts in das Programm des Kohlhammer Verlags; Kathrin Kastl und Manuela Pervanidis vom Lektorats-Team danke ich für die ebenso angenehme wie professionelle Begleitung bei der redaktionellen Bearbeitung des Manuskripts; ein besonderer Dank gilt hier aber vor allem Manuela Pervanidis, die sich dem vorliegenden Text mit großer Sorgfalt gewidmet hat.

Im Wissen darum, dass ich in dieser Schrift nur habe weitergeben können, was mich geprägt hat, erinnere ich mich sehr dankbar an alle Menschen und Werke, die mich auf meinem Weg begleitet und bereichert haben.

Mein Mann und meine ganze Familie haben mich in meinen vielfältigen Verpflichtungen und auch bei diesem Buchprojekt stets mit großem Verständnis unterstützt. Meinen liebevollen Dank dafür und für alles andere.

# Einleitung

## Zur Entstehung dieses Buches[1]

Das wechselhafte Geschick des Menschen setzt ihn gegensätzlichsten Emotionen aus; Lachen und Weinen, Glück und Trauer gehören ebenso dazu wie Liebe und Hass. Was immer auch Menschen zustößt, es löst Gefühle aus, treibt sie um oder lässt sie innehalten. Und dies alles »hat seine Zeit«, hält bereits das bekannte Predigerwort fest. Ein Gefühl allerdings ist, das alle andern prägt und überdauert: die Sehnsucht. Sie färbt unser Lachen und Weinen mit ihrem ganz eigenen Gefühlston ein. Sie erfasst uns als nie endendes Streben nach Lebendigkeit, als inniges Verlangen nach Liebe und Zärtlichkeit, als tiefes Sehnen nach der unerreichbaren Heimat, nach Gerechtigkeit und Frieden, als oft verzehrende Suche nach dem verlorenen Paradies, dem Sinn des Lebens und vielem sonst, was wir schmerzlich entbehren. Sie lässt uns nicht zur Ruhe kommen, treibt uns immer weiter, denn »das Wesen des Menschlichen besteht – in der Sehnsucht nach Lebendigkeit« (Strasser, 2016, S. 121). Und es ist oft gerade die Lebendigkeit, die Vielen heute fehlt, die Psychotherapie suchen.

Seelisch unlebendig, dem Leben und sich selbst entfremdet, so begegnen uns die Menschen in der Praxis oft zu Beginn – dennoch schon da mehr oder weniger bewusst kräftig am »Sehnsuchtsseil« (Sachs, 1971) ziehend, das ihnen endlich ein selbstbestimmtes, erfülltes Leben bringen soll. Dieses ist allerdings nicht zu haben ohne leidvolle Tränen, denn es gibt keinen Zauberstab, der die Erfüllung dieser tiefsten Sehnsucht so einfach vermitteln könnte.

Die folgenden Überlegungen zur Sehnsucht nach Lebendigkeit werden darum nicht ohne ein Nachdenken über Begrenzung und Vergänglichkeit auskommen. Der Mensch, das »Wesen«, das »mit endlicher Lebenszeit unendliche Wünsche hat« (Blumenberg, 2001, S. 71), steht von Anfang an im Spannungsfeld von Leben und Tod, das ihn von der Erfahrung der Begrenztheit seiner Möglichkeiten nicht verschont. Daran ändern auch die heute vielfältigen Gelegenheiten nichts, die Welt zu erobern – der Massentourismus ist nur eines der unzähligen Phänomene, die, getrieben von unersättlicher Lebensgier, nicht nur uns, sondern auch unseren Planeten zu zerstören drohen, denn nicht nur unser individuelles Leben, auch unsere kollektiven Ressourcen sind endlich, wie wir heute immer bedrängender erfahren. Die Lebenswirklichkeit, wie wir sie vorfinden, ist letztlich also nie gut genug. Dennoch kann sich das Leben trotz aller Versagungen und leidvollen Erfahrungen

1 In der vorliegenden Publikation finden sich vereinzelt überarbeitete Auszüge aus: Spillmann, 2003.

als erfüllt und lebendig erweisen, wenn es gelingt, die Welt und sich selbst als *beseelt* zu erleben. Dazu bedarf es allerdings einer Offenheit jenen unbewussten Seiten unserer Seele gegenüber, die nicht nur bedrohlich Dunkles bergen, sondern auch eine Quelle des Trostes und selbstheilender Kräfte sind. Sie erschließen sich uns in Symbolen, die »bis in die geheimsten Tiefen der Seele« ihre Wurzeln treiben (Bachofen, 1859, zitiert nach Beit von, 1971, S. 15) und uns ein Jenseits zu unserer bewussten Welt eröffnen. Ein Beispiel mag das einleitend etwas konkretisieren:

Im Oktober 2016 wurde in der Semperoper in Dresden wieder einmal Mozarts »Zauberflöte« gegeben. Dieser Aufführung waren Tage heftiger Demonstrationen mit übelsten Auswüchsen politischer Unkultur vorausgegangen. War in diesem Umfeld das von Mozart vorgesehene Finale im Weisheitstempel mit seinem Sieg der Menschlichkeit über die finsteren Mächte nicht vollkommen illusionär? Das Ende der Aufführung nahte und mit ihm der erwartete Triumph Sarastros über die Truppen der Königin der Nacht; doch die traditionell vertraute Szenerie war überraschend anders: Schüsse, Pulverdampf und rauchende Trümmer waren auf der Bühne zu sehen und zu hören; aus dem stark beschädigten Weisheitstempel ragte einsam eine Kanone, und Sarastros Kopf tauchte kurz aus dem Untergrund auf – auf seinem Kopf ein arg mitgenommener Strahlenkranz, der allen Glanz eingebüßt hatte –, um dann sogleich wieder in der Tiefe zu verschwinden. Kein Mensch war auf diesem Schlachtfeld vor tiefschwarzem Bühnenhintergrund zu sehen, schließlich herrschte gespenstische Stille. Da erklang aus der hintergründigen Dunkelheit unvermittelt der strahlende Jubelchor, der vom Sieg der Weisheit und Liebe über die Mächte der Finsternis kündete. Gleichzeitig aber war überdeutlich klar: Dieser Sieg fand nicht in der realen Wirklichkeit statt, er war als eine unerreichbare, aber lebensnotwendige Utopie in eine jenseitige Welt verwiesen und half gerade dadurch, die Zumutungen und Unzulänglichkeiten unserer Welt zu ertragen.

Wir Menschen werden zeitlebens als »jenseitsgrundierte Wesen« (Strasser, 2016, S. 34) immer wieder – und nicht nur in der Oper! – angerührt von solchen Idealen, die bei allem klaren Realitätssinn vermitteln: die konkrete Wirklichkeit, so elend und voller Not sie auch sein mag, umfasst nie den ganzen Erfahrungshorizont für lebendig gelebtes Leben. Soll unser Leben sich aber als lebendig gelebt, oder anders ausgedrückt: als beseelt erweisen, sind wir auf diesen Jenseitsgrund angewiesen, in dem wir uns verbunden wissen mit allem, was die Schöpfung und menschliches Leben ausmachen. Als Tiefenpsychologen sprechen wir hier gerne vom Unbewussten, dem wir in unserem Leben ebenso Raum geben müssen wie der konkreten Bewusstseinswelt, wenn das Leben nicht einseitig verkümmern soll. Wohin dagegen die Sehnsucht nach einer idealen Welt führt, wenn deren bedingungslose und einseitige Umsetzung in der konkreten Realität eingefordert wird, erleben wir in der heutigen Zeit wieder einmal mehr mit zunehmendem Schrecken. Fanatiker jeder Couleur verbreiten mit ihren rigiden Idealvorstellungen Angst und Terror.

In den langen Jahren meiner beruflichen Tätigkeit hat sich mein Respekt vor dem Unbewussten und damit auch vor dem Unverfügbaren immer mehr vertieft. Wo wir uns darauf einlassen – selbstverständlich immer im Dialog mit dem Bewusstsein! – erleben wir oft staunend, wie sehr sich blockierende Abwehr oder gar Versteinerungen zu lösen vermögen und die Sehnsucht nach lebendig gelebtem Leben sich trotz vielfacher Einschränkungen zu erfüllen vermag, denn aus dieser »Lebensquelle des Instinktes [...] fließt auch alles Schöpferische« (Jung, 1931, § 339), das »Keime von noch unabsehbaren Möglichkeiten enthält« (Jung, 1926, § 644). Hilfreich ist uns darum alles, was oft unvermutet aus dieser unbewussten, aber schöpferischen Keimschicht auftaucht: Träume, Phantasien, Märchen, Mythen, Literatur, Bilder, Musik, Philosophie, ja auch Wissenschaft und vieles mehr – kurz alles, was sich der *ganzen* Wirklichkeit des menschlichen Lebens zuwendet.

So will ich denn – durchaus auch im erwähnten Respekt vor dem Unbewussten – die folgenden Kapitel nicht mit der Darstellung theoretischer Konzepte beginnen, sondern den Weg gleichsam über den *Hintereingang* wählen. Ich lasse mich dabei vom folgenden Traum leiten, der mir zufiel, während ich mit den Vorarbeiten zu diesem Buch beschäftigt war. Er sei hier in seinen wesentlichen Aspekten kurz angeführt:

> Auf meinem Heimweg ins Stadtinnere lege ich einen Halt an »meiner« Buchhandlung ein. Ich blicke ins Schaufenster, will danach den Laden betreten, der im zurückversetzten, geschützten Eingangsbereich gleich um die Ecke liegt. Zu meiner Verblüffung ist der Eingang aber vollkommen zugemauert: Eine Wand ist da hochgezogen worden, wie wenn nie eine Türe dagewesen wäre. Ungläubig taste ich mit meinen Händen an der Wand entlang, klopfe sie ab, wie wenn ich dadurch Zugang erhalten könnte – vergeblich. Ich erinnere mich schließlich, dass es durch den großen Hinterhof noch einen Eingang in die Buchhandlung gibt; dazu muss ich allerdings um den ganzen weiträumigen Häuserblock herumgehen.
>
> Da taucht die Buchhändlerin auf – es ist »meine Blumenfrau«, bei der ich alle meine Blumen beziehe; sie ist jetzt aber ganz selbstverständlich die Buchhändlerin dieses Geschäfts, als sei sie nie etwas anderes gewesen. Ich gebe meiner Verwunderung über den verschwundenen Ladeneingang Ausdruck, und sie erklärt mir, dass die Hausverwaltung diesen Eingang im Rahmen der laufenden Bauarbeiten verschlossen habe.

Ich träumte diesen Traum, nachdem ich seit Tagen versucht hatte, ein klares Konzept für mein Schreiben zu finden, das meine Überlegungen in ein stimmiges Ganzes einbinden und sie gleichzeitig auch mit einigem theoretischen Material anreichern würde – ohne dass die angeführten Literatur- und Traumbeispiele wie die Fallvignetten in ihrem emotionalen Zugang »zerredet« oder verdeckt würden. Wollte mir der Traum nun zeigen, dass ich mich der Sehnsuchts-Thematik von einer ganz anderen als der klar strukturierten theoretischen Seite her annähern musste?

Der direkte Zugang zur Buchhandlung ist zugemauert. Ich muss den Weg über den Hinterhof finden, soll also nicht direkt auf das ganze Wissen zusteuern, das da in zahlreichen Büchern mit ihren vielen Einsichten und noch nicht entschlüsselten Botschaften lagert, sondern soll den Eingang durch eine Hintertüre suchen. Vorher allerdings müsste ich den ganzen großen Häuserkomplex mit all den darin lebenden Menschen umrunden. Die Blumenfrau, die mir den Weg weist, kann sich als Buchhändlerin nicht nur über geistige Belange austauschen, sondern versteht auch die Blumen, dieses wichtige Mittel zur nonverbalen Kommunikation von Gefühlen.

Dass sie nun auch als Buchhändlerin auftritt, mag den Umstand betonen, dass es darum gehen wird, emotionale und analytische Aspekte stets miteinander zu verbinden.

Der Zugang über den Hinterhof – steht er nicht gleichnishaft für den Zugang der Psychoanalyse zum Menschen überhaupt, der für Freud ebenso wenig wie für Jung als stolzer Herr im eigenen Haus wirkt? Sie beide wählten mit dem Unbewussten letztlich ja auch den Weg zum Verständnis der menschlichen Existenz über den »Hinterhof« und nicht über die allgemein zugängliche, repräsentative Hauptfassade. Während in der Buchhandlung alles, was menschliches Leben betrifft, in unzähligen Werken seinen (strukturierten) Niederschlag gefunden hat, wo man also darauf hoffen dürfte, endlich doch Antworten auf die Fragen zu finden, die einen ergreifen und umtreiben, herrscht im Hinterhof oft wenig Ordnung, ja gelegentlich sogar Vernachlässigung; und vieles, was da vergessen, vielleicht sogar verdreckt herumliegt, würden die Bewohner den Blicken ihrer Besucher wohl lieber entziehen. Aber auch der Eingang in den Hinterhof ist nicht ohne weiteres zu finden: Begreifen zu lernen, was uns ganz persönlich ergreift, bedeutet, den manchmal beschwerlichen Weg um den ganzen großen »Häuserkomplex« abzuschreiten. Seine Bewohner haben oft von den Beziehungs- und Lebensgeschichten zu erzählen, die uns mit unserem näheren und weiteren Umfeld verbinden; auch ihnen haben wir zuzuhören auf unserem Gang in den Hinterhof, haben uns von ihren Geschichten anrühren zu lassen, um schließlich besser zu begreifen, was sie und uns zur Lebendigkeit führt.

Auf diese Weise – den auftauchenden Geschichten, bzw. Fallvignetten und Symbolen entlang – möchte ich im Folgenden auch gerne den Weg gehen, um einen Umgang zu finden mit der tief eingewurzelten Sehnsucht nach Lebendigkeit. Dies ist gleichzeitig nahezu exemplarisch der Weg, den wir in der tiefenpsychologisch fundierten Therapie und Analyse auch beschreiten. Und immer geht es dabei um lebendig gelebtes Leben, auf dass wir die uns bemessene Zeit nicht als »Untote« zubringen, die zwar leben, aber nicht lebendig sind.

Diese Untoten, die »Zombies«, hat der österreichische Philosoph Peter Strasser vor einigen Jahren in einer kleinen, äußerst anregenden Schrift *Von Göttern und Zombies* (2016) eindrücklich beschrieben. Seine Publikation, mit dem Untertitel »Die Sehnsucht nach Lebendigkeit«, bestärkte mich in meinem schon jahrelang gehegten Vorsatz, aus psychotherapeutischer Sicht dieser Sehnsucht nachzuspüren und schreibend über sie nachzudenken. Wo der Ausgangspunkt des Philosophen die Welt als Ganzes und die abendländische Philosophiegeschichte im Besonderen meint, liegt mein Fokus beim einzelnen Menschen mit seinem individuellen Geschick, dem ich als Therapeutin meist in einer akuten Umbruchs- oder Krisenzeit begegne oder als Analytikerin auf seinem Weg der Selbstfindung. Dennoch haben wir es auch in der psychotherapeutischen Praxis stets mit Menschen zu tun, deren Geschick wie in einem Vergrößerungsglas jenem Spiegelbild entspricht, das uns alle betrifft. Im Grunde haben wir es in der therapeutischen und analytischen Tätigkeit immer mit der *conditio humana* zu tun – in einer mehr oder weniger tragischen Ausformung des je individuellen menschlichen Schicksals.

Und in diesem Zusammenhang soll ein wesentlicher Aspekt des oben erwähnten Traumes nicht vergessen gehen. Bis jetzt haben wir den Fokus ausschließlich auf den Zugang zur »Buchhandlung« gelegt, der im Traum einzig über den Hinterhof möglich war. Die Buchhandlung war aber für die Träumerin nur ein Zwischenhalt auf ihrem »Heimweg ins Stadtinnere«. Ziel aller dieser Bemühungen ist es also, in einem Stadt-, bzw. Seelenzentrum heimzufinden. Das erinnert an Novalis' bekanntes Wort: »Wo gehen wir denn hin? – Immer nach Hause« (Novalis, 1962, S. 283).

Auch darin teilen wir Psychotherapeuten das Schicksal mit den Menschen, die wir eine Wegstrecke lang begleiten dürfen: Wir sind immer unterwegs, um aus verödetem Leben und Unbehaustheit nach Hause und zur Lebendigkeit zu finden.

Abschließend noch ein Wort zum Aufbau des Buches: Entsprechend den vorangegangenen Überlegungen werden uns Geschichten aus der psychotherapeutisch-analytischen Praxis sowie Mythen und Märchen beschäftigen; wir werden uns auf unserem Gang entlang der Sehnsuchtssuche aber auch einmal auf ein theoretisches Zwischenspiel einlassen, um das Berichtete theoretisch einzubetten und zu vertiefen.

# Prolog über die Sehnsucht im Spiegel von Märchen und Mythen

*Es pocht eine Sehnsucht an die Welt,*
*An der wir sterben müssen.*
(Lasker-Schüler, 1966, S. 88)

Verträumt und zart sitzt auf einem Findling am Strand in Kopenhagen die bronzene Figur der kleinen *Meerjungfrau*, von der Andersens gleichnamiges Märchen erzählt. Als ein Strandgut der Sehnsucht hat es sie gleichsam an die Grenze gespült, die ihre Ursprungswelt am Meeresgrund von jener der Menschen trennt. »Keine war so voller Sehnsucht«, berichtet Andersen (1986, S. 85). Und tatsächlich hatte sich die jüngste und anmutigste der sechs Töchter des Meereskönigs früh schon voller Sehnsucht nach der Welt der Menschen und einer Seele gesehnt. Aber schon lange bevor sie zu den Menschen auftauchen durfte, hatte sie ihren kleinen Garten am Meeresgrund mit einem weißen Marmorstandbild geschmückt, einem schönen Knaben, der von einem gestrandeten Schiff versunken war. Voller Sehnsucht sucht sie später nach der Liebe eines einzigen Menschen, durch die ihr endlich jene *unsterbliche Seele* verliehen werden soll, die sie sich mehr als alles andere erhofft. Für die Erfüllung dieser Sehnsucht nimmt die kleine Meerjungfrau sehr viel in Kauf, sogar den Verlust ihrer herrlichen Stimme. Da, wo sie schließlich die Grenze von ihrer ursprünglichen Welt in jene lang ersehnte fremde der Menschen überschreitet, wo sie aus dem Wasser ans Land geht, da wird uns eindrücklich vor Augen geführt, was diese Grenzüberschreitung eigentlich bedeutet: Sie muss lernen aus ihrem allerschwächsten und schmerzhaftesten Stand heraus zu gehen – die ungewohnten Beine anstelle des geopferten Fischschwanzes fordern ihren Preis: ein messerscharfer Schmerz bei jedem Schritt, den die kleine Meerjungfrau künftig in der Welt tut; er ist der Tribut für den aufrechten Gang des Menschen und gleichzeitig für die erhoffte Einlösung ihrer Sehnsucht, die sie zwingt, menschliche Gestalt anzunehmen. Aus der Unendlichkeit des Meeres – dessen Wasser »ganz blau« ist, so blau, wie der Himmel, der sich über dem Meeresgrund zu wölben scheint – drängt es sie in einem Übermaß an Gefühl unbedingt ins Leben. Doch an ihrer Sehnsucht muss sie schließlich sterben, denn mit der Mensch-Werdung wird sie sterblich.

Bereits im *Schöpfungsmythos* unseres Kulturkreises bricht die Sehnsucht auf: Mit dem Raub der Frucht vom Baum der Erkenntnis hat das erste Menschenpaar das Paradies verwirkt und muss nun erst noch im Bewusstsein seiner Sterblichkeit leben. Fortan bleiben die Paradiespforten verschlossen, unerreichbar jener ursprüngliche Zustand von Einheit, Glück, Harmonie und ewigem Wohlbefinden, in dem jeder Hunger gesättigt, jedes Bedürfnis gestillt und jeder Wunsch erfüllt wird. »Adam weiß, was er verloren hat«, meint darum Bonhoeffer:

> Er weiß um sein Sterbenmüssen, Lebenwollen, Nichtlebenkönnen und Lebenmüssen. Dieses Leben des Adam ist nun ein dauerndes, erneutes Sichempören gegen dieses Dasein, ein Greifen nach dem Leben, das diesem Leben ein Ende machen würde, das das neue Leben sein würde. Leben will Adam unter allen Umständen. Adam hat vom Baum der Erkenntnis gegessen, aber der Durst, den ihm diese Frucht nach dem Baum des Lebens gemacht hat, bleibt ungestillt. Der Baum des Lebens ist bewacht durch Wächter des Todes, er bleibt in unberührter göttlicher Unnahbarkeit. Aber das Leben des Adams vor den Toren ist ein dauernder Angriff auf das verschlossene Reich. Ein Fliehen, ein Suchen, auf dem verfluchten Acker zu finden, was er verloren hat, und dann immer wieder ein verzweifeltes Rasen gegen die Wächter mit dem hauenden Schwert. Aber das Tor bleibt verschlossen. (Bonhoeffer, 1998, S. 316)

Was der Theologe hier so eindrücklich formuliert, ist die Trauer und Verzweiflung um das verlorene Paradies, das eine tief eingewurzelte Quelle der Sehnsucht durch alle Zeiten bleiben wird – nicht nur im christlich-jüdischen Umfeld. Der faszinierende uralte Menschheitstraum vom Paradies findet sich nahezu in allen Schöpfungsmythen, und wo immer dieser paradiesische Urzustand auftaucht, wird er ausnahmslos aus irgendeinem Grund verwirkt. Zurück bleibt die brennende Sehnsucht, die sich im biblischen Mythos (und gewiss nicht nur da!) gerade auch in ohnmächtig verzweifeltem Aufbegehren, ja in Hass und unbändigem Vernichtungswillen zeigen kann.

> Der auf den Tod hin erhaltene und am Durst nach dem Leben sich verzehrende Adam zeugt Kain, den Mörder. Das ist das Neue in Kain, dass er selbst sich am Leben des Menschen vergreift. Der Mensch, der nicht vom Baum des Lebens essen darf, greift umso gieriger nach der Frucht des Todes, der Vernichtung des Lebens. (ebd., S. 317)

Kain hat zahlreiche Nachkommen bis auf den heutigen Tag! Die Sehnsucht nach Leben und Liebe bewirkt Tod und zerstörerischen Hass, wo sie nicht geduldig ausgehalten wird, wenn das Ungenügen hinter der konkret erfahrenen Wirklichkeit hinter den Wunschträumen und eigenen Vorstellungen zurückbleiben muss – eine Tatsache, die in unserer Zeit mit all ihren terroristischen Attacken aufs schlimmste bestätigt wird in einer Welt, welche »die Raserei einer weltfeindlichen, dem religiösen Wahnsinn entsprungenen Transzendenz fürchten muss« (Strasser, 2016, S. 12).

Die Sehnsucht nach dem Paradies, jenem Zustand ursprünglicher Glückseligkeit aber ist uns allen eingeboren. Sie zieht eine unauslöschliche Spur durch die ganze Menschheitsgeschichte. Die einstmals religiöse Heilsgeschichte ist allerdings in der westlich geprägten Zivilisation nach der Aufklärung und dem in der Folge proklamierten Tode Gottes ins Diesseits verlegt worden. Das Gelobte Land scheint damit in greifbare Nähe gerückt, das Anrecht auf »Glück« jedes Einzelnen doch endlich einlösbar. Das »Streben nach Glück« ist gar ein verfassungsmäßig verbrieftes Recht geworden – 1776 in der Präambel der amerikanischen Unabhängigkeitserklärung erstmals als »unveräußerliches Recht« erwähnt, wird in der heutigen Verfassung des Königreichs Bhutan nicht nur das »Streben nach Glück«, sondern sogar das »Grundrecht auf Glück« zum garantierten Rechtsgut. Selbst der Baum des Lebens ist trotz der »Wächter des Todes« in erreichbare Nähe gerückt – wenn auch nicht in seiner Ganzheit, so doch wenigstens in all den Möglichkeiten, die uns heute gegeben sind, wenn wir in die Grundsubstanz des Lebens eingreifen und den Tod in vielfältigen Manipulationen aufschieben.

Wo aber die Sehnsucht solcherart ganz ins Diesseits verlagert ist, kann sie auch vielfach missbraucht werden – das Angebot ist in unserer Konsumgesellschaft unabsehbar; ein Dummkopf, wer es nicht nutzt, suggeriert uns die Werbung täglich. Allerdings ist meine eigene Zunft davon nicht völlig ausgenommen: Psychoanalyse und Psychotherapie leben seit ihren Anfängen ebenfalls von der Sehnsucht der Menschen. Es ist wohl immer (unbewusste) Sehnsucht, welche Menschen in Therapie und Analyse treibt und sie da auch aushalten und mitarbeiten lässt. Zweifelhaft wird unser »Geschäft« allerdings erst dann, wenn wir die Hoffnung auf magische Heilung verstärken und, fasziniert von den Manifestationen des Unbewussten, den emanzipatorischen Ansatz der Psychoanalyse aus den Augen und uns in esoterischen Vorstellungen verlieren.

Doch wie vielfältig diese Sehnsucht auch missbraucht werden kann, wenn sie konkretistisch missverstanden wird, bleibt sie dennoch eine prägende, ja transzendierende Kraft in unserem Leben. Wo wir uns von der Sehnsucht nach Lebendigkeit anrühren lassen, gewinnt unser Leben an Lebendigkeit, an Intensität und Tiefe, denn sie entspricht dem stärksten Verlangen nach Selbstverwirklichung und Beziehung, nach Sinnfindung im Weltganzen, im Kosmos.

Welchen Grundton unsere Sehnsucht annimmt, auf welche Pfade sie uns führt, erwächst aus der Geschichte unseres Herkommens, aus unserer seelischen Konstitution und den Bedingungen unseres gegenwärtigen Lebens. Wie wir mit ihr umgehen, entscheidet wesentlich über unseren Lebensgang. Das aber, was uns so sehr nach einer beseelten Wirklichkeit verlangen lässt, kann oft nur schwer in Worten ausgedrückt werden. Wir nehmen darum nicht selten auch Zuflucht zu mythologischen Bildern, wie es neben vielen anderen auch der Schweizer Schriftsteller Thomas Hürlimann unternahm, als er in einer individuellen Lesart mit Platons Höhlengleichnis seine Sehnsucht nach Leben, Licht und Luft zu fassen suchte. Ausgangspunkt ist auch ihm die bekannte Situation in der unterirdischen Höhle, wo die Menschen gefangen sitzen und nur die Scheinwelt auf der ihnen gegenüberliegenden Wand sehen können. Einer aber begehrt auf und will über die Treppe ins wirkliche Leben gelangen. Ein beschwerlicher Aufstieg steht ihm bevor, den Hürlimann drastisch schildert:

> Mutig gehst du los, das heißt, du hebst den Fuß, aber bevor du ihn auf die erste Stufe abstellen kannst, wirst du erfahren müssen, dass man einer Mythenhöhle nur als tragische Figur entkommt. Auf einmal hast du einen Klumpfuß wie Ödipus, wie Sisyphos sollst du einen Stein vor dir herwälzen und wie Christus ein schweres, zu deiner Tötung bestimmtes Kreuz nach oben schleppen. Bitte sehr, dann schleppen wir halt, sagst du dir und machst dich an die Erfüllung deiner Aufgaben. Als würdest du flüssiges Blei durchstampfen, hievst du den Fußklumpen von Stufe zu Stufe, rollst den Stein und trägst dein Kreuz. Der Stein poltert immer wieder nach unten, und das Kreuz beginnt auf deiner Schulter wie ein Baum zu wachsen, [...]. Erst schlägst du dir an den rohen, aus dem Felsen gehauenen Stufen die Knie blutig, dann das Kinn, die Stirn, die Nase, und wenn du vom Stein überrollt, vom Kreuz begraben, mit deinen gebrochenen Gliedern zum hundertsten Mal auf dem Bauch liegst und hoch über dir einen Lichtriß erblickst, läßt sich der Verdacht, du könntest den falschen Weg gewählt haben, nicht mehr verscheuchen. Ist die Treppe zum Ausgang tatsächlich so lang? Bist du in ein Labyrinth geraten? [...] Wie sollst du das wissen – bisher hast du mit Täuschungen gelebt, mit Bildern und Projektionen, und erst jetzt, im hilflosen Versuch, durch diesen verdammten Schacht in die Wirklichkeit zu geraten, lernst du sie allmählich kennen. Tage vergehen, dann Monate, schließlich Jahre, und immer öfter passiert es dir, dass du vergißt, wozu du angetreten warst.
>
> Aber die Sehnsucht nach Licht und Luft wirst du nie ganz los, und ohne sagen zu können, ob du die richtige Richtung getroffen hast, machst du dich mit deinem Mythengepäck erneut auf den Weg zu jenem weit entfernten Ende hinauf, wo tagsüber der Riß leuchtet und nachts inmitten der Finsternis eine blaue Blume blüht. Nach weiteren Wochen, Monaten, Jahren ahnst du, dass dein umständliches Steigen, Kreuzschleppen, Steinrollen und Klumpfuß-Hochhieven, die Treppe nicht etwa bezwingt, sondern verlängert, und in einer Mittsommernacht, da die blaue Blume in ihrem Kelch einen winzigen Stern erglitzern läßt, kannst du förmlich sehen, wie die letzten Stufen ins Unendliche übergehen [...] – du näherst dich [am Ende] mit versiegenden Kräften deinem Ziel. Umgekehrt, das Ziel nähert sich dir. Auf der obersten Stufe offenbart sich die Wirklichkeit. (Hürlimann, 2008, S. 112 ff.)

Auch Hürlimann lässt uns ahnen: Dem Ruf der Sehnsucht zu folgen, kann sich als sehr beschwerlich und schmerzhaft erweisen! Trotzdem verstummt er ein Leben lang nicht. So entpuppt sich denn die Sehnsucht nicht nur in der Therapie, sondern im Leben überhaupt als jene Kraft, die unablässig zur Individuation, dem menschlichen Reifungsprozess beiträgt, wenn wir uns nicht gleichgültig, resigniert oder verzweifelt in der »Höhle« verhocken. Wo aber der Lebensfluss blockiert ist, ist auch die Sehnsucht nach lebendig gelebtem Leben erstorben oder zumindest verstummt. Erst Resonanz und Anteilnahme vermögen sie dann wiederzubeleben. Dazu braucht es oft lange Wege und Umwege, entsprechend dem labyrinthischen Gang, den das Leben dem Menschen so oft zumutet. Eines aber zeigen alle die angeführten Beispiele – von der kleinen Meerjungfrau angefangen, über Adam und Eva bis hin zum Menschen, der sich aus der Höhle ins Leben gebären will: lebendige Menschwerdung ist untrennbar mit der Erfahrung der Endlichkeit verbunden; aus der Unendlichkeit auftauchend erfahren sich alle gleichzeitig als dem Tode verfallene Menschen. Wir wollen uns darum nun der Lebendigkeit vom Ende her annähern, indem zuerst vom Umgang mit Tod und Vergänglichkeit die Rede sein soll – jenem Ende also, das scheinbar auch die Sehnsucht nach Lebendigkeit unerbittlich verstummen lässt.

# 1 Vom Umgang mit Tod und Vergänglichkeit

*Der Tod ist groß.*
*Wir sind die Seinen*
*lachenden Munds.*
*Wenn wir uns mitten im Leben meinen,*
*wagt er zu weinen*
*mitten in uns.*
(Rilke, 1966, Bd. 1, S. 233)

Irvin Yalom, ein amerikanischer Psychotherapeut, pflegte vor seinen Patienten in der ersten Sitzung gerne eine Gerade hinzuzeichnen – quasi eine Lebenslinie –, um sie dann aufzufordern, den Punkt auf dieser Geraden zu markieren, auf dem sie sich gegenwärtig angekommen fühlten. Sie sollten so eine Vorstellung ihrer endlichen Lebenszeit erhalten. Eine meiner älteren Analysandinnen hatte davon gelesen und nach einer schwierigen Operation ebenfalls versucht, sich diese Lebenslinie vorzustellen: wieviel Zeit würde ihr noch verbleiben? Aber so sehr sie sich auch mühte – jedes Mal, wenn sie diesen Punkt in Gedanken fixieren wollte, drängte sich vom Ende her ein Nebel ins Bild und verhüllte die Linie. Sie begriff: ihr Leben bewegte sich zwar unausweichlich zum Tode hin, aber wieviel Lebenszeit ihr noch geschenkt sein würde, gehörte in den geheimnisvollen Bereich des Unverfügbaren.

Es gehe ihr besser, sagte mir einmal eine während Jahren sehr depressive Frau, seit sie realisiert habe, dass sie sterblich sei. Sie war dabei von der Erfahrung angerührt worden, die das »Tibetische Buch vom Leben und Sterben« so prägnant festhält: »Wenn wir aber schließlich zur Gewissheit kommen, dass wir sterben müssen und alle anderen fühlenden Wesen ebenso, entsteht in uns ein glühendes, fast herzzerreißendes Gefühl für die Zerbrechlichkeit und Kostbarkeit jedes Augenblicks […]« (zitiert nach Yalom, 2010, S. 115).

Depressiven Menschen aber fehlt nicht selten diese Gewissheit der eigenen Sterblichkeit und damit auch das Zeitgefühl. Die Zeit ist ihnen eingefroren und das beschädigt ihr Zeiterleben grundsätzlich. So leben sie ihr Leben in ewiger Gegenwart, und obwohl sie viel vom Tod sprechen, empfinden sie ihn oft nicht als reales Ende. Erst das klare Bewusstsein der Begrenztheit lässt sie die unwiederbringliche Einmaligkeit ihres Lebens erahnen.

Davon sprechen nun auch die kommenden Kapitel, an deren Anfang Märchen stehen sollen. Märchen eignen sich besonders gut, um von der kostbaren Fülle des Lebens zu erzählen, weil sie – »verwoben mit dem Wunderbaren« (Lüthi 1999, S. 6) –, das menschliche Leben mit allem Lebendigen und dem ganzen Kosmos verbunden wissen und gleichzeitig von den zu allen Zeiten gültigen existenziellen Lebensaufgaben Kunde geben.

## Über die Unverfügbarkeit des Todes

Menschliches Leben umgreift die Spanne zwischen Geburt und Tod. Während uns aber der Gedanke an die Geburt als Anfang des Lebens, die stets »der Beginn einer neuen Erzählung in der großen Chronik der Menschheit« ist (Mankell, 2016, S. 263), deren Zauber wir uns immer wieder gerne hingeben, verbreitet der Gedanke an den Tod meist ganz elementar Angst und Schrecken. In dieser großen Chronik der Menschheit gibt es denn auch schon in einer der ältesten, schriftlich überlieferten Dichtungen überhaupt, dem babylonischen Gilgamesch-Epos, die verzweifelte Suche nach Unsterblichkeit, um als Mensch nicht dem Tod anheimzufallen. Gilgamesch hält schließlich das Kraut in der Hand, das ewiges Leben verheißt – doch wenig später raubt ihm eine Schlange das kostbare Gut, und er muss einsehen, dass ewiges Leben den Göttern allein vorbehalten bleibt.

Aber auch viele andere Geschichten und Märchen zeigen, wie wenig der Mensch es akzeptieren kann, dass gegen den Tod anscheinend kein Kraut gewachsen ist. So ist es denn auch nicht erstaunlich, dass in den Märchen, die als frühe volkstümliche Dichtung die ganze Welt und den Kosmos abzubilden und zu bewältigen suchen, der Tod leibhaftig auftritt. Was im wirklichen Leben nicht möglich wäre: dem eigenen Tod real zu begegnen – und ihn zu überleben! – das macht das Märchen möglich. Diesseitige und jenseitige Gestalten, Menschen, Tiere und Gestirne verkehren hier unbefangen miteinander und so auch der Tod mit den Menschen. Vielfach ist da der Versuch, nicht nur mit dem Tod zu verhandeln, sondern ihn auch zu überlisten, um so das tief eingewurzelte Grauen vor dem eigenen Tod oder jenem der Liebsten bewältigen zu können – so wird etwa der Tod in ein Weinfass oder auf einen Apfelbaum verbannt.

Ein besonders anrührendes Beispiel dieser Art findet sich sogar in einem Kinderbuch mit dem Titel »Der Tod auf dem Apfelbaum« (Schärer, 2015). Dieses bereits vielfach variierte Märchenthema wird darin mit wenigen Worten, aber wunderbaren Bildern neu erzählt (im Folgenden nacherzählt von BS):

Der Fuchs und die Füchsin sind schon alt und müssen darum ohnmächtig zusehen, wie Vögel und viele andere Tiere sich unbekümmert über die Äpfel ihres Apfelbaumes hermachen. Dem schlauen Fuchs aber geht doch eines Tages wieder einmal ein Tier in die Falle: ein kleines mageres Wiesel. Es bettelt inständig um sein Leben und verspricht dem Fuchs die Erfüllung eines Wunsches, wenn er ihm die Freiheit schenke, denn es sei ein Zauberwiesel, und es versichert: »Meine Zaubersprüche halten auf immer und ewig« (S. 7). Der Fuchs wünscht sich denn nach einigem Nachdenken, dass jeder, der auf seinen Baum klettert oder fliegt, daran festklebt (mit Ausnahme der Bienen im Frühling, wie er ausdrücklich anmerkt). Das Wiesel erfüllt ihm seinen Wunsch und fügt, bevor es weggeht, noch an: »nur du kannst den Zauber lösen, wenn du das wünschst« (S. 9).

Anderntags bleiben alle Tiere am Baum kleben, und nach einer Weile befreit sie der Fuchs wieder; aber die Sache mit dem verzauberten Apfelbaum spricht sich rasch herum, und kein Tier wagt sich mehr in dessen Nähe. Der Fuchs ist glücklich; dabei wird er älter und älter. Eines Tages steht sein Tod unter dem Apfelbaum (als freundliche, fast durchscheinende Fuchssilhouette gemalt). Und der Fuchs reagiert erschreckt, möchte noch ein Weilchen weiterleben. Aber der Tod schüttelt nur den Kopf. Da bittet der Fuchs um einen letzten Apfel vom Baum; er könne ihn aber nicht selbst herunterholen, ob der Tod das nicht für ihn besorgen könne? Der steigt seufzend auf den Baum und – klebt fest! Der Fuchs jubelt: »Jetzt lebe ich auf immer und ewig!« (S. 16). Der Tod lächelt und wartet.

Die Jahre vergehen – der Tod wartet.

Eines Tages wird die Füchsin krank und stirbt. Weinend kommt der Fuchs zum Apfelbaum: »Tod, was hast du getan?... Du sitzt doch hier fest?« (S. 19). Aber der Tod belehrt den Fuchs, dass er gleichzeitig auch anderswo sein könne, in vielfach anderer Gestalt; er, der hier oben sitze, sei nur der eigene Tod des Fuchses. Traurig schleicht der Fuchs davon.

Die Jahre vergehen. Die Kinder und Enkel des Fuchses sind altgeworden, und die Enkel haben selbst auch schon wieder Kinder und Kindeskinder. Die Freunde des Fuchses sind alle tot, der Fuchs gehört nirgends mehr richtig dazu.

Schließlich wird der Fuchs gebrechlich, alle Knochen tun im weh, auf einem Auge ist er blind, und er hört und riecht nicht mehr gut. So hinkt er eines Tages zum Apfelbaum und befreit seinen Tod. Da pflückt der Tod noch einen schönen roten Apfel und steigt langsam vom Baum: »Abwechslungsweise beißen die beiden in den Apfel – ohne zu sprechen. Dann umarmen sie sich, und dem alten Fuchs wird ganz leicht dabei. Er nickt, und zusammen ziehen sie davon« (S. 27).

Ein tröstliches und zutiefst stimmiges Ende! Besonders schön ist auch der Einfall, dass der Tod dem Fuchs am Ende einen roten Apfel bringt. Der Apfel meint hier gewiss mehr als die vom Fuchs einst listig eingeforderte Frucht. In seiner letzten Stunde darf der Fuchs vom Tod die reife Frucht vom Apfelbaum, seinem Lebensbaum, in Empfang nehmen: sein Leben hat sich erfüllt, in seinen Händen hält er den Apfel – von alters her ein Symbol der Liebe und der Ganzheit – und darf ihn nun teilen mit dem Tod, der für ihn allen Schrecken verloren hat.

Auch alle anderen Märchen, in denen der Tod (und nicht nur der eigene, wie im erwähnten Märchen) gebannt wird, enden damit, dass der Tod früher oder später wieder befreit werden muss, da er besonders von den Alten und Kranken erwartet wird, deren Kraft und Lebenswillen erschöpft ist: kurz, weil es auch ihn im Leben braucht. Ist der Tod aber, »dessen dunkles Licht von Zeit zu Zeit am [...] Horizont aufblitzt« (Kertesz, 1998, S. 34 f.), nicht ein zu ernsthaft existenzielles Thema, um ihn im Märchen abzuhandeln? Das Kinderbuch vom Tod im Apfelbaum wird diese Bedenken zerstreuen; außerdem sind ja auch Kinder gelegentlich der Erfahrung vom Tod naher Menschen ausgesetzt – ganz zu schweigen von Kindern in Kriegsgebieten oder in Flüchtlingslagern (nur fehlen diesen leider neben vielem anderen oft auch hilfreiche Märchen).

Allerdings waren Märchen ursprünglich keineswegs für Kinder bestimmt und auch nicht unter therapeutischen Aspekten von Bedeutung. Seit Charles Perrault am Ende des 17. Jahrhunderts das Volksmärchen literaturfähig gemacht hatte, faszinierte diese Literaturgattung allen voran natürlich die Dichter der Romantik: »Alles Poetische muss märchenhaft sein. Im Märchen glaube ich am besten meine Gemütsstimmung ausdrücken zu können. Alles ist ein Märchen«, bekannte denn auch

Novalis (zitiert nach Lüthi, 1999, S. 5). Aber bereits beim Klassiker Schiller lesen wir: »Tiefere Bedeutung liegt in dem Märchen meiner Kinderjahre als in der Wahrheit, die das Leben lehrt« (Schiller, 1959, Die Piccolomini, III. Aufzug, 4. Auftritt). Und sogar der nüchterne Aufklärer Freud musste feststellen, dass sich bei »einigen Menschen [...] die Erinnerung an ihre Lieblingsmärchen an die Stelle eigener Kindheitserinnerungen gesetzt [hat]; sie haben die Märchen zu Deckerinnerungen erhoben.« Folgerichtig fänden sich darum auch in Träumen häufig »Elemente und Situationen, die aus diesen Märchen kommen« (Freud, 1913, GW X, S. 2). Bereits zuvor hatte er im Vorwort zur dritten Auflage seiner »Traumdeutung« angekündigt, spätere Auflagen dieses Werks müssten »einen engeren Anschluss an den reichen Stoff der Dichtung, des Mythus, des Sprachgebrauchs und der Folklore suchen« (Freud, 1911, GW II/III, S. XII). Er stellte damit ausdrücklich einen Zusammenhang her zwischen den Märchen und der Kindheitsgeschichte sowie der Neurose der Träumer; Mythen und Märchen lassen also für ihn ebenso eine Deutung zu wie die Träume, denn auch sie erhellen das unbewusste Geschehen, und legen Spuren in die noch unbekannte Seelenlandschaft.

Seine Bilder aber schöpft das Märchen aus den Tiefen des Unbewussten. In ihm werde, zum ersten Mal vielleicht, die Welt dichterisch bewältigt, sagt Max Lüthi, dem wir eine umfassende Phänomenologie des europäischen Volksmärchens verdanken (Lüthi, 1999). Doch auch er kann nur immer wieder neu »die Verwobenheit des Märchens mit dem Wunderbaren« betonen, denn, so erklärt er: »Das Märchen [...] bleibt uns rätselhaft, weil es wie absichtslos das Wunderbare mit dem Natürlichen, das Nahe mit dem Fernen, Begreifliches mit Unbegreiflichem mischt, so, als ob dies völlig selbstverständlich wäre« (ebd., S. 6). Davon spricht auch das Märchen vom »Gevatter Tod«, das uns noch eingehend beschäftigen wird; da tauchen Gott und Teufel ebenso natürlich auf wie der Tod und sprechen mit den Menschen wie mit ihresgleichen.

Die vertraute Formel »Es war einmal« zeigt uns untrüglich an, dass die erzählte Geschichte ein Märchen ist. Auch wenn diese typische Wendung zu Beginn gelegentlich variiert wird, immer führt uns das Märchen damit in die Zeitlosigkeit. Es eröffnet uns ebenso »eine Zeit, in der das Wünschen noch geholfen hat« oder »in der Gott noch auf Erden wandelte«, wie ein Nirgendwo in der Raumlosigkeit »am Ende der Welt«. Diesem »rite d'entrée« entspricht oft der »rite de sortie« am Schluss des Märchens: »Und wenn sie nicht gestorben sind, leben sie noch heute«. Diese und ähnliche Variationen zeigen mit ihrem rituellen Charakter an, dass wir die konkrete Wirklichkeit verlassen, wenn wir in die Märchenwelt eintreten, dass wir aber auch aus ihr immer wieder in die Alltagswelt zurückgeholt werden müssen, wenn wir uns nicht in Raum- und Zeitlosigkeit verlieren wollen – ein Wissen, das heute Fantasie-Fiction-Lesern oft abhanden zu kommen droht.

In der Wirklichkeitsferne der Märchen herrschen andere Gesetze: Vergangenheit und Gegenwart stehen gleich gültig nebeneinander; die Macht der Zeit ist außer Kraft gesetzt (selbst nach hundertjährigem Schlaf krabbelt die Eintagsfliege wieder munter davon, und Dornröschen ist auch danach so jung und schön wie zuvor...). Kurz, um es noch einmal mit Lüthi zu sagen: »Das Märchen verzichtet auf räumliche, zeitliche, geistige und seelische Tiefengliederung. Es verzaubert das Ineinander und Nacheinander in ein Nebeneinander« (ebd., S. 23). Damit aber entspricht es

Erfahrungen aus dem unbewussten Bereich der menschlichen Psyche; auch im Unbewussten ist alle Erfahrung der Zeit außer Kraft gesetzt. Im Spiegel des Märchens begegnen wir allgemein menschlicher Urerfahrung von Welt und Kosmos. Und wenn Kierkegaard den Menschen als »wunderliches Gespinst, gewoben aus Endlichkeit und Unendlichkeit« beschrieben hat (Weischedel, 1992, S. 234), dann spricht das Märchen die Unendlichkeit in uns an – und antwortet gleichzeitig auf ein Problem, das uns in der Endlichkeit umtreibt. So werden uns denn auch nicht zu allen Zeiten die gleichen Märchen ansprechen oder dieselben Szenen und Geschichten, von denen sie erzählen. Immer wird uns *das* Märchen ansprechen oder *die* Episode besonders berühren, die unserer augenblicklichen inneren und äußeren Lebenssituation oder dem aktuellen Konflikt am besten entspricht. Märchen gehören darum zu den verlässlichsten Quellen, wenn wir uns auf den Prozess mit dem Unbewussten einlassen, und so wollen wir uns nun auch noch eingehend einem Märchen zuwenden, in dem es um die direkte Begegnung mit dem Tod geht.

## Der Gevatter Tod

In Grimms Märchen vom Gevatter Tod (Grimm, KHM Nr. 44, nacherzählt von BS) sucht ein armer Mann nach der Geburt seines dreizehnten Kindes verzweifelt einen Paten für das Neugeborene. In seiner Not beschließt er, den Erstbesten, der ihm auf der Straße begegnet, zu Gevatter zu bitten. Doch dann wird er doch wählerisch: Wie ihm nämlich als Erstes Gott entgegenkommt und dem Kind gütig ein glückliches Leben auf Erden verheißt, lehnt ihn der arme Mann in seiner Verbitterung ab: ihn begehre er nicht zu Gevatter, lässt er Gott wissen, denn »du gibst den Reichen und lässest den Armen hungern«. Dem Teufel, dem er darauf begegnet und der dem Kleinen »Gold die Hülle und Fülle und alle Lust der Welt dazu« verspricht, ergeht es nicht besser: auch ihn verschmäht der Vater als Paten, denn: »du betrügst und verführst die Menschen«. Erst der »dürrbeinige Tod« findet Gnade beim Armen; er sei der Rechte, lässt er ihn wissen, denn »du holst den Reichen wie den Armen ohne Unterschied«. Und dass der Tod – im Gegensatz zu Gott und Teufel – »alle gleichmacht«, wie er selbst angekündigt hat, zeichnet ihn für den hart arbeitenden Mann aus, und er macht ihn offensichtlich gerne zu seinem »Gevattersmann«. Jetzt erst verheißt auch der Tod dem Neugeborenen Reichtum und Berühmtheit, »denn wer mich zum Freunde hat, dem kann's nicht fehlen«. So sind denn die beiden einig, und der Tod erscheint pünktlich zur Taufe.

Der Tod hält darüber hinaus Wort. Wie der Knabe herangewachsen ist, holt ihn der Tod, um den Jungen auf seinen *Lebensweg* zu führen; allerdings nicht ohne ihm vorher sein Patengeschenk übergeben zu haben: Er zeigt ihm im Wald das *Lebenskraut*, das alle Menschen zu heilen vermag und mit dessen Hilfe der Jüngling schon bald ein berühmter Arzt wird. Der Tod hatte ihm nämlich zusätzlich noch das Versprechen gegeben, für ihn jeweils am Krankenbett zugegen zu sein, entweder zu Füßen oder am Kopf des Patienten, aber unsichtbar für alle übrigen Anwesenden.

Und so kannte auch nur der Arzt die Regel, die ihm der Tod noch auf den Weg mitgegeben hatte: »steh ich zu Häupten des Kranken, so kannst du keck sprechen, du wollest ihn wieder gesund machen, und gibst du ihm dann von jenem Kraut ein, so wird er genesen; steh ich aber zu Füßen des Kranken, so ist er mein, und du mußt sagen, alle Hilfe sei umsonst und kein Arzt in der Welt könne ihn retten. Aber hüte dich, daß du das Kraut nicht gegen meinen Willen gebrauchst, es könnte dir schlimm ergehen«.

Das geht lange gut, und das Patenkind des Todes wird so ein berühmter Arzt und reicher Mann dazu, der wunderbarer Weise stets genau vorauszusagen weiß, wie es um den Kranken steht. Eines Tages aber wird er zum erkrankten König gerufen – und zu seiner Bestürzung steht der Tod zu Füßen des Königs! Da kann er der Versuchung nicht widerstehen – vergessen ist die ebenso tröstliche wie unerbittliche Einsicht des Vaters, dass der Tod alle »gleich« mache! –, er lässt den König umbetten, sodass der Tod nun am Kopf des Königs zu stehen kommt; und der König wird wieder gesund. Der Tod aber droht dem Arzt danach unverhohlen, ein weiteres Mal würde er sich nicht überlisten lassen; sollte es der Arzt dennoch wieder versuchen, würde er das mit seinem eigenen Leben bezahlen müssen.

Doch schon bald erkrankt die Tochter des Königs schwer, was den untröstlichen Vater verkünden lässt, wer sein einziges Kind vom Tod erretten könne, der solle die Prinzessin heiraten und die Krone erben. Der herbeigeeilte Arzt sieht erschreckt den Tod zu ihren Füßen stehen. Aber betört durch die große Schönheit der Königstochter und die Aussicht, König zu werden, lässt er auch diese Kranke wieder umbetten – trotz der zornig-warnenden Blicke und der drohend erhobenen dürren Faust des Todes.

Der Arzt rettet diese Kranke zwar auch, fällt dafür nun aber selbst in die Hand des Todes, der diesmal kein Erbarmen kennt. Mit »eiskalter Hand« packt er ihn und führt ihn in eine unterirdische Höhle. Hier brennen »tausend und tausend Lichter in unübersehbaren Reihen«, die Lebenslichter der Menschen. Von diesen Kerzen geht ein ständiger Wechsel aus: immer wieder verlöschen einige, während andere neu entbrennen, je nach Lebensdauer, die den Menschen beschieden ist. Im Gefühl, sein eigenes Lebenslicht sei noch recht groß, lässt er es sich vom Tod zeigen – und erblickt ein »kleines Endchen«, das eben auszugehen droht! Erschrocken bittet er den Paten, ihm ein neues anzuzünden, damit er »König und Gemahl der schönen Königstochter« werde. Das sei nicht möglich, meint der Tod, erst müsse ein Licht verlöschen, ehe ein neues anbrennen könne. »So setzt das alte auf ein neues, das gleich fortbrennt, wenn jenes zu Ende ist«, bittet der Arzt. Und der Tod macht tatsächlich zuerst Anstalten, ihm diesen Wunsch zu erfüllen, stellt sich aber mit Absicht so ungeschickt an, dass das kleine Kerzenende beim Umstecken verlöscht, – und der Arzt tot zu Boden sinkt.

Vor dem Tod sind alle gleich – zuerst ein tröstliches Wissen, danach ein Aufbegehren dagegen: nicht jetzt, nicht so, nicht ich! Da muss es doch einen anderen Weg geben! Wo der Vater im Märchen anscheinend moralisch klar für Gerechtigkeit eintritt, erliegt der Sohn als Arzt der Versuchung, seine eigene Gerechtigkeit zu schaffen – zuerst beim drohenden Tod des Königs, danach bei jenem der Königstochter und schließlich bei seinem eigenen, der ihn in seiner ganzen ohnmächtigen Verlorenheit zeigt. Allerdings, spätestens in der »unterirdischen Höhle« wird uns klar, dass es eine Gerechtigkeit in der Zuteilung von Lebensjahren nicht geben kann, da gibt es nämlich sogar für ältere Menschen noch große Lichter, während schon Kinder nur noch sehr kleine haben können – ganz im Sinne auch der mittelalterlichen Totentanzdarstellungen: der Tod trifft unerbittlich alle, ob jung, ob alt, ob reich, ob arm, bedeutend oder unbedeutend. Angesichts dieser Zumutung haben die Menschen zu allen Zeiten bekanntlich immer wieder versucht, mit dem Tod zu verhandeln oder ihn sogar zu überlisten, wie der Arzt in unserem Märchen, oder wie es zuvor der Fuchs getan hat.

Dennoch bleibt die einzige unumstößliche Gewissheit in unserem Leben, dass wir als endliche Wesen von Beginn an dem Tod entgegenleben. Eine Gewissheit allerdings, der wir in aller Regel mit größtem Widerstand begegnen, denn »unser Unbewußtes glaubt nicht an den eigenen Tod, es gebärdet sich wie unsterblich« (Freud, 1915b, GW X, S. 350). Was Freud hier nüchtern analysierend feststellt, hat Tolstoj in seiner Erzählung über den »Tod des Iwan Iljitsch« bereits früher literarisch eindrücklich festgehalten:

> In seinem tiefsten Innern wusste Iwan Iljitsch, dass er sterben müsste, allein er konnte sich nicht nur nicht an diesen Gedanken gewöhnen, sondern er konnte ihn einfach nicht begreifen, die nackte Tatsache nicht begreifen.
>
> Jenes bekannte Beispiel für Syllogismen, das er in der Logik von Kiesewetter gelernt hatte: Cajus ist ein Mensch, alle Menschen sind sterblich, also ist auch Cajus sterblich, war ihm sein ganzes Leben hindurch rechtmässigerweise lediglich als auf Cajus anwendbar vorgekommen, keinesfalls aber auf ihn, Iwan Iljitsch, selber. Jenes war der Mensch Cajus, der Mensch überhaupt, und für diesen war das Gesetz völlig gerechtfertigt; er aber war nicht Cajus und ebensowenig der Mensch an sich, sondern er war ein Wesen völlig für sich und völlig von allen anderen verschieden; er war der Wanja mit seiner Mama und seinem Papa, mit Mitja und Wolodja, mit Spielzeug und einem Kutscher, mit seiner Kinderfrau und späterhin mit Katjenka, kurz, mit allen Freuden, Leiden und Entzückungen der Kinderzeit und Jugend. War denn der Geruch des aus Lederstreifen zusammengesetzten Balles, den Wanja so geliebt hatte, etwa für Cajus bestimmt gewesen? und hatte Cajus etwa, so wie er, die Hand der Mama geküsst? und hatte vielleicht für jenen die Seide des Faltenkleides der Mama gerauscht? war es etwa Cajus gewesen, der in der Rechtsschule wegen der Kuchen revoltiert hatte? Cajus, der so verliebt gewesen war wie er? und verstand etwa Cajus so wie er eine Verhandlung zu leiten?
>
> Cajus, der war in der Tat sterblich, und wenn er starb, so war es ganz in der Ordnung; ich aber, ich, Wanja, ich, Iwan Iljitsch, mit all meinen Gefühlen und Gedanken, – bei mir ist es nun einmal eine ganz andere Sache. Es kann ja gar nicht sein, dass auch ich sterben muss. Das wäre viel zu entsetzlich. (Tolstoj, 1963, S.50)

Indem Tolstoj den todkranken Iwan Iljitsch so viele ganz persönliche Einzelheiten erinnern lässt, teilweise auch mit Sinneserfahrungen behaftet (der Geruch des Lederballs, das Rauschen des Seidenkleids der Mutter) macht er uns begreiflich, wie wenig sich der Sterbende »als Mensch an sich« verstehen kann und wie sehr sein nahender Tod für ihn selbst eine undenkbare Katastrophe ist. Er ist in diesem individuellen Geschehen ebenso untröstlich wie das Hinterbliebenen geschehen kann, wenn sie einen nahen Menschen verloren haben – »das Unglück geschah nur mir allein«, heißt es im ersten von Gustav Mahlers Kindertotenliedern (1905: »Nun will die Sonn so hell aufgehn«). In unserer Zeit ist der Tod aber erst recht zum unfassbaren Geschehen geworden, nachdem die Gesellschaft ihn schon längst ausgebürgert hat – nicht einmal mehr die Leichenwagen sind heute als solche zu erkennen, von Leichenbegängnissen, wie sie früher üblich waren, ganz zu schweigen. Der Tod ist tabuisiert (Ariès, 1980, S. 716 u. 736), ebenso die Trauer der Verbliebenen. Wie sonst ließe sich erklären, dass in einem heute gängigen Diagnoseschlüssel für psychische Erkrankungen, Trauer nach dem Tod eines nahen Angehörigen, die länger als zwei (!) Wochen dauert, bereits als pathologische Reaktion eingestuft wird? So ist es denn auch nicht erstaunlich, dass uns der Tod scheinbar völlig unvorbereitet trifft; und doch meldet er sein unabänderliches Kommen manchmal lange vor der Zeit an – in mehr oder weniger starken Anrufen aus seiner jenseitigen Welt.

Wer kennte nicht jenes tiefe Erschrecken, das einen unmittelbar mit der Einsicht befallen kann, tatsächlich ebenfalls sterben zu müssen! Dies kann aus verschiedenstem Anlass geschehen: Menschen erzählen, wie sie gelegentlich nachts voll innerer Panik aus dem Schlaf aufschrecken im Bewusstsein, eines Tages einem alles zernichtenden Nichts ausgesetzt zu sein. Oder eine vierzigjährige Frau berichtete, wie sie einmal auf dem alltäglichen Gang durch den Friedhof (eine gern benützte Abkürzung auf ihrem Heimweg) schlagartig vom Gedanken getroffen worden sei, dass auch sie eines Tages unter diesen Toten liegen werde – eine ganz unbegreifliche Vorstellung, die ihr augenblicklich den Atem raubte. Manchmal aber findet Todesahnung ihren Ausdruck auch in Bildern: Eine junge Patientin, sie war gerade einmal achtzehn Jahre alt geworden, litt seit längerer Zeit an einem metastasierenden Karzinom und brachte zur ersten Sitzung ein großes Bild mit, auf dem sie ihren »Lebensweg« aufgezeichnet hatte – in der linken oberen Ecke prangte groß eine Uhr ohne Zeiger. Ich erschrak zutiefst: würde sie bald aus der Zeit fallen? – und tatsächlich lebte die junge Frau nicht mehr lange. Das Erschrecken war in diesem Moment allerdings ganz bei mir: die junge Patientin selbst war noch voller Hoffnung auf Heilung, die zu erreichen sie in der folgenden Zeit auch nichts unversucht ließ. Doch ihre Seele wusste es schon jetzt besser. Die Uhr ohne Zeiger kündet die Zeitlosigkeit an, in die der Tod mündet und in der es keine Stunden mehr anzuzeigen gibt.

»Das Ende des eigenen Lebens, sprich den eigenen Tod, zu bedenken, ist intellektuell und existenziell belastend«, betont Helmut Holzhey als Philosoph und er fährt fort:

> Es steht in herber Spannung zu einem vermutlich natürlichen Bedürfnis, den Tod wie jedes Ende nicht *als Ende* zu akzeptieren. Und zwar nicht bloß den Tod im Allgemeinen und nicht bloß den Tod anderer, auch sehr nahestehender Menschen, sondern den eigenen Tod. (Holzhey, 2017, S. 77)

Einer, der den Tod – weder den eigenen noch den der anderen – absolut nicht annehmen wollte, war Elias Canetti, der geradezu obsessiv gegen den Tod anschrieb. Er hatte mit sieben Jahren ganz plötzlich seinen Vater verloren und erlebte im Zweiten Weltkrieg den millionenfachen Tod weltweit. In dieser Zeit begann er für den Rest seines Lebens täglich, seine »Gedanken zur Verteidigung des Menschen vor dem Tode« zu fassen (Canetti, 2014, S. 19). »Das Buch gegen den Tod« erst posthum erschienen, enthält lauter in sich abgeschlossene Texte, die davon Kunde geben, wie einer »Jahr für Jahr jeden Morgen mit neuer Wut und Lust« (Matt von, 2014, S. 310) seine Gedanken gegen den Tod aufzeichnet. Aber natürlich, banal es zu sagen: Auch Canetti zog in seiner »Todfeindschaft« letztlich den Kürzeren und musste sterben.

Daran ändert kein medizinisch-technischer Fortschritt etwas, auch wenn er noch so große Erfolge verzeichnen und seltsame Blüten treiben mag – die Nachrichten in Zeitungen und Fernsehen sind voll davon –, wie gerade vor wenigen Jahren wieder an einem Symposium, wo den Teilnehmenden der baldige »Tod des Todes« angekündigt und versprochen worden war, einige von ihnen könnten dank den Segnungen der modernsten medizinischen Wissenschaft gewiss 150 Jahre alt werden (Bruckner, 2017, S. 41).

Ein besonders makabres Beispiel dieser Fortschrittsgläubigkeit erwähnt auch Marianne Gronemeyer bereits in ihrem Buch »Das Leben als letzte Gelegenheit«: 1990 versuchte ein amerikanischer Mathematiker sich vor dem Gericht in Santa Barbara (Kalifornien) das Recht zu erstreiten, seinen Kopf vor seinem natürlichen Tod abtrennen und einfrieren zu lassen, um so lange tiefgefroren darauf zu warten, bis die Forschung imstande sein würde, seinen Hirntumor zu heilen. Alsdann sollte sein Kopf aufgetaut und auf einen fremden Körper aufgepflanzt werden. Was dieser Mann so skrupellos gerichtlich einforderte, war »ein verbrieftes *Recht auf Auferstehung.* Und worauf sich diese Forderung gründete, war der unbeirrbare Glaube an eine *technisch herstellbare Unsterblichkeit*« (Gronemeyer, 2014, S. 1 f.). Was damals noch bizarr geklungen haben mag, ist heute schon Teil einer milliardenschweren Industrie, der Kryonik. Mit dieser Konservierungsart werden Menschen nach ihrem Tod eingefroren. In der Hoffnung auf ewiges Leben wollen sie tiefgefroren eine Zeit abwarten, die ihre bisher tödlichen Gebresten heilen kann. Eine »kostengünstigere Variante« als diese Ganzkörperbehandlung ist auch zu haben: die Neurokonservierung. Da wird nur der Kopf eingefroren in der Annahme, dass es in einem späteren Zeitpunkt möglich sein wird, aus den Stammzellen den dazugehörigen Körper zu erschaffen – eine etwas »humanere« Vorgehensweise als sie der amerikanische Mathematiker seinerzeit verlangt hatte, indem er dreist einen fremden Körper für seinen eigenen Kopf beanspruchte.

Was anderes aber fordert denn der Arzt in unserem Märchen, wenn er den Tod ersucht, sein erlöschendes Lebenslicht auf eine andere Kerze aufzusetzen? Schon in diesem frühen volkstümlichen Zeugnis finden wir also Spuren unseres Zeitgeistes, der offensichtlich einem archetypischen Bedürfnis entspricht, in dem aber auch die »ungeheuerliche Tatsache [wirkt], dass der Mensch sich in einen *›homo creator‹* hat verwandeln können«, was »die nicht minder unerhörte [Tatsache einschließt], dass er sich selbst in einen *›Rohstoff‹*, also einen *›homo materia‹* verwandeln kann«, wie es Günther Anders in seiner Sorge um die Zerstörung der Humanität ebenso präzise wie drastisch ausgedrückt hat (Anders, 1992, Bd. 2, S. 21). Menschen werden angesichts dieser Entwicklung immer mehr zu reparaturbedürftigen Maschinen. Doch das ertragen wir mittlerweile offenbar mit Gleichmut, so sehr übrigens, dass wir heute in der Schweiz bereits zu Lebzeiten offiziell »Widerspruch« einlegen müssen, wenn wir nach unserem Tode mit dem »Rohstoff« unseres Körpers nicht automatisch zum »Ersatzteillager« für Organtransplantationen mutieren wollen. Wiewohl damit gerade für jüngere Menschen auch Hilfreiches geschehen mag, stellt sich die Frage doch, wie sehr wir damit nicht Grenzen überschreiten, die der Hybris unseres Arztes im Märchen sehr wohl zu vergleichen ist. In gewissem Sinne betten auch wir Todgeweihte um, wenn wir lebenswichtige Organe verpflanzen und die klare Ansage des Körpers missachten, der signalisiert, dass ein Leben an seine ihm vom

Schicksal gesetzte Grenze gekommen sei. Und hier macht der Tod ja wirklich nicht alle »gleich«, wenn wir die Auswüchse des Organhandels bedenken, für den vor allem Menschen in Drittweltländern nur allzu oft mit ihrer Gesundheit oder gar mit ihrem Leben bezahlen.

Aber auch seelisch sind diese medizinischen Großtaten häufig kaum zu verkraften: Ich denke hier an einen Vater, der seinen fünfzehnjährigen Sohn durch einen Verkehrsunfall verloren hatte. Der gesunde Jugendliche war ein »idealer« Organspender. Und die geschockten Eltern hatten wenige Stunden nach dem Unfall keine Kraft, den »überzeugenden« Argumenten der Ärzte ihre ambivalenten Gefühle entgegenzusetzen; so wurden denn dem Hirntoten sämtliche lebenswichtigen Organe, inkl. Netzhaut der Augen, entnommen und an eine Vielzahl von Empfängern vergeben. Die Eltern quälten sich noch Jahre nach dieser Spende-Aktion mit der Frage, was sie ihrem Kind damit angetan hätten, indem sie in seinen Sterbeprozess eingegriffen oder zumindest seine Totenruhe gestört hätten – daran vermochten auch die (selbstverständlich anonymen) Dankesschreiben einiger Empfänger, die den Eltern nach den Transplantationen von der Klinik übermittelt wurden, nichts zu ändern.

Indem der Arzt im Märchen König und Königstocher umbetten lässt, maßt er sich eine Macht an, die ihm als Menschen nicht zusteht, wiewohl die Tragik der Situation, die ihn so herausfordert, nicht zu übersehen ist; dennoch: »dem Schicksal, das verfügt ist, kann kein Sterblicher entrinnen«, betont schon Sophokles (Sophokles, 1944, S. 272) – eine Tatsache, die wir oft und gerne verleugnen. In seiner Hybris aber missachtet der Arzt das Unverfügbare und bezahlt damit schließlich mit seinem eigenen Leben. Das Geschehen in der unterirdischen Höhle verstärkt diese Einsicht noch: Wir sind *nicht* die *Macher* unseres Geschicks – obwohl dies unsere Zeit so gerne vorgibt.

Dies alles ist nur schwer erträglich für den Arzt ebenso wie für uns, die wir uns doch so gerne als autonome Subjekte wahrnehmen, die über ihr Leben und ihren Tod selbstbestimmt verfügen. Dies kommt auch in der folgenden Zeitungsnotiz zum Ausdruck: Ein gewichtiger Wirtschaftsführer der Schweiz, während Jahren an oberster Stelle eines Großkonzerns, bekannt durch sein »überbordendes Interesse an Geld«, findet nach turbulentem (unfreiwilligem) Abgang keine befriedigende Tätigkeit mehr. Dennoch bleibt er für viele eine bewundernswerte Person, der man sich respektvoll nähert – wie auch jener Journalist, der in einem Interview mit ihm »philosophiert« und ihn schließlich devot fragt: »Was für einen Tod könnten Sie annehmen?« (Voigt, 2016, S. 27). Da klingt wie in unserem Märchen unverhohlen die Ansicht durch: Der König darf nicht sterben! Und wenn, dann stellt der König die »Bedingungen«.

Wer aber ist dieser »Gevatter Tod« eigentlich, wie ihn das Märchen uns schildert? »Dürrbeinig« kommt er auf den armen Mann zugeschritten, und in entsprechenden Illustrationen zu diesem Text finden wir ihn denn auch als das übliche Gerippe abgebildet, meist mit Sense und Stundenglas dazu. In der Begegnung mit dem verzweifelt nach einem Paten Ausschau haltenden Vater aber, erweist er sich fast schon freundlich bezogen auf dessen Not und ist sogar bereit, zur Taufe zu erscheinen, das heißt, die Patenschaft von allem Anfang an tatsächlich zu übernehmen. Als Pate aber ist er gemäß christlicher Tradition der *pater spiritualis*, der geistliche Vater – und diesem entspricht im Althochdeutschen der *Gevatter* –, der bei der Taufe in Ergänzung und zur Unterstützung der leiblichen Eltern die Mitverantwortung für die religiöse Entwicklung und den gelebten Glauben des Kindes übernimmt und diese Aufgabe auch lebenslang beibehält. Er verbindet also sein Patenkind mit der geistigen Welt, indem er dessen Lebenshorizont zur Transzendenz hin eröffnet. Die Sprachtradition in alemannischen Gebieten unterstreicht dies noch: hier wird der Pate oder die Patin *Götti* und *Gotte* genannt, worin sich unschwer der (Gott)-Vater und die (Gott)-Mutter erkennen lässt. Als Pate verbindet der Tod darum den späteren Arzt von Anbeginn mit einer göttlichen Macht, ja mit der Quelle allen Lebens. Das wird im Märchen noch dadurch betont – und dies über den christlichen Weltbezug hinaus –, dass der Tod über das »Lebenskraut« verfügt und damit den Zugang zur Lebensquelle kennt. Das heilende Kraut wächst im »Wald«, im unbewussten Dämmer des verschatteten Lichts, das der Sonnenhelle des Bewusstseins entzogen ist, wie wir es psychologisch und symbolhaft gerne ausdrücken. Ein wunderbares Bild, das uns das Märchen hier vermittelt: In unbewusster Tiefe erwachsen uns die selbstheilenden Kräfte, deren wir in bedrohten Zeiten und in Todesnähe ganz besonders bedürfen. Leben und Tod sind da oft ganz nah beieinander; und solange es dem Tod gefällt – solange er zu unseren Häupten steht, wie das Märchen es ausdrückt – solange dürfen diese heilenden Kräfte auch ihre Wirkung entfalten.

Unübersehbar aber ist: Der Tod erscheint in diesem Märchen keineswegs nur als Grauen erregendes Gerippe – im Gegenteil, *»ein großer Gott der Seele«* (Hofmannsthal, 1966, S. 83), tritt vor uns, der im Wirkungsfeld jener Kräfte steht, die das menschliche Leben trotz aller technischen und wissenschaftlichen Errungenschaften letztlich noch immer bestimmen.

Das Elend kommt schließlich über unseren Arzt, weil er sich zum selbstherrlichen, eigen-mächtigen Mitspieler dieser Schicksalsmächte aufschwingt, sich damit vergreift und bestraft wird – der Tod hätte in der unterirdischen Höhle durchaus die Möglichkeit, ihm das Leben zu erhalten, so wenigstens suggeriert es das Märchen. Doch die Götter haben schon immer diejenigen bestraft, die sich in prometheischem Eifer über ihre Ratschlüsse hinweggesetzt haben.

Und doch: Haben wir nicht auch Sympathie für diesen Arzt, zumindest ein leises Verständnis? Zwar verrät er schon bei seiner ersten Grenzüberschreitung das wichtigste Anliegen seines Vaters, indem er erst am Krankenbett des Königs gegen den Tod aufbegehrt – offenbar sind *ihm* nicht alle gleich; wir hören jedenfalls nichts davon, dass er bei einem armen Mann in dieselbe Versuchung geraten wäre. (Auch das ist uns nicht unvertraut, wenn wir uns die sich in den letzten Jahren immer deutlicher abzeichnende Zweiklassen-Medizin in unserem Land vor Augen halten!) Beim zweiten Mal allerdings ist der ärztliche »Eigennutz« unübersehbar: Wenn er die Königstochter heilt, wird er nicht nur ihr Gemahl, sondern auch König. Kann man sich eine steilere Karriere für diesen Jüngsten aus ärmlichsten Verhältnissen denken? Wahrhaftig, diese Ich-Aktie hat gewaltig an Wert zugelegt und würde in unserem ökonomisch und narzisstisch orientierten Gesellschaftssystem höchste Anerkennung finden! Doch hinter dieser Fassade verbirgt sich ein seelisches Leiden, das der Tragik nicht entbehrt.

Vergegenwärtigen wir uns dazu noch einmal kurz die Ausgangssituation: Ein armer Mann sucht verzweifelt einen Gevatter für sein dreizehntes Kind. Was die Bibel mit der Fruchtbarkeit als Segen verheißt, ist diesem Vater allzu reichlich zuteilgeworden. In diesem *Übermaß* an Lebendigkeit – das Märchen spricht wohl nicht zufällig von *dreizehn* Kindern (zwölf gilt in der Bibel und im christlichen Symboldenken als eine Zahl der Vollkommenheit und Vollständigkeit) – erschöpft sich das Leben, verarmt. Schon der Vater hatte offenbar ein Problem mit der Begrenztheit des Lebens und wurde darob zum armen Mann. Außerdem scheint er damit allein fertigwerden zu müssen: ihm fehlt eine Frau, seinen Kindern eine Mutter; jedenfalls erfahren wir nichts von ihr, sie scheint (nach dieser letzten Geburt) keine Rolle mehr zu spielen. Das ist in Bezug auf die konkrete Wirklichkeit eine bloße Hypothese – was wir dem Märchen aber gewiss entnehmen können, wenn wir es als einen innerseelischen Entwicklungsprozess lesen, dann fehlt diesem Vater die weibliche Seite, bzw. der Zugang zu seinen Gefühlen, oder anders: der *Eros* fehlt. So ist er denn auch gar nicht empfänglich für das Mitgefühl und Erbarmen Gottes, der ihm als erster auf seiner Suche begegnet. Genauso wenig vermag ihn allerdings der Teufel zu betören; mit Gott und Teufel sowie mit dem Tod verhandelt er auf einer rein rationalen, moralisch-ethischen Ebene, gelenkt allein vom *Logos*. Die Versehrtheit des Vaters zeigt sich später in der Krankheit des Königs, dem Repräsentanten des Kollektivs, erneut; will heißen: das ganze System ist krank. – Von diesem Mangel an Liebe ist das Leben des Arztes darum früh geprägt; was ihm fehlt, ist eine *innere Lebendigkeit,* die nur auf dem Boden einer liebevollen Beziehung heranwächst, die ihm aber verwehrt blieb. Umso mehr ist er darauf angewiesen, diesen Mangel nun mit größtmöglicher Anerkennung äußerer Leistung auszugleichen, und da kommt ihm das erfolgreiche Zusammenspiel mit dem Tod sehr entgegen – in jenem Grenzbereich, wo es um alles oder nichts geht, um Tod oder Leben, ist ein geradezu idealer Tummelplatz für narzisstisch versehrte Menschen in Politik oder Wirtschaft, aber auch in helfenden Berufen, wie in Medizin, Psychotherapie und anderen mehr (Guggenbühl, 1987).

»Es dauerte nicht lange, so war der Jüngling der berühmteste Arzt auf der ganzen Welt« (Grimm 1990, S. 302), heißt es im Märchen. Wie sollte er da die (narzisstische) Kränkung verkraften, am Ende doch ohnmächtig am Bett des Königs stehen zu müssen, weil gegen dessen Krankheit »kein Kraut mehr gewachsen« (ebd.) war? Er, der doch ans Siegen und den Erfolg gewöhnt war! Er müsste ausgerechnet bei diesem Kranken sein Unvermögen eingestehen? Bis jetzt schien er mit dem Tod im Einklang zu sein; doch nun, da ihm diese unverfügbare Macht gegen seinen Willen unerbittlich entgegentritt, seiner »Allmacht« Grenzen setzt, verharrt er in seinem Anspruch, weiterhin als »berühmtester Arzt der Welt« zu gelten, ohne zu bedenken, dass er diesen Ruf keineswegs aus eigener Kraft errungen hat. In diesem Beharren zeichnet sich zum ersten Mal ab, dass der Arzt selbst sein Leben einbüßen könnte, und wir ahnen, dass es um seine seelische Lebendigkeit nicht zum Besten steht. Ohne die Bereitschaft, Bewährtes und Erworbenes auch wieder in Frage stellen oder gar darauf verzichten zu können, loszulassen, was uns vertraut und lieb geworden ist – was auch bedeutet, die eigene Ohnmacht zu akzeptieren –, ohne diese Bereitschaft verkümmert die Lebendigkeit, verfallen wir dem seelischen Tod und werden so schließlich zu Untoten, »die gezwungen sind, seelenlos zu leben« (Strasser, 2016, S. 50).

Für solcherart versehrte Menschen wie unseren Arzt im Märchen ist kein Erfolg groß genug, es treibt sie immer weiter, immer neuen Grenzerfahrungen entgegen, in denen sie sich wenigstens momentweise selbst spüren und von anderen geschätzt fühlen. Die Verlockung, Gemahl der Königstochter und damit selbst König zu werden, entsprach deshalb ganz dieser narzisstischen Lebensführung, die bei ihm wie allen solcherart Betroffenen aber auf einen schmerzlichen Mangel an Liebe zurückzuführen ist. Was sie bis zur Erschöpfung antreibt, ist die »Sehnsucht nach Liebe und Lebendigkeit«, und diese erhofft sich unser Arzt folgerichtig von der Liebe der Königstochter. In der Verbindung mit ihr würde er sich endlich als *beseelt* und geliebt erfahren. Ohne diese Liebe aber bliebe er nur »ein tönendes Erz oder eine klingende Schelle« und wäre »nichts« (Bibel, 1. Kor., Kap. 13, 1 f.). Sein Ziel war groß genug, um den Tod noch einmal herauszufordern, und darum kämpft er bis zuletzt – ein Ziel, das diesen Kampf lohnte, ging es da doch um nichts Geringeres als sein *lebendiges* Leben! Er unterliegt und stirbt. Das Märchen versagt uns damit (ausnahmsweise) das gute Ende. Hätte es einen anderen Ausgang geben können?

Das Gelingen unseres Lebensprozesses kann weder gemacht noch erzwungen werden, und längst nicht alles, was wir (vielleicht sogar zu Recht) erstreben, ist uns auch im konkret gelebten Leben wirklich vergönnt. Können wir unser Leben trotzdem als lebendige Menschen beschließen oder verwirken wir unsere Lebendigkeit im Scheitern? »O Gott, lass mich lebendig sein, wenn ich sterbe!« Dieses Gebet Winnicotts (Phillips, 2009, S. 37) kann sich auch dann erfüllen, wenn uns das Leben vieles schuldig bleibt – und die Welt, wie wir sie vorfinden und wie sie sich uns immer neu präsentiert, ist nie gut genug! Vieles, was wir wünschen oder erstreben, muss offenbleiben. Wenn es dem Arzt in unserem Märchen gelungen wäre, am Krankenbett der Königstochter die Liebe zu ihr zuzulassen und gleichzeitig trauernd zu akzeptieren, dass ihm das Schicksal die Erfüllung dieser Liebe nicht zugesteht, weil sie dem Tod bestimmt ist, der ihm einmal mehr als unerbittliche Schicksalsmacht entgegenkommt, wäre das, was bis anhin so unbelebt in ihm war, auch ohne das konkrete Ausleben *beseelt* und *lebendig* geworden. Die Sehnsucht nach Lebendigkeit kann nie mit der Erfüllung all unserer Vorstellungen in erlebter Wirklichkeit rechnen.

Es ist aber ein weit verbreiteter, wenn auch verständlicher Irrtum, dass Menschen, die zu Beginn einer Psychotherapie in ihrem Leid klagen, dass sie sich »leer« und »tot« fühlten, erwarten, lebendig zu werden, bedeute vor allem, endlich einmal lange gehegte Wünsche erfüllt zu bekommen und *gute Gefühle* zu haben. Dabei sind es nicht selten zuerst mit den schmerzhaften Erinnerungen die unerwünschten, angeblich *negativen Gefühle*, wie Wut, Angst und Trauer, die den Weg zur Lebendigkeit ebnen. Hier geduldig beim »Negativen« zu verweilen und dies gemeinsam auszuhalten, ist oft lange angesagt. Und nicht selten ist es die Einsicht und die Trauer darüber, sterblich und in seinen Möglichkeiten begrenzt zu sein, die dazu verhilft, endlich ins Leben zu finden.

Die Begegnung mit Tod und Vergänglichkeit in diesem Märchen hat die Welt eröffnet, in der die Sehnsucht, dieses tiefe Verlangen nach Lebendigkeit wirkt. Das Märchen bleibt allerdings unerbittlich und in seiner Aussage ganz realistisch: Der Tod ist bei aller »wohlwollenden« Begleitung durchs Leben schließlich ungerührt und setzt das Ende, wie *er* es will.

Wenn wir die Geschehnisse im Märchen aber nochmals als innerseelische Vorgänge zu Ende denken, dann verdeutlicht der Tod des Arztes am Schluss erneut das verhängnisvolle Missverständnis: Im Beharren darauf, dass er als eigenmächtiges Subjekt seines Lebens die Kontrolle über alles, was ihm begegnet, in eigener Hand behalten muss, bringt ihn um seine Lebendigkeit. Indem er sich dem Unverfügbaren und der Vergänglichkeit entziehen will, indem er den Wandel verweigert und von seinen Vorstellungen nicht lassen kann, stirbt mit der Königstochter seine »weibliche Seite«. Der alles kontrollierende Logos behindert den Zugang zum Eros, der ja schon seinem Vater gefehlt hat. Damit aber büßt der Arzt seine Lebendigkeit nun wirklich ein – und das bedeutet zumindest seinen seelischen Tod.

## Der Tod gewährt Aufschub

Nicht immer erweist sich der Tod als so unerbittlich wie im *Gevatter Tod* – und natürlich kann er zuweilen ruhig und geduldig warten, denn zuletzt fallen wir doch alle in seinen Arm. Vielleicht aber taucht er ja gelegentlich auch nur auf, um uns an die Endlichkeit unseres Lebens zu erinnern? Lassen wir uns mit diesen Überlegungen vorerst einmal vom folgenden Traum leiten:

> Ich befinde mich in einer unterirdischen Nische einer weitläufigen Bahnhofanlage. Um mich herum herrscht emsiges Treiben. Da höre ich von weitem das wunderbare, seltsam anrührende, fast überirdische Spiel einer Geige – voller Wehmut und Trauer, aber auch voller Sehnsucht und tiefem Glück. Die Musik nähert sich mir immer mehr und schließlich steht der Tod vor mir – die Geige in der Hand, das Spiel verstummt. Ich erschrecke zutiefst und frage, was er wolle. Er schüttelt leise lächelnd den Kopf – sein Kommen habe stets nur einen Sinn, das wisse ich doch genau. Ich erschrecke noch viel mehr, ich bin doch gar nicht bereit, habe noch zu wenig gelebt und... und... Ich halte in meinem wilden Argumentieren schließlich schweigend inne – weiß, dass das jetzt alles nutzlos ist. Ich ergebe mich, bin bereit und überlasse mich dem Tod. Der aber nimmt wortlos seine Geige wieder auf, entfernt sich spielend – ich glaube, er habe mir bedeutet, er komme sofort wieder zurück und nehme mich dann mit. Ich warte, jetzt ganz ruhig und gelassen. Das Geigenspiel entfernt sich immer mehr, ich lausche der innigen Musik nach, bis sie schließlich ganz verklingt. Es dauert sehr lange, bis ich begriffen habe: derTod gewährt mir Aufschub!

Die Träumerin, ich will sie Hanna nennen, eine Frau Mitte vierzig, hatte mir den Traum tief bewegt erzählt. Er fiel in eine Phase ihres Lebens, in der sie immer wieder von heftigen Suizidimpulsen umgetrieben wurde, und dies obwohl sie nun schon längere Zeit in Therapie war. Sie hatte eine schwierige Kindheit und Jugend verlebt und fühlte sich auch in ihrer Ehe oft unglücklich. Ihre wiederkehrenden depressiven Episoden – dieser früh »erlernte« Umgang mit ihren Lebensproblemen – waren im

Laufe der Therapie zwar sehr aufgehellt worden, doch in krisenhaften Momenten holte sie eine Todessehnsucht ein, der sie jeweils nur schwer zu widerstehen vermochte. Dieses »Verarbeitungsmuster« war bewusst längst erkannt – und wurde doch emotional immer wieder neu belebt. Und in einer solchen Situation traf sie dieser Traum.

Er spielt in einer »unterirdischen Nische« einer weitläufigen »Bahnhofanlage«. Wir dürfen also davon ausgehen, dass sich hier unbewusstes (»unterirdisches«) und bedeutungsvolles Geschehen abspielt – der große Bahnhof weist ja darauf hin, dass viele Züge von hier ihren Ausgang nehmen oder sich kreuzen; und das »emsige Treiben« wird gewiss von den zahllosen Reisenden verursacht, die hier angekommen oder auf der Suche nach ihrem Zug sind. Nicht für alle ist die Richtung die gleiche, aber für alle gilt: welchen Zug sie auch nehmen, bestimmt, wohin die Reise geht. Nicht von ungefähr ist darum mit dem Zug gerne das Symbol der Lebensreise verbunden. In dieser archetypischen, weil allen Menschen gemeinsamen Situation, gibt es nun aber für unsere Träumerin inmitten dieses Treibens eine ganz persönliche »Nische«, und eigenstes seelisches Geschehen spielt sich hier ab. Der Tod tritt auf und sucht *sie* – auch das kein ganz alltägliches Traumgeschehen.

Es war aber wohl nicht einfach nur ein erneuter krisenhafter Umbruch in Hannas Leben, der den Tod in diesem Traum auf den Plan gerufen hatte. Einerseits war sie in ihrem realen Leben in vielfache Verpflichtungen eingebunden – das »emsige Treiben« auf dem Bahnhof mag auch ein Spiegelbild für ihren oft übervollen Alltag sein. Anderseits war Hanna in ihrer *Lebensmitte* angekommen und spürte in dieser Zeit auch die ersten Anzeichen ihrer Wechseljahre – untrügliche Vorboten von Vergänglichkeit, verbunden mit der Frage, ob das denn nun alles gewesen sei oder ob sie vielleicht an diesem zentralen Bahnhof »umsteigen« und einen Zug mit ganz neuer Destination wählen sollte.

Jung hat das Leben wiederholt als einen energetischen Ablauf beschrieben, in dem Jugend und Alter in einem wechselseitigen Verhältnis aufeinander bezogen bleiben, und in dem die *Lebensmitte* einen ganz besonderen Umschlagspunkt darstellt:

> Wie es eine große Zahl junger Menschen gibt, die im Grunde eine panische Angst haben vor dem Leben, das sie sich so sehr ersehnen, so gibt es eine vielleicht noch größere Zahl alternder Menschen, welche die gleiche Furcht vor dem Tode haben. Ja, ich habe sogar die Erfahrung gemacht, daß gerade jene jungen Leute, welche das Leben fürchten, später ebenso sehr an Todesangst leiden. Sind sie jung, so sagt man, sie hätten infantile Widerstände gegen die normalen Forderungen des Lebens; sind sie alt, so müßte man eigentlich dasselbe sagen, nämlich, daß sie ebenfalls Angst vor einer normalen Forderung des Lebens haben. Aber man ist dermaßen überzeugt, dass der Tod einfach das Ende eines Ablaufes ist, daß es einem in der Regel gar nicht beikommt, den Tod ähnlich als ein Ziel und eine Erfüllung aufzufassen, wie man es bei den Zwecken und Absichten des aufsteigenden, jugendlichen Lebens ohne weiteres tut.
>
> […] Jugendliche Sehnsucht nach Welt und Leben, nach Erreichung hochgespannter Hoffnungen und ferner Ziele ist eine offenkundige Zielstrebigkeit des Lebens, welche sich sofort in Lebensangst, neurotische Widerstände, Depressionen und Phobien verwandelt, wenn sie irgendwo an einer Vergangenheit hängenbleibt oder vor Wagnissen zurückschreckt, ohne welche die gesteckten Ziele nicht erreicht werden können. Mit der Erlangung der Reife und des Höhepunktes des biologischen Lebens, welche ungefähr mit der Lebensmitte zusammenfällt, hört aber die Zielstrebigkeit des Lebens keineswegs auf. Mit

derselben Intensität und Unaufhaltsamkeit, mit der es vor der Lebensmitte bergauf ging, geht es jetzt bergab, denn das Ziel liegt nicht auf dem Gipfel, sondern im Tale, wo der Aufstieg begann. [...]

Von der Lebensmitte an *bleibt nur der lebendig, der mit dem Leben sterben will* [Hervorhebung d. Verf.]. Denn das, was in der geheimen Stunde des Lebensmittags geschieht, ist die Umkehr der Parabel, die Geburt des Todes. (Jung, 1934, GW 8, Kap. XVII, §§ 797–800)

Allerdings: Die Grundmelodie des Todes durchzieht unser ganzes Leben, vom ersten Augenblick unseres Lebens an sind wir als sterbliche, verletzliche Menschen ihm zugehörig. Insofern greift Jungs Bild von der »Geburt des Todes« in der Lebensmitte zu kurz – es hat aber dennoch seine Richtigkeit, denn spätestens von der Lebensmitte an, erklingt diese Todesmelodie immer vernehmlicher in uns.

Und Hanna war offensichtlich in der Lebensmitte angekommen. Sie war aber überrascht und betroffen darüber, dass sie jetzt über das Kommen des Todes so sehr erschreckt war – ihn, den sie sich doch so oft schon herbeigesehnt hatte! Noch lange nach dem Aufwachen habe diese heftige, körperlich-sinnliche Wahrnehmung nachgeklungen, erzählte sie und meinte: sie hätte gar nicht gewusst, wie sehr sie am Leben hange. Gleichzeitig fühlte sich Hanna durch diese Begegnung mit dem Tod im Innersten berührt – diese *überirdische Musik*, »voller Wehmut und Trauer, aber auch voller Sehnsucht und tiefem Glück« war so sehr beseelt und selbst in diesem Augenblick der Todesnähe so voller Lebendigkeit!

In unserem Austausch über dieses bewegende Traumgeschehen belebte sich überdies eine längst vergessene Erinnerung; der Tod, so schien es Hanna nämlich, sei hier in einer Gestalt und Haltung aufgetaucht, die an eine weit zurückliegende Lektüre rühre. Sie hätten seinerzeit im Gymnasium »Der Tor und der Tod« von Hugo von Hofmannsthal (1966) gelesen, und dieses kleine Drama habe sie damals sehr bewegt. Im Laufe der Jahre aber hätte sie es völlig aus den Augen verloren; dass sie jetzt in ihrem Traum seine Spuren so deutlich wiederfinde, mache ihr den Traum erst recht kostbar, denn darin fühle sie eine ganz unbegreifliche, ja rätselhafte Kontinuität ihres Lebens. Tatsächlich finden wir in der Literatur oft Wege vorgezeichnet, lange bevor wir sie gehen, und in dieser »Kontinuität des Seins« (Winnicott), die idealerweise schon in unserer Frühzeit erfahren wird, fühlen wir uns durch alle seelischen Wechselfälle unseres Lebens hindurch gehalten, ja geborgen.

Worum geht es denn in diesem kleinen Einakter Hofmannsthals?

Claudio, der *Tor*, ging seinen Weg bislang als Intellektueller und Ästhet, gefühlsfern und abgehoben, man könnte wohl auch sagen: *sehnsuchtsgequält* – und doch irgendwie leidenschaftslos, unwirklich:

Stets schleppte ich den rätselhaften Fluch,
Nie ganz bewußt, nie völlig unbewußt,
Mit kleinem Leid und schaler Lust
Mein Leben zu erleben wie ein Buch,
Das man zur Hälft noch nicht und halb nicht mehr begreift,
Und hinter dem der Sinn erst nach Lebendgem schweift;
Und was mich quälte und was mich erfreute,
Mir war, als ob es nie sich selbst bedeute,
Nein, künftgen Lebens vorgeliehnen Schein
Und hohles Bild von einem vollern Sein.
So hab ich mich in Leid und jeder Liebe
Verwirrt mit Schatten nur herumgeschlagen,

Verbraucht, doch nicht genossen alle Triebe,
In dumpfem Traum, es würde endlich tagen. (ebd., S. 78 f.)

Am Abend, da er diese Bilanz seines Lebens zieht, das resignierte Ergebnis eines Menschen, der sich nie wirklich auf das Leben eingelassen hat, erklingt plötzlich das »sehnsüchtige und ergreifende Spiel einer Geige, zuerst ferner, allmählich näher, endlich warm und voll« (ebd., S. 80); eine Musik, die längst verschlossene Seelenräume eröffnet, und Claudio merkt überrascht auf:

Musik?
Und seltsam zu der Seele redende!
[...]
Mich dünkt, als hätt ich solche Töne
von Menschengeigen nie gehört...
In tiefen, scheinbar langersehnten Schauern
Dringts allgewaltig auf mich ein;
Es scheint unendliches Bedauern,
Unendlich Hoffen scheints zu sein,
Als strömte von den alten, stillen Mauern
Mein Leben flutend und verklärt herein. (ebd., S. 80 f.)

Schließlich steht der *Tod* vor ihm, »den Fiedelbogen in der Hand, die Geige am Gürtel hängend«. Claudio weicht entsetzt zurück: »Geh weg! Du bist der Tod. Was willst du hier? / Ich fürchte mich. Geh weg! Ich kann nicht schrein, / (sinkend) / Der Halt, die Luft des Lebens schwindet mir! / Geh weg! Wer rief dich? Geh! Wer ließ dich ein? « (ebd., S. 82).

Tiefeingewurzelte Todesangst packt Claudio im Angesicht des Todes – wo er vorher lange in schön gedrechselten Versen sprach, bricht nun die nackte Not aus seinen kurzen, atemlos hervorgestoßenen Sätzen. Aber der Tod erscheint hier nicht als das grauenerregende Gerippe, sondern als ein großer Gott der Seele – Venus, der Göttin der Liebe zugehörig und Dionysos, dem Gott der Lebensfreude und der Fruchtbarkeit:

»Steh auf! Wirf dies ererbte Grau'n von dir! / Ich bin nicht schauerlich, bin kein Gerippe! / Aus des Dionysos, der Venus Sippe, / Ein großer Gott der Seele steht vor dir,« entgegnet der Tod und zählt nun die vielen Gelegenheiten in Claudios Leben auf, in denen er ihm nahe war, um ihm zu bedeuten: »In jeder wahrhaft großen Stunde, /Die schauern deine Erdenform gemacht, / Hab ich dich angerührt im Seelengrunde / Mit heiliger, geheimnisvoller Macht« (ebd., S. 83).

Wenn wir die Stimmung dieser Verse auf uns wirken lassen, ahnen wir, warum eine sensible und depressive Jugendliche, wie Hanna es seinerzeit war, von ihnen so sehr hat erschüttert werden können, dass sie ihre Wirkung über Jahrzehnte hinweg erhalten haben. In Claudio sprach einer, der wie sie dem wirklichen Leben entfremdet war und sich darum ganz besonders nach Lebendigkeit sehnte. Und erst recht musste das junge Mädchen, das schon damals oft intensiven Suizidtendenzen ausgesetzt gewesen war, die nun folgende Zwiesprache mit dem Tod aufgewühlt haben, die zuerst einmal ähnlich verläuft wie im späteren Traum der längst erwachsenen Hanna. Auch Claudio fragt nämlich den Tod: »Doch wozu bist du eigentlich gekommen?« »Mein Kommen, Freund, hat stets nur *einen* Sinn!« lautet die knappe Antwort. Claudio aber begehrt auf und gibt dem Tod zu bedenken: »Ich habe nicht gelebt« (ebd., S. 83). Er macht sein ganzes scheinbar versäumtes Leben geltend, an dessen Ende er nun sagen muss: »ich hab nie gewusst, dass das schon Leben heißt.« Und außerdem, so fügt er an, sei es noch nicht Zeit zu sterben, denn er sei auf seinem Weg nie »dem Gott begegnet, mit dem man ringt, bis daß er einen segnet« (ebd., S. 83 f.). Doch der Tod bleibt ungerührt:

> Was allen, ward auch dir gegeben,
> Ein Erdenleben, irdisch es zu leben. [...]
> Weh dir, wenn ich dir das erst sagen muß! [...]
> In Schlaf geweint und müd geplagt
> Noch wollend, schwer von Sehnsucht, halbverzagt,
> Tiefatmend und vom Drang des Lebens warm...
> Doch alle *reif*, fallt ihr in meinen Arm. (ebd., S. 84)

Und Claudio feilscht verzweifelt um sein Leben: »Die tiefste Lebenssehnsucht schreit in mir. / Die höchste Angst zerreißt den alten Bann; / Jetzt fühl ich – laß mich – daß ich leben kann!« (ebd., S. 85). Immer heftiger, immer angstvoller argumentiert Claudio, er entwertet schließlich sein ganzes bisheriges Leben, das »ohn Sinn, ohn Glück, ohn Schmerz, ohn Lieb, ohn Haß« gewesen sei, nur um den Tod davon zu überzeugen, er brauche doch noch eine letzte, einzige Gelegenheit zum Leben (ebd., S. 86). Aber der Tod lässt sich nicht erweichen – er gewährt Claudio *keinen* Aufschub. Er ermöglicht ihm allerdings in dieser Todesstunde noch einmal, all seinen bereits verstorbenen Nächsten zu begegnen, freilich ohne mit ihnen sprechen zu dürfen – um ihn zu lehren, das Leben endlich einmal zu ehren. So treten denn im Geiste eines mittelalterlichen Totentanzes die Mutter, die Geliebte und ein Jugendfreund auf, gerufen jeweils von ein paar Geigenstrichen des Todes. Erschüttert muss Claudio feststellen, wieviel er an allen versäumt hat, er, »der keinem etwas war und keiner ihm« (ebd., S. 91). Und sterbend kann er in sein Ende einwilligen:

> Da tot mein Leben war, sei du mein Leben, Tod! [...]
> In eine Stunde kannst du Leben pressen,
> mehr als das ganze Leben konnte halten, [...]
> Erst da ich sterbe, spür ich, daß ich bin.
> Wenn einer träumt, so kann ein Übermaß
> Geträumten Fühlens ihn erwachen machen,
> So wach ich jetzt, im Fühlensübermaß,
> Vom Lebenstraum wohl auf im Todeswachen. (ebd., S. 92 f.)

Was Claudio schließlich aus seinem unwirklichen Lebenstraum erwachen und sich in der Todesstunde zum ersten Mal lebendig erfahren lässt, ist das »Fühlensübermaß«, das ihn nun *beseelt.* Er findet damit zum Schluss noch zum Menschlichsten, zur Lebendigkeit. Zu dieser aber hat ihm erst die Begegnung mit dem Tod verholfen. Und so sollte es auch Hanna in ihrer Begegnung mit dem Tod im Traum ergehen – einem Traum übrigens, der *sie* im »Fühlensübermaß« ebenfalls hatte erwachen lassen.

Ergreifend in Hannas Traum ebenso wie im *Tor und Tod* ist das fast überirdische Geigenspiel des Todes, mit dem er sein Kommen ankündigt. Hofmannstahl hatte sein kleines Drama 1892 als Achtzehnjähriger geschrieben, damals noch sehr vom Symbolismus geprägt. Zwanzig Jahre zuvor hatte bereits ein namhafter Vertreter des Symbolismus, Arnold Böcklin, ein »Selbstbildnis mit fiedelndem Tor« gemalt (das

Gemälde findet sich heute in der Nationalgalerie in Berlin) – »schaffend, dem Tode lauschend«, hatte er das Bild selbst kommentiert. Als »jenseitsgrundierte Wesen« sind wir auf unserer Lebensreise unterwegs, aus dem Dunkel kommend, ins Dunkel zurückkehrend; »unser Seinsgrund liegt außerhalb von Raum und Zeit« (Strasser, 2016, S. 34), und das Geigenspiel des Todes erinnert uns an diesen Seinsgrund, der unser Leben prägt und beseelt. Seine Grundmelodie der Vergänglichkeit erklingt von Anbeginn in uns – wenn wir sie denn nicht in der lauten Welt übertönen und verstummen lassen. Das beklagt auch Claudio am Ende, wenn er den Tod fragt, »Warum erklingt uns nicht dein Geigenspiel [mitten im Leben]? / [...] Könnt ich mit dir sein, wo man dich nur hört, / Nicht von verworrner Kleinlichkeit verstört!« (Hofmannsthal, 1966, S. 92). Böcklins Selbstbildnis spricht eben von diesem *Lauschen*; nicht ein memento mori will er uns damit vor Augen halten, ein *memento vivere* soll es sein – ganz so, wie es bereits in den folgenden Versen aus dem 16. Jahrhundert darum geht, Leben und Tod miteinander verbunden zu sehen, um mit dem Tod zu *leben:* »Pour mourir bienheureux, à vivre il faut apprendre. / Pour vivre bienheureux, à mourir il faut apprendre« (Ariès, 1980, S. 385)[2].

Diese Botschaft erreichte auch Hanna. Sie hatte es schon im Traum und erst recht nach dem Erwachen als tiefes, unbegreifliches Glück empfunden, dass der Tod *ihr* Aufschub gewährte – im Gegensatz zu Claudio. Und dieses ergreifende seelische Erleben bewirkte, dass sie sich fortan von ihren suizidalen Neigungen verabschieden konnte. Selbstverständlich will ich damit nicht vorgeben, es genüge bei Suizidgefährdung einfach, einen lebensbejahenden Traum zu haben, um darauf ein für alle Mal »geheilt« zu sein. Das Heilsame an solch erschütternden Träumen aber liegt darin, dass sie in einem Begreifen aus der eigenen Seelentiefe gründen und so im Bewussten zu einer Einsicht führen, die Menschen nachhaltiger von ihrer Todessehnsucht abhält, als es alle suggestiven Überlegungen und Vorhaltungen vermögen, die gefährdeten Menschen so gerne von ihrem Umfeld, aber oft auch von therapeutischer Seite angeboten werden.

Wenn wir diesen Traum als ein innerseelisches Geschehen begreifen, wirkt der Aufschub gewährende Tod auch als ein Anteil von Hannas Seele, das heißt, in ihr ist eine Lebensbejahung herangewachsen, über die sie in jungen Jahren noch nicht verfügt hatte. Damals hatte Hofmannsthals Einakter sie so sehr erschüttert, weil sie ihm die unüberhörbare Aussage entnahm, dass das Leben unwiederbringlich versäumt werden und dass es eines Tages zu spät sein könnte, sich auf das Leben einzulassen, das sie gelegentlich achtlos fortzuwerfen bereit war. Indem das Traumgeschehen sich so nahe an der lange versunkenen Geschichte entlang bewegte, wurde auch der Weg sichtbar, den Hanna in den letzten Jahrzehnten gegangen war. Das kommt gerade auch da zum Ausdruck, wo sie, nach »wildem Argumentieren« schließlich schweigend innehält – und sich ins Unvermeidliche schickt. Aus der Tiefe ihrer Seele zeigt sich die Einsicht, dass nicht sie es ist, die über ihr Leben und ihren Tod bestimmt; in beidem ist sie dem Unverfügbaren ausgesetzt, dem sie sich nun »ruhig und gelassen« übergibt.

2 Um glückselig zu sterben, muss man zu leben lernen. / Um glückselig zu leben, muss man zu sterben lernen.

Die bewusste Erkenntnis hatte bisher auch bei ihr nicht vermocht, den elenden Wiederholungszwang aufzulösen, der sich in den stets von neuem auftauchenden Suizidimpulsen zeigte; es hatte dazu lange und geduldiges »Durcharbeiten« gebraucht, vor allem aber die tiefinnere Erfahrung vom einmaligen und kostbaren Geschenk des unverwechselbar eigenen Lebens, wie es sich in diesem Traum belebt hatte. Das zutiefst erschütternde Erschrecken, die helle Angst, die lebende Wesen wohl alle beim Auftauchen des (unzeitigen) Todes zuerst einmal befällt, wie wir das schon mehrmals erwähnt haben, gehörte dabei ebenso zu diesem emotionalen Geschehen wie die dankbare Erleichterung über das unbegreifliche Verschont-Werden. Hanna hatte die Begegnung mit dem Tod *über*lebt, um endlich wirklich zu *leben.*

Denken wir also nicht gering von Träumen! Sie gehören als Boten aus unbewusster Tiefenschicht ebenso zu unserer Welterfahrung wie die konkrete äußere Wirklichkeit. »Wirklich ist, was wirkt«, pflegte Jung gerne zu betonen (Jung, 1932, § 742). Die Wirkung der Träume entstammt jenen unbewusst-bewussten Zwischenräumen, die uns mit der geistigen Welt ebenso wie mit unseren ganz erdhaften Wurzeln verbinden, und dies in einer Vermischung von äußerer und innerer Wirklichkeit, dieser je eigenen, individuellen Welterfahrung – auch wenn die Begegnung mit dem Tod in ein archetypisches, allen Menschen gemeinsames Schicksal einbindet. »Wir sind aus solchem Stoff wie Träume sind« (Shakespeare, 1954, IV. Akt., 1. Szene) – und erst diese Besonderheit lässt uns zu *beseelten,* lebendigen Wesen werden.

Natürlich ist hier nicht die Rede vom sogenannt kontrolliert »luziden« Träumen, wie es heute propagiert und eingeübt wird – mit entsprechenden Trainingsanleitungen. Dabei wird z. B. empfohlen, den Traumverlauf *bewusst* zu gestalten, bzw. zu kontrollieren. Warum sollte man auch unangenehme Träume haben, die nur belasten! Die Träume unter Kontrolle halten, bedeutet aber, sich dem Unbewussten, den »jenseitigen« Anteilen unseres Wesens zu verweigern, ein Leben ganz unter dem Ich-Primat des Bewusstseins, des kontrolliert Machbaren zu führen und sich damit all der selbstheilenden Kräfte zu berauben, die im Unbewussten schlummern – und damit auch auf diese Weise zum seelenlosen Untoten zu werden. Wer sich aber auf die Träume als dem Unkontrollierbaren einlässt, steht immer wieder staunend vor der »Weisheit« des Unbewussten, das uns in seinen Bildern zu emotionalen Einsichten und Hinweisen verhilft, auf die wir in dieser Form im bewussten Leben nie gekommen wären. Wir sind dabei auch immer wieder dem Einbruch des Absoluten ausgesetzt, das unseren begrenzten menschlichen Erfahrungshorizont zu erweitern und uns in Welt und Kosmos einzubinden vermag.

Ein Letztes soll uns noch beschäftigen: »Doch alle *reif,* fallt ihr in meinen Arm« (Hofmannsthal, 1966, S. 84), entgegnet der Tod Claudio, der in seiner panischen Angst geltend macht, er habe doch noch gar nicht gelebt. Können wir dieser Behauptung des Todes wirklich zustimmen? Müssen wir nicht viel eher Ariès beipflichten, der am Ende seiner »Geschichte des Todes« erklärt, der Tod werde nie als »neutrales Phänomen« erlebt, er bleibe »stets ein mal-heur, ein Unglück zur Unzeit« (Ariès, 1980, S. 777)? Dieser Sicht können wir uns gewiss dann kaum entziehen, wenn wir am Grab eines jungen Menschen oder gar eines Kindes, aber auch eines geliebten Menschen stehen. Bei älteren Menschen vermögen wir ähnlich zu empfinden – vor allem dann, wenn wir den Eindruck haben, vieles oder zumindest Entscheidendes habe sich in diesem Leben nicht erfüllen können. Ein geglücktes Leben ist nicht allen gegeben. Und gehört nicht zu den meisten, ja vielleicht zu allen Leben etwas Bruchstückhaftes?

Dieses Gefühl kann uns sogar bei anscheinend sehr erfolgreichen Lebensläufen befallen. Ihnen hafte oft »ein prinzipielles Moment des Falschen an«, meint auch Strasser, »etwas von einer *Machenschaft*«, und er fährt fort:

> Dies ist gerade dann der Fall, wenn die Erfolgsstory ›Leben‹ als Ausdruck einer Reihe von regelrecht auftrumpfend selbstbestimmten Entscheidungen vorgeführt wird – angeblich autonomen Akten, die zeigen, wie klug, wie kalkulierend, wie ›lebenskünstlerisch‹ das Ganze doch über Jahrzehnte ›gemacht‹ wurde. (Strasser, 2016, S. 102)

Lebendiges Leben jedoch ist nicht »machbar«, das betonen gerade Psychoanalyse und tiefenpsychologisch orientierte Psychotherapie seit ihren Anfängen und erweisen sich heute damit bekanntlich als sehr »unzeitgemäß«, wo doch die »Selbstoptimierung« buchstäblich auf Schritt und Tritt angepriesen, ja gefordert wird. Nicht selten aber sehen wir erfolgreiche Menschen als »tönende Schellen«; sie leben ein »falsches Selbst« (Winnicott, 1988, S. 173 f.) und sind in ihrer Unbezogenheit seelenlos, bzw. Untote. *Reif* sein hat deshalb nichts mit äußerem Erfolg, sondern vielmehr mit der seelischen Verbundenheit mit allem Lebendigen zu tun. Erst der Mensch, der akzeptiert, dass er als »ein wunderliches Gespinst von Endlichkeit und Unendlichkeit« existiert, der sich also nicht einseitig nur der bewussten Seite zugehörig fühlt, vermag ein lebendiges Leben zu führen. Ob dieses Leben dann zu *seiner Reife* gelangt, wer vermag das zu beurteilen?

## Den Tod suchen, um das Leben zu gewinnen

Dag Hammarskjöld schrieb über Jahre ein spirituelles Tagebuch, das posthum unter dem Titel »Zeichen am Weg« veröffentlicht wurde. Der ehemalige UN-Generalsekretär (von 1953–1961) erwies sich darin ebenso als ein religiöser Philosoph wie eine einsame Seele. Davon zeugt auch der folgende Eintrag: »Sinnlos, was ich fordere: dass Leben Sinn haben soll. Unmöglich, wofür ich kämpfe: dass mein Leben Sinn erhalten soll. Ich getraue mich nicht, weiß nicht, was ich glauben könnte: dass ich nicht einsam bin.« Und er kommentiert diese Zeilen auch umgehend:

> « – einen Sinn«. Wenn ein Siebzehnjähriger, seinem Alter gemäß, so redet, ist er lächerlich durch die Unkenntnis dessen, wovon er spricht. Dreißig Jahre älter bin ich selbst lächerlich, wenn die volle Einsicht in das, was ich zu Papier bringe, mich nicht hindert, dies zu schreiben. (Hammarskjöld, 1979, S. 52)

Die Frage nach dem Sinn des Lebens, gehört aber zur »menschlichen Grundsituation«, die sich dann immer besonders drängend stellt, wenn wir »durch schlimme Widerwärtigkeiten, aber vor allem in der Erfahrung von Leid und in der Konfrontation mit dem Tod, ganz ausdrücklich mit ihr konfrontiert werden« (Holzhey,

2017, S. 8 f.). So stellt sie sich denn zu allen Lebenszeiten, wie auch Hammarskjölds Tagebuchnotizen belegen, und selbst wenn er sie sich im vorgerückten Alter nicht mehr zu verzeihen scheint, ist sie doch nur allzu begreiflich da, wo uns die Welt mit all dem, was sie uns zumutet, auseinanderzubrechen droht.

Da aber, wo wir einen Sinn zu erkennen glauben, vermögen wir auch die Zumutungen des Lebens besser zu ertragen. Ich erinnere mich hier an einen Patienten, einen Mann mittleren Alters, der Zeit seines Lebens schon unter schwersten depressiven Zuständen gelitten hatte. Wir wussten beide, dass es keine wirkliche Heilung geben konnte – trotz aller Bemühungen wie auch dem Beizug hilfreicher Psychopharmaka. Im Laufe der Therapie fand er aber seine ganz eigene Antwort auf sein Leiden: Er betrachtete seine Schwermut als »Ausdruck seiner Sehnsucht nach dem Ewigen«, dem er sich in seiner Not besonders nahe fühlte – und das gab seinem Leiden eine Würde und einen Sinn und half ihm, einen Weg zu finden, um mit seiner Schwermut zu leben. Er war darin Romano Guardini nahe, der ausdrücklich »Vom Sinn der Schwermut« geschrieben hatte und dies nicht psychologisch oder psychiatrisch verstanden wissen wollte. »Der eigentliche Sinn erschließt sich nur aus dem Geistigen. Und der scheint mir im letzten hierin zu liegen: die Schwermut ist die Beunruhigung des Menschen durch die Nachbarschaft des Ewigen. Beseligung und Bedrohung zugleich« (Guardini, 1991, S. 49 f.). Diese »Nachbarschaft des Ewigen« beunruhigt den Menschen tatsächlich immer wieder neu – in allen unkontrollierbaren, seinem bewussten Wollen und Handeln entzogenen Erfahrungen. Er ist dabei oft ohnmächtig einem Geschick ausgeliefert, über das er nicht zu verfügen vermag. Gerade dieses »Schicksalhafte« jedoch, das im menschlichen Leben wirke, und dies nicht selten mit scheinbarer Willkür, sei es auch, »warum sich über den ›*Sinn des Lebens*‹ zwar spotten [lasse], er aber jedem Dekonstruktionsversuch [standhalte]«, betont auch Strasser:

> Der Sinn drängt in allen Akten der Autonomie, der Selbstverwirklichung an, er schimmert durch das Leben, ob dieses nun immer strebend sich bemüht oder träge dahinfließt oder Haken schlägt, und er entzieht sich doch allen Begriffen, die der machbaren Welt zugehören. (Strasser, 2016, S. 103)

Und genau so wenig wie es dem Philosophen Strasser gelingt, den Sinn des Lebens in eine klare Begrifflichkeit zu fassen, vermochte Jung es selbst im hohen Alter noch nicht, dem Leben einen eindeutigen Sinn zuzuschreiben:

> Die Welt, in die wir hineingeboren werden, ist roh und grausam und zugleich von göttlicher Schönheit. Es ist Temperamentssache zu glauben, was überwiegt: die Sinnlosigkeit oder der Sinn. Wenn die Sinnlosigkeit absolut überwöge, würde mit höherer Entwicklung die Sinnerfülltheit des Lebens in zunehmendem Masse verschwinden. Aber das ist nicht – oder scheint mir nicht der Fall. Wahrscheinlich ist, wie bei allen metaphysischen Fragen, beides wahr: das Leben ist Sinn und Unsinn, oder es hat Sinn und Unsinn. *Ich habe die ängstliche Hoffnung, der Sinn werde überwiegen* [Hervorhebung d. Verf.]. (Jaffé, 1962, S. 360)

Wenn also zu allen Zeiten – und dies ist keineswegs »lächerlich«! – stets neu um den Sinn des Lebens gerungen wird, betrifft dies junge Menschen oft ganz besonders. Sie, die sich die Welt noch gar nicht richtig haben anverwandeln können, die darum auch häufig die Kostbarkeit des Daseins noch nicht erfahren haben, fordern in ihrer »Unreife« und in ihrem »Idealismus« – diesen »faszinierendsten Aspekten des Jugendalters« (Winnicott, 1987, S. 166 u. 168) – nicht selten umso radikaler Antworten auf ihre Sinnsuche, denn »in der unbewussten Phantasiewelt geht es um Leben und Tod« (ebd., S. 169). Und das war auch bei der achtzehnjährigen *Emma* der Fall, von der im Folgenden nun die Rede sein soll.

Die Gymnasiastin war schon einige Zeit in Therapie, als sie einen Suizidversuch unternahm. Sie litt zu dieser Zeit unter einer schweren Depression, die in der Adoleszenz manifest wurde, nachdem schwierige Kindheitsjahre hinter ihr lagen, in denen die Alkoholkrankheit des Vaters sie und ihre Familie psychisch und finanziell sehr belastet hatte. Die Stunden mit ihr waren geprägt von ihrer grüblerischen Suche nach dem Sinn des Lebens, den sie glaubte erkennen zu müssen, wenn sie überhaupt weiterleben sollte. Im jugendlichen Ungestüm gab es für sie nur ein Alles oder Nichts. Hinter ihrer Sinnsuche verbarg sich natürlich auch das Bedürfnis nach einem verlässlichen Fundament, auf das sie ihr Leben begründen wollte – und nicht zuletzt die Sehnsucht nach einem verlässlichen Menschen, den sie in den Verlassenheitserfahrungen ihrer Kindheit so schmerzlich vermisst hatte.

In jener Zeit stieß sie im Religionsunterricht auf die alttestamentarische Geschichte von Jakobs Kampf am Jabbok, der eine Nacht lang gedauert und nicht eher geendet hatte, als bis Jakob von seinem Gegner – die Bibel spricht von einem »Mann« und meint wohl einen Boten Gottes, einen Engel, – gesegnet wurde. Die berühmte Aussage Jakobs: »Ich lasse dich nicht, du segnest mich denn« (1. Mose 32, 27), prägte sich Emma tief ein. Und sie war überzeugt, wenn sie nur ihrerseits ernsthaft genug um den göttlichen Segen ringen würde, würde sich ihr der Sinn ihres Lebens gewiss zeigen. – Wir erinnern uns hier auch an des Toren Claudios Klage: »Bin nie auf meinem Weg dem Gott begegnet, mit dem man ringt, bis daß er einen segnet« (Hofmannsthal, 1966, S. 84).

In aller Stille, d. h. ohne, dass sie dies in unseren Stunden thematisiert hätte, festigte sich in Emma der Gedanke, dass sie selbst Gott herausfordern müsse. Wenn sie bis an die äußerste Grenze ginge, würde sich ihr dieser Gott gewiss zeigen und ihr damit seinen Segen erteilen – davon war sie zutiefst überzeugt. Ihr größtmöglicher Einsatz sollte ihr Leben sein, zumal ihr Ringen in den Wochen zuvor noch verschärft worden war durch die Tatsache, dass ihr Freund – »der einzig verlässliche Mensch« – sich von ihr getrennt hatte. Die Sinnfrage stellte sich in dieser erneuten Verlassenheitssituation bedrängender denn je.

Und so versuchte sie sich denn eines Tages die Pulsadern aufzuschneiden – in einer Situation äußerster Verlorenheit: wann, wenn nicht jetzt, habe sie sich gedacht, erzählte sie später. Aber schon der erste tiefe Schnitt ins Handgelenk ließ sie entsetzt zurückweichen: Sie fühlte sich in ein grauenvolles Dunkel, ins kalte Nichts einer unendlichen Leere ins Weltall hinausgeschleudert und drohte vollkommen verlorenzugehen – in nahezu psychotischer Angst hielt sie inne. Da gab es nichts, was dieses Dunkel begrenzt, nichts, was sie oder schon gar ihren Kampf wahrgenommen hätte! Da war kein Gott, nicht einmal einer seiner Boten. – Rilke gab solch unaussprechlichem, überwältigenden Geschehen zu Beginn der Ersten Duineser Elegie Ausdruck: »Wer, wenn ich schriee, hörte mich denn aus der Engel / Ordnungen? und gesetzt, selbst, es nähme / einer mich plötzlich ans Herz: ich verginge von seinem / stärkeren Dasein […]. Ein jeder Engel ist schrecklich« (Rilke, 1966, Bd. 1, S. 441) Emma erzählte mir später, sie habe in diesem grauenvollen Moment begriffen, dass Gott, wenn es ihn denn überhaupt gäbe – woran sie nun doch sehr zweifle! –, sich nicht zwingen lasse und sie kein Recht habe, einen solchen Gottesbeweis oder gar den Segen einzufordern; sie müsse wohl einfach leben, vielleicht erschließe sich ihr der Sinn des Lebens dann irgendwann einmal. Emma hatte nach diesem Geschehen offensichtlich begriffen, dass ihr Leben kostbar war – auch wenn es ihr sein Geheimnis in diesem unsäglichen Kraftakt nicht enthüllt hatte.

Wenige Wochen nach ihrem abgebrochenen Suizidversuch träumte sie: »Ich befinde mich geborgen in vollkommenem Dunkel. Aus meiner Wunde am Handgelenk ist eine wunderschöne weiße Rose erblüht.« Erstaunt nahm sie wahr, wie die Erfahrung des Dunkels sich gewandelt hatte: Da war nichts mehr vom unsagbaren Grauen zu spüren, das sie im Akt der Selbstverletzung eingeholt hatte, im Gegenteil: Emma hatte sich nun im Traum im vollkommenen Dunkel geborgen und – getröstet gefühlt. Und sie ahnte, dass sie damals in ihrer Grenzerfahrung von der jenseitigen Welt wohl mit Wucht aus dem Dunkel ins Leben zurückgeworfen worden war.

Sie nahm ihren Traum als tröstliches Zeichen dafür, dass ihr aus dieser Wunde, deren sie sich nun sehr schämte, auch etwas Gutes erwachsen könnte. Und in der Tat war diese Erfahrung der äußersten Leere für das junge Mädchen so heilsam gewesen, dass es bis auf weiteres nicht mehr das Gefühl hatte, es könne das Schicksal unter seine Kontrolle bringen und Antworten herbeizwingen, die sich wohl erst im Laufe des Lebens ergeben würden. Die weiße Rose aber, ein Symbol der Ganzheit, verhieß vielleicht sogar ein späteres Gelingen im Leben, dessen Quelle nicht zuletzt diese Wunde und all die seelischen Verletzungen waren, die ihrem Suizidversuch vorausgegangen waren. Und wenn Emma auch im Augenblick des Suizidversuchs das Gefühl hatte, nur einem allen zernichtenden Nichts ausgeliefert zu sein und keineswegs einem Gott, auf den zu bauen wäre, so hatte sie ihr Traum nun doch mit dem ihr eigenen Schöpfungsgrund verbunden, der weit über die erlebte Misere ihrer konkreten Herkunftswelt hinauswies und ihr damit einen möglichen Zugang zur Transzendenz eröffnete.

Die beengten Verhältnisse in ihrem Elternhaus hatten Emma schon früh in ein *falsches Selbst* gezwungen, stets darauf bedacht, die Erwartungen und Forderungen ihrer Umwelt zu erfüllen; es war ihr nicht ermöglicht worden, aus dem »Ungeformten« allmählich selbst Gestalt annehmen zu dürfen. Sie hatte den Vorstellungen ihres Umfeldes zu genügen, wurde quasi in eine vorgeprägte Form hineingezwungen. Winnicott, dem ich mit diesen Gedanken folge, betont darum auch, wie wichtig es sei, Patienten nicht auf der Basis ihres falschen Selbst zu behandeln, denn dadurch würden wir ja die Selbstentfremdung und die Depression [im Falle von Emma] nur verstärken: »Wir kommen besser voran, wenn wir die Nicht-Existenz des Patienten anerkennen« (Winnicott, 1988, S. 198).

Und auf diese Nicht-Existenz war Emma im Moment der drohenden Selbstzerstörung ganz zurückgeworfen worden. Dies war aber gleichzeitig auch der Moment, wo ihre wirkliche, ihre ganz authentische Existenz ihren Anfang zu nehmen begann, in dessen Folge sich im Symbol der weißen Rose auch ihre eigene Kreativität aus dem Unbewussten entfalten konnte. Selbstverständlich waren dies erst Anzeichen ihrer individuellen Entwicklung, aber sehr kostbare, weil sie Emma in Verbindung zu ihrem *wahren Selbst* und damit zu eigenem Erleben und in ein lebendig gelebtes Leben führen konnten. Ihr bisheriges Leben voller Verletzungen und kindhafter

Abhängigkeiten hatte sich in diesem Geschehen überlebt – ihr eigenes Leben aber gründete fortan in der rätselhaften Verbundenheit mit dem jenseitigen Dunkel, das sich für sie ebenso bedrohlich wie schließlich tröstlich erwiesen hatte. Indem Emma nun aber ihre eigene Begrenztheit anzunehmen lernte, belebte sich für sie auch endlich, was vorher so lange in tapferer Eigenmächtigkeit depressiv versteinert gewesen war.

*Den Tod suchen* – diesem Aspekt waren unsere Überlegungen bis jetzt gewidmet; den Tod suchen – *um das Leben zu gewinnen*, haben wir aus Emmas Geschichte erfahren. Im aggressiven Akt des Suizidversuchs war es ihr gelungen, der bisher erfahrenen Selbstentfremdung zu entkommen und ihrer Sehnsucht nach Lebendigkeit näherzukommen. Und so erhalten wir denn auch häufig bei Menschen mit suizidalen Tendenzen auf nähere Nachfragen hin die Antwort, eigentlich wollten sie nicht die Selbstzerstörung, sie wollten ja *leben*, nur *dieses ausweglose* Leben, in dem sie jetzt steckten, *müsse enden.* Sie meinen also nicht den *konkreten* Tod; in ihrer Todessehnsucht verbirgt sich vielmehr ihre ganze unerfüllte Sehnsucht nach einem lebendigen Leben. Es ist dann oft ein tragisches Missverständnis, wenn diese *symbolische* Botschaft von den solcherart Betroffenen und ihrem Umfeld nicht verstanden wird und sie meinen, ganz real den Tod suchen zu müssen.

Die doppelseitigen Kreuze, die man gelegentlich in Südfrankreich und Spanien findet, mögen solches Erleben auch sichtbar werden lassen: Auf der einen Seite des Kreuzes hängt der tote Christus, auf der anderen Seite, im selben Schnittpunkt der Kreuzesarme, findet sich Maria mit dem neugeborenen Kind. Anfang und Ende, Tod und Leben finden hier zusammen. Dem Menschen, der schwer unter dem Kreuz seines Lebens leidet, wird mit dem Tod auf der einen Seite, der Anfang neuer Lebens- und Entwicklungsmöglichkeiten verheißen. Und so erging es ja auch Emma.

# 2 Theoretisches Zwischenspiel: Im Wirkungsfeld der Symbole

*Und die Welt hebt an zu singen,*
*Triffst du nur das Zauberwort.*
(Eichendorff, 1963, S. 80)

## Der Einbruch einer anderen Wirklichkeit

Halten wir einen Moment inne. Wir haben vom Gevatter Tod und einem jungen Arzt vernommen, der den Tod zu überlisten versuchte und daran scheiterte. Wir haben aber auch von Hanna und Emma erfahren, wie sie durch die Begegnung mit dem Tod oder in Todesnähe in ein beseeltes Leben gefunden haben. Was ist all diesen Geschichten gemeinsam und was gehen sie uns an? Oder anders gefragt: Was hat diese Menschen so sehr berührt, dass sie aus alten Blockierungen und Erstarrungen zu ihrer Lebendigkeit finden konnten? Sie haben sich im Grenzbereich zwischen Tod und Leben bewegt, haben aber erst in der Auseinandersetzung mit dem Tod ihr Leben annehmen können. Ihnen allen sind dabei Träume oder andere Botschaften aus dem Unbewussten zu Hilfe gekommen, die aus dem Dunkel dieses Unverfügbaren zu Quellen des Trostes, der Stärkung geworden sind – und dies auch da, wo sich diese jenseitige Welt zuerst einmal in ihrer tödlich bedrohlichen Seite gezeigt hat. Ihnen war dabei aber das Wagnis abverlangt, sich wirklich auf die hintergründige Tiefe einzulassen, also »hinüberzugehen«, wie es Kafka in seiner Parabel »Von den Gleichnissen« ausgedrückt hat:

> Viele beklagen sich, daß die Worte der Weisen immer wieder nur Gleichnisse seien, aber unverwendbar im täglichen Leben, und nur dieses allein haben wir. Wenn der Weise sagt: »Gehe hinüber«, so meint er nicht, daß man auf die andere Seite hinübergehen solle, was man immerhin noch leisten könnte, wenn das Ergebnis des Weges wert wäre, sondern er meint *irgendein sagenhaftes Drüben* [Hervorhebung d. Verf.], etwas, das wir nicht kennen, das auch von ihm nicht näher zu bezeichnen ist und das uns also hier gar nichts helfen kann. Alle diese Gleichnisse wollen also nur sagen, dass das Unfaßbare unfaßbar ist, und das haben wir gewußt. Aber das, womit wir uns jeden Tag abmühen, sind andere Dinge. (Kafka, 1953, S. 328)

In wissenschaftlicher Sprache ausgedrückt, würden wir hier von der notwendigen Transzendenz oder Transgression sprechen, das Faktum allerdings bleibt dasselbe: Es geht darum, die Grenzen der von Kafka erwähnten Alltagswelt auf ein »sagenhaftes

Drüben« zu überschreiten und zu erweitern, unseren seelischen Horizont dem Unbewussten und damit letztlich unserem Schöpfungsgrund, diesem rätselhaften Ursprung unserer Existenz, zu öffnen. Wir haben damit Anteil an einer jenseitigen Wirklichkeit, die im täglichen Leben – im Gegensatz zu dem, was die »Vielen« meinen, die Kafka erwähnt – sehr wohl *verwendbar*, ja sogar unverzichtbar ist, wenn das Leben gelingen soll.

Das »sagenhafte Drüben« scheint aber nicht nur auf unser Kommen zu warten; es versucht sich in Erinnerung zu bringen, wann immer wir in unbeseeltem Leben zu versinken oder zu erstarren drohen. Das kann ein Musikstück sein, ein Wort, ein Traum, ein unerwarteter Impuls, eine Liebe, oder aber auch ein Unglück, eine Krankheit, ein krisenhafter Umbruch in unserem Leben und vieles andere mehr, das als *Einbruch einer anderen Wirklichkeit* in unsere konkrete Lebensrealität hineinzuwirken vermag.

Sibylle Lewitscharoff, diese »Schleusenwärterin zwischen Diesseits und Jenseits« (Lewitscharoff, 2019, Klappentext), hat mit ihrem Roman *Blumenberg* ein wunderbares Zeugnis von solchem Geschehen abgelegt: Der Philosoph Blumenberg sitzt spätnachts in seinem Arbeitszimmer, als er unvermittelt vor seinem Schreibtisch einen Löwen liegen sieht: »Groß, gelb, atmend; unzweifelhaft ein Löwe« (Lewitscharoff, 2011, S. 9). Und der Löwe begleitet ihn fortan – unsichtbar für alle andern sitzt er auch in Blumenbergs Vorlesungen und übt da seine wohltuende Wirkung auf Blumenberg aus: »Mit Blick auf den Löwen sprach er beseelt« (ebd., S. 26). Wenn jedoch der Philosoph gelegentlich eine leere Worthülse von sich gab oder die Rede sich gar »durch unnütze Schnörkel und Girlanden [blähte], teilte sich der Unwille des Löwen sofort mit« (ebd., S. 129), indem ihm Luft entwich oder in seinen Augen »kleine ironische Flämmchen« glühten (ebd., S. 38). Also »keine Verwirrspiele mehr«: Der Löwe trug »zu Klarheit und Vertrauen« bei (ebd., S. 131).

Aber über den Löwen konnte Blumenberg mit niemand sprechen, denn: »Der Einbruch des Absoluten war nicht mitteilbar.« (ebd., S. 146). Und doch: »Alles in ihm drängte, schob, verlangte, ja schrie fast danach, endlich vom Löwen zu sprechen. […] Über das Ungeheuerliche zu reden, das ihm widerfahren war und noch immer widerfuhr« (ebd., S. 150f.). Der Löwe lässt ihn auch wieder besser schlafen, und das erinnert Blumenberg an die eigenen Kinder und an »das Licht, das er manchmal in der Nacht in ihren Zimmern angeknipst hatte. Vor Jahrzehnten, als alle noch klein waren […]. In dieser frühen Zeit war es ihm gelungen, den Tröster zu spielen. Jetzt tröstete der Löwe ihn« (ebd., S. 152).

Der Einbruch des Absoluten in Gestalt des Löwen – ein Gleichnis wiederum, würde Kafka sagen. Ein *Symbol* könnten wir es auch nennen, was sich da dem Philosophen zwingend aufdrängt. Er, gewohnt, sich in hochgeistigen, metaphysischen Sphären zu bewegen, wird unvermittelt mit einem Instinktwesen von unübersehbar wuchtiger Präsenz konfrontiert und erfährt sich so verbunden mit jener Wirklichkeit, die sein Dasein in erdhafter, archaischer Tiefe gründen lässt. So findet er zu Authentizität und seiner unverwechselbar eigenen Lebendigkeit.

Blumenberg wäre aber wohl kaum zufrieden mit dieser knappen Deutung der »Ungeheuerlichkeit«, die ihm widerfahren war. Und tatsächlich lässt sich ein lebendiges Symbol nie ganz ausloten, denn es stellt »Unaussprechliches in *unübertrefflicher Weise*« dar (Jung, 1986, GW 6, § 896): Das gilt für das Märchen von

»Gevatter Tod« ebenso wie für Hannas Traumbegegnung mit dem Tod und Emmas weißer Rose nach dem gescheiterten Suizidversuch.

## Das Unaussprechliche im Symbol

> Das Symbol schlägt alle Saiten des menschlichen Geistes zugleich an, die Sprache ist genötigt, sich immer nur einem einzigen Gedanken hinzugeben. Bis in die geheimsten Tiefen der Seele treibt das Symbol seine Wurzel, die Sprache berührt wie ein Windhauch die Oberfläche des Verständnisses [...].
>
> Nur dem Symbol gelingt es, das Verschiedenste zu einem einheitlichen Gesamteindruck zu verbinden. Die Sprache reiht Einzelnes aneinander und bringt immer nur stückweise zum Bewußtsein, was, um allgewaltig zu ergreifen, notwendig mit *einem* [Hervorhebung die Verf.] Blick der Seele vorgeführt werden muß. (Bachofen, 1859, zit. Beit von, 1971, S. 15)

Eine Erfahrung, die wir wohl alle kennen: das gesprochene Wort bleibt immer hinter unserem emotionalen Erleben zurück – selbst Schiller, einem der größten Dichter deutscher Sprache, blieb diese Einsicht nicht erspart: »*Spricht* die Seele, so spricht, ach! schon die *Seele* nicht mehr« (Schiller, 1959a, S. 130). Und Rilke spricht gar von der Gefahr, die ihm von der schalen Unzweideutigkeit des gesprochenen Wortes ausgeht, die die Dinge fixiert und entseelt:

> Ich fürchte mich so vor der Menschen Wort.
> Sie sprechen alles so deutlich aus:
>
> Und dieses heißt Hund und jenes heißt Haus,
> und hier ist Beginn und das Ende ist dort.
>
> Mich bangt auch ihr Sinn, ihr Spiel mit dem Spott,
> sie wissen alles, was wird und war;
> kein Berg ist ihnen mehr wunderbar;
> ihr Garten und Gut grenzt grade an Gott.
>
> Ich will immer warnen und wehren: Bleibt fern.
> Die Dinge singen hör ich so gern.
> Ihr rührt sie an: sie sind starr und stumm.
> Ihr bringt mir alle die Dinge um. (Rilke, 1996, Bd. 1, S. 106)

»Die Dinge singen, hör ich so gern.« – Das ist sehr nahe an Eichendorffs »Zauberwort«, das die Welt zum Singen bringt, und doch in unserem heutigen Sprachgebrauch so gefährdet! Unsere Zeit zählt mit ihrem Primat der Naturwissenschaften sprachlich auf nüchterne Begrifflichkeit, wo Worte gleich klaren Definitionen nichts »Wunderbares« mehr in sich bergen. Auch unsere multikulturelle, vielsprachige Gesellschaft benötigt für die Kommunikation neben vielen Anglizismen immer mehr eine lexikalische Sprache, die Hund und Haus und all die anderen Dinge konkret umrissen bennt und die Welt mit diesem emotional entfremdenden Effekt zum Verstummen bringt.

Aber schon in der kindlichen Entwicklung erweise sich die Sprache als »ein zweischneidiges Schwert«, stellt Daniel Stern fest, der als Säuglingsforscher die Lebenserfahrung des Säuglings experimentell untersuchte und da auch dem Spracherwerb nachging (Stern, 1992, S. 231 ff.). Wir alle wissen, mit welchem Entzücken die Umwelt die ersten Worte eines Kleinkindes vernimmt und diese als den Zugang zur erweiterten Welt feiert. Fortan wird die Möglichkeit, sich sprachlich zu verständigen, den kleinen Menschen besser in sein Umfeld integrieren und ihn in seiner wachsenden Selbständigkeit stärken. Und dieser Zugewinn ist tatsächlich gewaltig, verbindet er das Kind letztlich doch auch mit der größeren Kulturgemeinschaft, in der es lebt. Doch in dem Moment, wo diese neue Welt aufgeht, droht sie auch schon entseelt zu werden, denn nun zeigt sich »die zweite Schneide des Schwertes« in der »entfremdenden Wirkung der Sprache«, wie Stern betont. Hier droht nämlich mit dem Spracherwerb zugleich der Verlust des »nonverbalen globalen Erlebens«, jenem »Konglomerat von Gefühl, Empfindung, Wahrnehmung und Denken« (ebd., S. 248), in dem der Säugling zuvor gehalten war. Dieses frühere Erleben kann in Worten nur unzulänglich ausgedrückt werden oder sogar ganz verloren gehen. Da bedeutet denn der Spracherwerb keinen reinen Segen, im Gegenteil: es droht Entseelung der Welt, und diese Erfahrung bleibt uns auch im Erwachsenenalter erhalten – wie es Rilkes Gedicht zuvor so anschaulich vermittelt hat. Da kommt der Spracherwerb der Vertreibung aus dem ursprünglichen Paradies gleich; was bleibt, ist die Sehnsucht, ein Heimweh nach diesem Leben in ursprünglicher Einheit.

Und dennoch brauchen wir die Sprache, um zu begreifen und mitzuteilen, was uns jeweils ergreift. Es gilt dabei aber eine Sprache zu erlernen, die das Geheimnis der Welt und unserer eigenen Seele miteinschließt, mit anderen Worten: Es geht darum, das »Zauberwort« zu finden, das die Welt zum »Singen« bringt und das es uns auch ermöglicht, das frühe nonverbale Erleben ebenso wie die aus dem Unbewussten auftauchenden Eingebungen, die wir gelegentlich ahnend bemerken, aber noch lange nicht klar bewusst wahrnehmen, in Worte zu fassen. Und nicht von ungefähr sprechen wir beim Spracherwerb von der »Muttersprache«: Es ist die Mutter (oder jene vertrauteste Bezugsperson), mit der das Kind die emotionalen Erfahrungen der Frühzeit teilt, die ihm die Sprache vermittelt; das von der Mutter gesprochene Wort trifft beim Kind im Austausch mit ihr auf eine innere körperlich-seelische Erfahrung und wird so gleichsam zum »Übergangsobjekt« (Winnicott), bzw. zum Symbol, das zwischen der subjektiven Erfahrung und der objektiven Welt vermittelt. In diesem Zusammenhang wird besonders nachvollziehbar, wie wichtig (bei allem Willen zur Integration) es ist, dass Mütter in der Emigration mit ihren Säuglingen und Kleinkindern (auch) in ihrer eigenen Muttersprache sprechen; in dieser liegt nicht nur die ganz eigene Emotionalität und Tonalität der frühen nonverbalen, ja auch körperlichen und vorbewussten Welterfahrung des Kindes, sondern auch jene der Mutter. Und in dieser Tiefe gründet das »Zauberwort«, das die Welt zu beseelen vermag. Wo das nicht gelingt, droht ein tiefgreifender seelischer Verlust; der Betroffene ist dann »lost in translation«, wie Julia Kristeva, selbst Emigrantin, klagt:

> Nicht seine Muttersprache sprechen. In Klängen, Logiken leben, die von dem nächtlichen Gedächtnis des Körpers, dem bittersüßen Schlaf der Kindheit abgeschnitten sind. Sie in sich tragen wie eine geheime Gruft oder wie ein behindertes Kind, geliebt und unnütz – diese

Sprache von einst, die verblasst, aber euch nie verlässt. [...] Unter dem Zwang alles auf sei es banale, sei es nur ungefähre Art zu sagen, lässt sich nichts mehr sagen. (zitiert nach Pelzl, 2013, S. 1 ff.)

In unserer Zeit, in der allein schon die Frage nach der Herkunft eines Menschen als Verstoß gegen die Political Correctness eingestuft wird, droht dieses Wissen um die Bedeutung der Muttersprache und ihren großen Einfluss immer mehr verlorenzugehen. Damit aber leisten wir einen wesentlichen Beitrag zur Entseelung des Einzelnen in unserer multikulturellen Welt.

Das »Zauberwort« erweist sich also lange über den Spracherwerb hinaus als unverzichtbar. Als *Symbol* vermag es zwischen unserer realen Welt und dem unfassbaren Unbewussten in uns eine Brücke zu schlagen. Schon von alters her (etymologisch: griech. symballein = zusammenwerfen) weist das Symbol auf etwas Zusammengesetztes hin. Aus der antiken Tradition kennen wir den Brauch, dass z. B. zwei Freunde beim Abschied vor längerdauernder Trennung einen Knochen, eine Tonscherbe oder auch eine Münze entzweibrachen, die ihnen als Erkennungszeichen beim Wiedersehen dienen sollte. Gleichzeitig war ihnen aber während der Abwesenheit das ihnen verbliebene Bruchstück auch Erinnerung und Pfand ihrer Freundschaft; das real sichtbare Zeichen im Äußeren bürgte also auch für einen immateriellen Wert, eine unsichtbare innere Wirklichkeit. In dieser Tradition steht auch Jung mit seinem Symbolbegriff (Jung, 1986, GW 6, §§ 894–908 und Müller/Müller, 2003, S. 399–401), in dem er immer zwei Bereiche verbunden weiß: außen und innen, sichtbar und unsichtbar, körperlich und geistig, bewusst und unbewusst. Auf diesem Hintergrund wird verständlich, wenn er betont, das Symbol gebe »einen komplexen und durch das Bewusstsein noch nicht fassbaren Tatbestand wieder«.

Blumenbergs Löwe wird freilich keineswegs alle Leser so tief beeindrucken wie den Philosophen selbst, d. h. nicht für alle wird dieser Löwe zum *lebendigen* Symbol. »Lebendig heißt ein Symbol« nämlich nur dann, »wenn es der best- und höchstmögliche Ausdruck des Geahnten und noch nicht Gewußten auch für den Betrachtenden ist« (Jung, ebd. § 900).

In diesem Fall aber ergreift es den solcherart Betroffenen und indem es Anteil hat am bewussten und unbewussten Bereich der Seele, weist es über das augenblicklich Gegebene hinaus und vermag – weil es in seiner Vieldeutigkeit *»bedeutungsschwanger«* ist –, Stagnation in Bewegung zu setzen, indem es die Kluft zwischen unserer Alltagswelt und dem »sagenhaften Drüben« überbrückt. Das Symbol belebt mit dem ihm innewohnenden Bedeutungsüberschuss unsere Gefühle, aber auch unsere Phantasie, dieses Urelement der Kreativität im Menschen. Wo jedoch die schöpferischen Kräfte angerührt werden, eröffnen sich selbst in der Enge ungelöster Lebenskonflikte unvermutet neue Horizonte, werden bisher ungelebte Lebensmöglichkeiten sichtbar, kann Hoffnung auf Veränderung aufkeimen. Keine Hoffnung allerdings, wie sie uns in neurotischer Verkennung, gefangen in illusionär kindlichen Vorstellungen, tröstend auf einen erlösenden »Märchenprinzen« oder einen illusionären Zauberstab warten lässt. Eine Hoffnung aber, die auf das Wagnis setzt, im Urgrund der menschlichen Existenz auf selbstheilende Kräfte zu stoßen, die Wandlung ermöglichen.

Wem aber dieser Zugang zur seelischen Tiefe verwehrt ist, dem erstirbt das Leben. Davon spricht geradezu exemplarisch das folgende kurze »Märchen von der Unke« der Gebrüder Grimm (KHM 105, Bd. II, S. 102 ff.):

> Es war einmal ein kleines Kind, dem gab seine Mutter jeden Nachmittag ein Schüsselchen mit Milch und Weckbrocken, und das Kind setzte sich damit hinaus auf den Hof. Wenn es aber anfing zu essen, so kam die Hausunke aus einer Mauerritze hervorgekrochen, senkte ihr Köpfchen in die Milch und aß mit. Das Kind hatte seine Freude daran, und wenn es mit seinem Schüsselchen dasaß und die Unke kam nicht gleich herbei, so rief es ihr zu:
>
> Unke, Unke, komm geschwind,
> Komm herbei, du kleines Ding,
> Sollst dein Bröckchen haben,
> An der Milch dich laben.
>
> Da kam die Unke gelaufen und ließ es sich gut schmecken. Sie zeigte sich auch dankbar, denn sie brachte dem Kind aus ihrem heimlichen Schatz allerlei schöne Dinge, glänzende Steine und Perlen und goldene Spielsachen. Die Unke trank aber nur Milch und ließ die Brocken liegen. Da nahm das Kind einmal sein Löffelchen, schlug ihr damit sanft auf den Kopf und sagte: »Ding, iß auch Brocken.« Die Mutter, die in der Küche stand, hörte, daß das Kind mit jemand sprach, und als sie sah, daß es mit seinem Löffelchen nach einer Unke schlug, so lief sie mit einem Scheit Holz heraus und tötete das gute Tier.
>
> Von der Zeit an ging eine Veränderung mit dem Kinde vor. Es war, solange die Unke mit ihm gegessen hatte, groß und stark geworden, jetzt aber verlor es seine schönen roten Backen und magerte ab. Nicht lange, so fing in der Nacht der Totenvogel an zu schreien, und das Rotkehlchen sammelte Zweiglein und Blätter zu einem Totenkranz, und bald hernach lag das Kind auf der Bahre.

Ungemein eindrücklich schildert dieses Märchen das tödliche Verhängnis zwischen einem Kind und seiner Mutter! Greifen wir den wesentlichsten Aspekt heraus: Die Unke (eine kleine Kröte) – ein Symbol des Lebens, ein Seelentier aus archaischer Tiefe – wird in diesem Text eindrücklich zum Symbol des tragenden Lebensgrundes überhaupt. Bisher von allen scheinbar unbemerkt, lebt sie als »Hausunke« in den Mauerritzen des Hauses mit und begegnet dem Kind im »Hof«, gleichsam im erweiterten mütterlichen Umfeld. Sie verbindet das Kind mit den instinkthaften Kräften der Natur, nimmt es auf in den archetypischen Lebenskreis der »Großen Mutter«, der jenen der persönlichen Mutter enthält und umschließt. In der Verbundenheit mit der Unke gedeiht das Kind aufs Beste; von ihr erhält es Schätze aus seelischer Tiefe – Kostbarkeiten aus ihrem »heimlichen Schatz«, die das Kind mit einem größeren Ganzen verbinden. Das aufkeimende Bewusstsein und das Heranwachsen seiner eigenen, aus der vormals engen Bindung mit der persönlichen Mutter sich allmählich ablösenden Individualität sind unbedingt angewiesen auf diese lebendige Verbundenheit mit dem tragenden Urgrund seiner Existenz. Im Augenblick, wo diese Verbindung von der Mutter so unsensibel und gewalttätig zerstört wird, bedeutet das den Tod – zumindest den seelischen Tod.

Das Märchen zeigt beklemmend, wie verhängnisvoll sich die Verkennung der Situation durch die Mutter erweist. Es vermittelt eine Ahnung, welch lebensbehindernde Wirkung die Unbezogenheit einer Mutter haben kann; und solche Unbezogenheit braucht sich keineswegs nur als Vernachlässigung, sie kann sich ebenso gut auch als ängstliche Überbetreuung erweisen wie hier, wo eine überbehütende Mutter mit ihrem mangelnden Vertrauen ins Leben ihr Kind unbedacht um die lebendige Verbundenheit mit Natur und Schöpfung bringt. Obwohl im besten

Bemühen, ihr Kind vor (vermeintlicher) Gefahr zu schützen, trennt sie – selbst abgeschnitten vom instinkthaften Seelengrund – ihr Kind erst recht vom lebendigen Leben ab.

Wenn wir das Märchen aber ganz aus der Sicht der Mutter lesen wollen – als innerseelisches Geschehen also –, deren »Kind« eigene Entwicklungsmöglichkeiten dieser Frau verkörpert, dann wird in ihrer Handlungsweise sichtbar, wie sehr sie sich mit allen Mitteln bemüht, die souveräne Herrin im eigenen Haus zu sein und zu bleiben – und wie kläglich sie darin scheitert. In den Ritzen der Mauern haust ein unbekanntes Wesen, das offensichtlich mit der Hausgemeinschaft, bzw. mit ihr mitleben möchte. Aber das Unerwartete, bisher völlig Fremde, löst offensichtlich so große Ängste aus, dass es kurzerhand erschlagen werden muss. Damit aber hat die »Hausherrin« neue Lebensmöglichkeiten, die sich mit dem Kind in ihrem eigenen Leben abzuzeichnen begannen, in ihrer Entwicklung verhindert und sich damit gleichzeitig um die Gaben aus dem »heimlichen Schatz« gebracht. – Ich erinnere mich hier an eine junge Frau, die vor Jahren wegen eines spezifischen Problems für eine Beratung zu mir kam. Obwohl noch sehr jung, hatte sie bereits eine beachtliche wissenschaftliche Karriere aufzuweisen, die sie auch eingehend darlegte. Alle Fragen, die einen emotionalen Zugang zu ihr hätten eröffnen können, umging sie, indem sie sofort wieder einen weiteren Leistungsausweis vorbrachte. Nach unserem Gespräch aber hatte sie einen eindrücklichen Traum, der sie sehr erschütterte, was sie veranlasste, um ein zweites Treffen zu bitten. Ich wies sie darauf hin, dass in ihrem Traum offenbar etwas in ihr Leben dränge, was in ihrem bewussten, rein intellektuell ausgerichteten Leben bisher noch keinen Platz gefunden habe, etwas aber, das offensichtlich mitzuleben verlange. Die Angst vor diesem Unbekannten war jedoch so groß, dass die junge Frau es vorzog, die Botschaft aus den »Mauerritzen« ihres Hauses zu überhören und umgehend die nächste Promotion ins Auge zu fassen, oder um im Bild des Märchens zu bleiben: die Unke zu erschlagen.

»Das Märchen von der Unke« ist wenig bekannt und löst bei den meisten zuerst einmal mehr oder weniger heftigen Widerstand aus – solcherart sind die Märchen nicht, die wir hören wollen! Der »Unkenruf« aber ist überdeutlich: Menschliche Existenz muss in den elementaren und überpersönlichen Urgrund eingebunden sein – Jung spricht hier ergänzend zum *persönlichen* Unbewussten, das wesentlich von persönlichen Erfahrungen geprägt ist, bekanntlich vom *kollektiven*, allen Menschen zugehörigen Unbewussten (Jung, 1960, GW 6, § 919) als einer schöpferischen Keimschicht; und sogar Freud macht phylogenetische, vom Individuum nicht erworbene Inhalte in der menschlichen Psyche aus, die er als den »Kern des Unbewußten« betrachtet (Freud, 1913, Bd. X, S. 294). Wenn auch dem Literaturwissenschaftler von Matt durchaus zuzustimmen ist, wenn er betont, das Unbewusste sei »von einer schlechthin unvorstellbaren Struktur«, weil sie »den fundamentalsten Kriterien unseres Denkens widerspricht« (Matt von, 2001, S. 15), bleibt das Unbewusste eine *psychische Wirklichkeit*, die in vielfältigen Metaphern umschrieben wird, um das Unfassbare doch fassbar zu machen. Einer der zahllosen Versuche, diese Denkunmöglichkeit dennoch irgendwie zu fassen, stammt von Peter von Matt selbst:

> Es hat sich eingebürgert, vom Unbewussten zu reden als von etwas, das irgendwie tief unten ist, in einem Keller oder im Bauch, jedenfalls in einer vertikal abgelegenen Finsternis. Allein schon diese räumlichen Vorstellungen aber täuschen eine Ordnung vor, die es nicht gibt. Das Unbewusste ist hier bei mir, am Tag, im Licht, umflutet mich, durchströmt mich wie die Luft, die durch meine Lungen zieht und die ich dort spüre, wo ich mich selbst fühle. Nur ist auch das wieder eine räumliche Vorstellung. (ebd., S. 133)

Eine Wirklichkeit also, die uns trotz aller bewussten Bemühungen tiefstes Geheimnis – und gleichzeitig doch das Vertrauteste bleibt.

Freud und Jung haben versucht, in verschiedenen Modellvorstellungen diesem Unbewussten eine (hypothetische) Struktur zu geben, um so dessen Manifestationen und Dynamik besser verständlich zu machen. Sie waren sich dabei trotz aller Unterschiedlichkeit ihrer Auffassungen in einem Punkt völlig einig: Die *Zeitlosigkeit des Unbewussten* ist unübersehbar. In ihm finden sich alle je gemachten allgemeinmenschlichen und persönlichen Erfahrungen; Vergangenheit und Gegenwart vermischen sich (und Jung fügt hier ausdrücklich auch noch die Zukunft an). Das Unbewusste enthält also neben den Spuren unseres persönlichen Lebens auch Spuren »*menschlicher Elementarkonflikte, die jenseits von Raum und Zeit stehen*« (Jung, 1912, S. 22), archetypische Erfahrungen, die heute noch ebenso wirksam sind wie vor Urzeiten.

> »Die Seele ist nicht von heute!«, folgert Jung darum, »ihr Alter zählt viele Millionen Jahre. Das individuelle Bewußtsein aber ist nur der saisongemäße Blüten- und Fruchtständer, der aus dem perennierenden unterirdischen Rhizom emporwächst, und dieser befindet sich in besserer Übereinstimmung mit der Wahrheit, wenn er die Existenz des Rhizoms mit in seine Rechnung einbezieht, denn das Wurzelgeflecht ist aller Mutter.« (ebd., S. 13)

Märchen ebenso wie Mythen verbinden uns seit je mit dieser Tiefenschicht menschlicher Existenz und uraltem Wissen um die inneren Gesetze der Seele; sie umfangen in ihrer Symbolsprache den ganzen Kosmos und bergen den Einzelnen rätselhaft sinnvoll im Gefüge einer langen Generationenkette und der Schöpfung. Sie erweisen sich so als wirksame Gegenkräfte gegen Wurzellosigkeit und Chaos und sind damit hilfreiche Verbündete im therapeutischen Geschehen wie im Leben überhaupt.

»Es gibt eine Kontinuität des Lebendigen […], die uns trägt«, betont auch Strasser aus philosophischer Sicht vielfach (Strasser, 2016, S. 32 f.). Dem unglücklichen Kind im »Märchen von der Unke« aber, dem der Zugang zu dieser tragenden seelischen Tiefenschicht gewaltsam zerstört worden ist, droht der *seelische* Tod.

Eine zu ihrer Zeit in Zürich sehr bekannte Psychiaterin antwortete einmal in einem Rundfunkinterview auf die Frage nach der Seele: »Seele? Was ist denn das? Ich komme gut ohne eine Seele aus!« Sie, die anerkannte Spezialistin auf dem Gebiet der Psychopharmakologie, mochte zwar wissenschaftlich tief in die Geheimnisse ihres spezifischen Fachs und der Neurologie eingedrungen sein – und dies ganz gewiss auch zum Wohle der Kranken! –, aber ihre Antwort weist auf eine Reduktion des leidenden Menschen als eines biologisch-neurologisch reparaturbedürftigen Mechanismus, nicht aber als eines der Resonanz und Liebe bedürftigen Wesens hin. Der Mensch ohne Seele (wie ihn diese Psychiaterin sieht) wird dann tatsächlich zu »nichts als« einem Organismus, der wieder funktionstüchtig gemacht werden soll; eine Sichtweise, die heute leider von vielen therapeutischen Konzepten vertreten wird. Wir haben aber in der Therapie nicht einfach nur eine Depression, eine Schizophrenie oder eine Persönlichkeitsstörung und vieles andere mehr – wir haben einen *leidenden Menschen* vor uns. Ihn verbunden zu wissen mit dem Schöpfungsgrund, bewahrt ihm seine Würde auch in seiner Versehrtheit.

Dieses »nichts als« aber entseelt grundsätzlich unser aller Leben; die Wirklichkeit entpuppt sich dann als bloße Alltagswelt ohne jeden Bezug zur hintergründigen Tiefe, die erst durch einen geistig-seelischen Zugang, wie ihn gerade auch die Symbole ermöglichen, zu einem lebendigen Weltganzen wird. – Vor einigen Jahren lag ich im Krankenhaus und wartete frühmorgens auf einen schwierigen Eingriff. Im Bewusstsein, während der bevorstehenden Operation und auch noch längere Zeit danach aller Kontrolle über mich und mein Leben beraubt zu sein, empfand ich das Ohnmächtige dieser Situation sehr, auch wenn ich meinen Ärzten und ihrer fachlichen Kompetenz vertraute. Vor meinem Fenster draußen war es inzwischen hell geworden, der Blick auf den Himmel ganz frei. Dort zogen die Wolken mit dem Wind: Sie fügten sich zu immer neuen Formationen, lösten sich wieder auf, um sich in anderer Gestalt erneut zu finden. Ich verfolgte das Geschehen zunehmend fasziniert und fühlte mich darüber unversehens beruhigt – hatte dieses Wolkenspiel nicht viel mit unserem, meinem Leben gemeinsam? Für eine kurze Zeit nehmen wir sichtbare Gestalt an, die ganz vom Lebenshauch, wir könnten auch sagen: vom Geist, bestimmt wird – gehalten in der Weite des Kosmos, in die hinein wir uns wieder auflösen. Ein Wissenschaftler würde diese Wetterphänomene nüchtern erklären; die Wolken hätten dann mit Wasserdampf, Luftfeuchtigkeit und Kondensationsfähigkeit zu tun; ihr Zustand könnte auch Voraussagen zulassen über die künftige Wetterentwicklung – kurz, was mich so angerührt hatte, waren »nichts als« physikalische und meteorologische Phänomene. Das wusste ich zwar auch, aber indem ich mich vom Wolkenspiel seelisch hatte anrühren lassen, eröffnete sich mir ein tröstlicher Seinszusammenhang, der mich in diesem Moment stärkte und mich vertrauensvoll aufs Loslassen einstimmte, das mir nun in der kommenden Operation bevorstand.

Strasser spricht von einer ähnlichen Erfahrung und erwähnt eine weitere, wenn er vom Gesang der Vögel vor seinem offenen Arbeitszimmer schreibt – »eine ebenso gewohnte wie himmlische Musik. *In ihr drückt sich die Welt aus.*« (Strasser, 2016, S. 95 f.) Zwar räumt er ein:

> Da ich nicht vollends im Wolkenkuckucksheim lebe, sind mir die landläufigen Theorien über Bedeutung und Funktion des Vogelsangs bekannt. Und ich denke mir, während bei meinem Fenster Himmelsmusik hereinströmt, dass mir alle Theorien recht sind, solange sie die *Phänomene*, in denen sich das zeitlos Geistige verkörpert – der Schöpfungsüberschwang des Seins –, nicht abtöten, indem sie sie auf die Betätigung von Stimmerzeugungsapparaten in kleinen Biomaschinen reduzieren, die zwecks Verbreitung ihrer Gene akustische Signale aussenden. (ebd., S. 96)

Als Philosoph spricht er von uns Menschen »als Wesen, die mit Weltanverwandlungsvermögen begabt sind«: wir erschließen »unsere Situation über ein Erleben, demzufolge sich uns die Realität der Dinge als *wirklich* wirklich eröffnet – oder wie man einst so schön, weil lapidar metaphysisch sagte: als ›Schöpfung aus dem Geist‹« (ebd., S. 94 f.).

Davon berichtete mir vor langem auch eine Analysandin: Sie war in ihrem Urlaub in Griechenland auf eine wenig bekannte, weitgehend zerstörte, alte Tempelanlage gestoßen. Sie saß allein inmitten dieser Ruine, um sie herum vollkommene Stille, als ein sanfter Wind aufkam, der sie wie ein Hauch umspielte. Darin aber habe sie sich ganz vom »Wehen des Geistes« umhüllt gefühlt, der schon seit Ewigkeiten hier wehe und sie nun selbst auch in die Zeitlosigkeit aufgenommen habe, erzählte sie, selbst im Nachhinein noch sehr bewegt. Natürlich wusste die Frau, dass sie vordergründig »nur« dem Wetterphänomen »Wind« ausgesetzt gewesen war, ihr eigenes Erleben empfand sie dennoch als zutiefst wahr und weitaus wirklicher. – Wir erinnern uns hier an Jungs Aussage: »Wirklich ist, was wirkt.« (Jung, 1932, § 742). Die Haltung aber, die zu dieser lebendigen Anverwandlung der Welt führt, ist, in psychologischer Sprache ausgedrückt, *die symbolische Einstellung:*

> Wir können diese Einstellung, welche die gegebenen Erscheinungen als symbolisch auffaßt, abgekürzt als *symbolische Einstellung* bezeichnen. Sie ist durch das Verhalten der Dinge nur zum Teil berechtigt, zum andern Teil ist sie Ausfluß einer bestimmten Weltanschauung, welche nämlich dem Geschehen, sei es im Großen oder Kleinen, einen Sinn beimißt und auf diesen Sinn einen gewissen größeren Wert legt als auf die reine Tatsächlichkeit. Dieser Anschauung steht eine andere gegenüber, die den Akzent stets auf die reine Tatsächlichkeit legt und den Sinn den Tatsachen unterordnet. (Jung, 1986, § 899)

Selbstverständlich darf die konkrete Wirklichkeit nicht außer Acht gelassen werden, sonst landen wir wirklich im »Wolkenkuckucksheim«, wenn nicht gar in wahnhafter Verkennung der Realität. Aber ausschließlich auf die fassbare Realität zu setzen, lässt unsere Welt und uns selbst verkümmern. Die Vermittlung der symbolischen Einstellung ist darum ein wichtiges Anliegen in der Psychotherapie; sie hilft Wege ins Unbewusste zu eröffnen und selbstheilende Kräfte aufzuspüren, um uns als sterbliche Wesen in unserem Dasein auch Anteil haben zu lassen an zeitlos Unvergänglichem – erst dann sind wir dieses lebendige Ganze, dieses Gespinst, »gewoben aus Endlichkeit und Unendlichkeit« (Weischedel, 1992, S. 234).

Auf den kürzesten Nenner gebracht, können wir nur wiederholen: Psychotherapie und insbesondere Jung'sche Psychotherapie, bewegt sich wesentlich den auftauchenden Symbolen entlang – sie ist *Arbeit am Symbol.* In diesem Zusammenhang spricht Jung auch von der *transzendenten Funktion* (transcendere – hinüber schreiten): Voraussetzung für sie ist die symbolische Einstellung, in der die Manifestationen des Unbewussten als dynamische, vieldeutige Symbole verstanden werden. Mit Hilfe der transzendenten Funktion gelingt es, die Trennung zwischen Bewusstsein und Unbewusstem wenigstens partiell zu überbrücken: »sie heißt transzendent, weil sie den Übergang von einer Einstellung in eine andere organisch ermöglicht« (Jung, 1916, § 145 f.). Aufgabe der Therapeutin, des Analytikers ist es, diese transzendente Funktion zu vermitteln, d. h. dem Patienten zu helfen, Bewusstsein und Unbewusstes zu verbinden und so zu einer neuen Einstellung zu gelangen.

Wo aber die Symbolisierungsfähigkeit nicht gegeben ist, und dies betrifft vor allem Menschen, die in ihrer Frühzeit gravierendem Mangel und vielfachen Verletzungen ausgesetzt waren, wird das Bemühen in der Psychotherapie darauf ausgerichtet sein, die symbolische Einstellung nachreifen zu lassen, um den Menschen nicht in einseitig blockierendem Realismus erstarren zu lassen. Und wir können

Erich Fromm nur zustimmen, wenn er auch aus Freud'scher Sicht betont: »Ich halte die Symbolsprache für die einzige Fremdsprache, die jeder von uns lernen sollte« (Fromm, 1951, S. 16).

## Das erste Symbol

Bei genügend guter Betreuung eines Kindes gründet das Symbol in allerfrühester körperlich-seelischer Welterfahrung. Es ist das Verdienst Donald W. Winnicotts, eindrücklich auf diese Phänomene hingewiesen zu haben, die er als Psychoanalytiker und Kinderarzt in vierzigjähriger Tätigkeit im Londoner Kinderkrankenhaus Paddington und in eigener Praxis beobachtet hatte. (vgl. für das Folgende: Winnicott, 1987, S. 10–36). Aus der Verschmolzenheit des Säuglings mit der Mutter – ein Zustand, der schon in vorgeburtliche Zeiten zurückreicht – muss das Kind im Heranwachsen der ersten Monate allmählich erleben, dass diese nahezu paradiesische, weil unzertrennliche Einheit mit der Mutter der Wirklichkeit nicht standhält. Während die »genügend gute« Mutter sich anfänglich so weit wie nur möglich den Bedürfnissen ihres Säuglings anpasst, wird sie diese »beinahe vollkommene« Anpassung immer mehr zurücknehmen – in dem Maße, indem das Kind imstande ist, Versagungen zu ertragen, um so schließlich zu erfahren, dass es mit seinem Ich einer Welt von Nicht-Ich ausgesetzt ist, mit anderen Worten: dass es *eine innere und äußere Realität* gibt.

In dieser Phase der Desillusionierung wirken nun Übergangsphänomene und Übergangsobjekte hilfreich, diese oft irritierende und schmerzhafte Erfahrung auszuhalten. So können wir denn im Umgang mit Säuglingen beobachten, wie sie sich den Daumen, gelegentlich auch die ganze kleine Faust in den Mund stecken, wie sie ihr Gesicht streicheln oder vor sich hin lallen, sich in den Schlaf singen und vieles andere mehr – die Variationsbreite dieser im kindlichen Körper wurzelnden *Übergangsphänomene* ist groß. Dasselbe gilt auch für die *Übergangsobjekte:* Kleinkinder, die sich allmählich aus der Einheit mit der Mutter lösen, haben oft ein bevorzugtes und absolut unverzichtbares Stofftier, gelegentlich eine Puppe oder manchmal auch nur ein Stofftüchlein, das in konkreter oder seelischer Abwesenheit der Mutter alle Nähe und Verbundenheit zur Mutter symbolisiert. »Natürlich«, betont Winnicott, »ist es nicht das Objekt, das einen Übergang darstellt. Das Objekt repräsentiert den Übergang des Kindes aus einer Phase engster Verbundenheit mit der Mutter in eine andere, in der es mit der Mutter als einem Phänomen außerhalb seines Selbst in Beziehung steht« (ebd., S. 25). Der Teddybär symbolisiert dann gleichermaßen die einstige innige Verbundenheit mit der Mutter, wie die abwesende Mutter im gegenwärtigen Moment und das sich entwickelnde Selbst des Kindes – und niemandem sollte es in den Sinn kommen, die konkrete Bedeutung exakt bestimmen zu wollen. Ich erinnere mich in diesem Zusammenhang an eine eindrückliche Szene mit einer meiner kleinen Enkelinnen. Die Kleine war von ihrer Mutter für einige Stunden in der Obhut von Ur- und Großmutter zurückgelassen worden. Mit der Zeit wurde sie etwas müde, nahm aber ganz zufrieden ihre Puppe Emma (ihr Übergangsobjekt) und streichelte sie liebevoll, indem sie immer wieder beruhigend sagte: »Mama, Mama«. Die realistische Urgroßmutter intervenierte streng: »Das ist doch nicht Mama, das ist Emma!« Die Kleine schaute sie verständnislos an und fuhr weiterhin unbeirrt fort, ihre Puppe zu streicheln und beruhigend »Mama« zu nennen.

Tatsächlich haftet aber dem Konzept von Übergangsobjekten und -phänomenen etwas Widersprüchliches an, ein »Paradoxon«, wie Winnicott es ausdrücklich nennt und das seiner Ansicht nach nur angenommen und toleriert, nicht aber aufgelöst werden kann.

> Wenn wir Zeugen werden, wie sich ein Kind mit einem Übergangsobjekt als erstem »Nicht-Ich-Besitz« beschäftigt, erleben wir, wie es überhaupt zum ersten Mal ein Symbol verwendet und zugleich seine erste Spielerfahrung macht. [....] Das Objekt ist ein Symbol für die Einheit von Kleinkind und Mutter (oder einem Teil der Mutter). Dieses Symbol kann lokalisiert werden. Es steht an der Stelle von Raum und Zeit, wo das Kind beginnt, sich die Mutter nicht länger als Teil seines Selbst vorzustellen, sondern sie als ein Objekt [ein Nicht-Ich] wahrzunehmen. Die Verwendung eines Objektes symbolisiert die Einheit der jetzt voneinander getrennt erlebten Wesen Kind und Mutter *an der Stelle in Raum und Zeit, wo sich ihre Trennung vollzieht.* (1987, S. 112)

Während in der Frühzeit allzu lange Trennungen von der Mutter (oder der an ihrer Stelle stehenden Betreuungsperson) zu traumatischen Verlassenheitserfahrungen führen können, die für das Kind zu einem Bruch der persönlichen Kontinuität seiner Existenz mit verheerenden psychischen Folgen führen können, wirke es oft »heilsam« für Kinder, wenn sie von der Mutter vorübergehend alleingelassen werden, denn dadurch komme es zu einer »Stärkung der Ich-Struktur«, betont Winnicott: »Diese Stärkung der Ich-Struktur fördert nämlich seine Fähigkeit, Symbole der Einheit zu verwenden; es kann dann wieder Trennungen zulassen oder daraus für sich sogar gewinnen. [..., weil] die Trennung eigentlich *keine Trennung, sondern eine Form der Einheit ist* [Hervorhebung d. Verf.]« (ebd., S. 113). Im Übergangsobjekt erkennen wir darum nun unschwer *das erste Symbol* überhaupt. Es »ist eine der Brücken, die den Kontakt der Seele des Einzelnen und der äußeren Wirklichkeit möglich macht« (Winnicott, 1978, S. 213). Als erstes Bindeglied zwischen der Seele des Kindes und der Mutter – es sei nochmals betont –, erwächst es ganz aus der ursprünglichen Einheit mit der Mutter und der Welt, die diese ja in dieser frühen Verbundenheit für das Kind auch verkörpert. Es birgt in sich also weiterhin diese Einheitswirklichkeit, verkörpert aber gleichzeitig auch bereits das Selbst des Kindes, das aus der Verschmelzung der Frühzeit allmählich auftaucht und sich vom Nicht-Ich von Mutter und äußerer Welt immer klarer abzugrenzen beginnt. Damit aber wird diese äußere Wirklichkeit erst *beseelt*, ja mehr noch: Das Übergangsobjekt als erstes Symbol des Selbst gründet im »Urgrund des Seins der eigenen Existenz des Kindes« (Strubel, 2010, S. 215) und stellt gleichzeitig die Grundlage für sein Verhältnis zu anderen Menschen und der Welt dar.

Darum zeigt sich auch in der Jung'schen Psychologie, die mit Winnicotts Vorstellungen vom Übergangsobjekt in vielem übereinstimmt, in diesem Symbol das *erste Selbst-Symbol*, das für die leib-seelische Ganzheit des Menschen steht und ebenso eine paradoxe Größe ist, welche die Gegensätze von Ich und Nicht-Ich, von Subjekt und Objekt, von Individuellem und Kollektivem sowie von Unbewusstem und Bewusstsein in sich vereinigt. Es kann also nie widerspruchsfrei aufgefasst und nur als »bewussstseinstranszendent« (ebd., S. 214) gedacht werden.

Wenn im vorangehen Kapitel von der symbolischen Einstellung die Rede war, so vermögen wir nun noch besser zu verstehen, dass die dazu notwendige *Symbolisierungsfähigkeit* aus diesem frühen Beziehungsgeschehen erwächst. Ohne eine zuverlässig haltende, liebevolle Beziehung zwischen Mutter und Kind kann sich »diese erste Spielerfahrung« mit dem Übergangsobjekt als Symbol für den ersten »Nicht-Ich-Besitz« nicht entwickeln.

> Aus der Beziehung zum Übergangsobjekt, das die Beziehung zwischen der Mutter und dem Kind voraussetzt und das als Ursymbol ihre Beziehungsstruktur abbildet, ergeben sich die Beziehungen zu Menschen und Dingen, *wobei die Beziehungsfähigkeit und die Symbolisierungsfähigkeit einander bedingen und eines ohne das andere nicht denkbar ist* [Hervorhebung d. Verf.]. (ebd., S. 176)

Übergangsphänomene und Übergangsobjekte gehören für Winnicott in den *»intermediären Raum«* (auch »potential space« oder »Übergangsraum«), in den Erfahrungen von innerer psychischer und äußerer Realität in gleicher Weise einfließen. Dieser »potential space« findet im Übergangsobjekt als einem paradoxen Symbol seinen Ausdruck. In der frühen Kindheit ist er, wie wir gesehen haben, »für den Beginn einer Beziehung zwischen Kind und Welt erforderlich«; er bleibt aber auch für uns Erwachsene unabdingbar, ermöglicht er es uns doch, uns vom lebenslangen Druck zu befreien, innere und äußere Realität stets klar unterscheiden zu müssen – wir erinnern uns an den himmlischen Vogelgesang, die vom Wind verwehten Wolken, die symbolisch einen beseelten Schöpfungshintergrund eröffnet haben, wo die konkrete Realität uns nur mit zwar präzisen, aber kargen wissenschaftlichen Tatsachen konfrontiert hätte.

> Dieser intermediäre Erfahrungsbereich, der nicht im Hinblick auf seine Zugehörigkeit zur inneren und äußeren Realität in Frage gestellt wird, begründet den größeren Teil der Erfahrungen des Kindes und *bleibt das Leben lang für außergewöhnliche Erfahrungen im Bereich der Kunst, der Religion, der Imagination und der schöpferischen wissenschaftlichen Arbeit erhalten* [Hervorhebung d. Verf.]. (Winnicott, 1987, S. 25)

Und Winnicott verdeutlicht an anderer Stelle noch einmal:

> Einen Erwachsenen, der uns zumutet, seine subjektiven Phänomene als objektiv anzuerkennen, halten wir für geistesgestört. Gelingt es ihm aber, seinen intermediären Bereich ohne diese Ansprüche zu genießen, so können wir unseren eigenen entsprechenden intermediären Bereich zur Kenntnis nehmen und uns freuen, wenn wir Überschneidungen entdecken; dies sind die gemeinsamen Erfahrungen mehrerer Mitglieder einer Gruppe auf dem Gebiet der Kunst, der Religion oder Philosophie. (ebd., S. 24)

Dies ist aber auch die Erfahrung in der Psychotherapie, in der sich äußere und innere Wirklichkeit überschneiden. In diesem Beziehungsfeld findet gegenseitige Beeinflussung statt, die zu gemeinsamen Erfahrungen führt; wir werden später noch ausführlich darauf eingehen.

Der intermediäre Raum eröffnet uns jene Weite, in dem alle Symbole gründen, und gleichzeitig erkennen wir in ihm den Ort, wo die Sehnsucht ihre tiefsten Wurzeln treibt. Wo immer aber wir seelisch berührt werden, schwingt die innere

Wirklichkeit mit und erlöst uns aus der Einseitigkeit eines ausschließlich rationalen Zugangs zur Welt.

## Die paradoxe Natur der Symbole

Was aber bedeutet nun die Widersprüchlichkeit der Symbole, die ihnen von Anbeginn anhaftet, für die therapeutische Arbeit und für unser Leben überhaupt? Wir sind in unseren Fallbeispielen bisher vorwiegend Symbolen begegnet, die spontan als hilfreich und »positiv« erfahren wurden. Die symbolische Einstellung kann ihre Wirkung allerdings auch dann entfalten, wenn sich ein Symbol scheinbar nur von seiner *negativen* Seite zeigt:

Eine fünfzigjährige Patientin, nennen wir sie Stella, wollte einmal mit mir über ihr Lieblingsmärchen, Andersens »Schneekönigin« (1986), sprechen. Sie erzählte mir vorerst fasziniert den Prolog des Märchens und schien immer mehr in seinem Bann – Andersen hatte nämlich zu Beginn des eigentlichen Märchens einen Prolog vom Spiegel und seinen Scherben geschrieben, der hier kurz zusammengefasst sei:

Der leibhaftige Teufel hatte eines Tages einen Spiegel geschaffen, der ihn aufs Höchste entzückte, denn der Spiegel verkehrte alles in sein Gegenteil. Alles Gute und Schöne erschien darin hässlich und geschrumpft, während alles, was nichts taugte, im besten Licht zu sehen war. Der Teufel ging mit seinen Zauberlehrlingen durchs Land und zeigte allen Menschen ihr verdrehtes und entstelltes Gesicht. Schließlich war der Spaß auf Erden ausgekostet, und der Teufel beschloss, mit seinen Mitteufeln aufzusteigen in den Himmel, um Gott und seinen Engeln ihre entsetzlichen Fratzen zu zeigen. So flogen sie denn auf, und je höher sie kamen, umso mehr mussten sie höhnisch lachen – bis der Spiegel in diesem Lachen so sehr erbebte, dass er ihren Händen entglitt und auf die Erde stürzte, wo er in hundert Millionen, Billionen und noch mehr Stücke zerbrach. Hier richtete er nun erst recht unermesslichen Schaden an, denn selbst die kleinsten Spiegelsplitterchen hatten dieselben Kräfte behalten wie der Spiegel zuvor: Wer von ihnen getroffen wurde, entging ihrer Wirkung nicht – wem ein Splitter ins Auge kam, der sah alles verkehrt, wen ein solcher ins Herz traf, dessen Herz erstarrte zu einem Eisklumpen. Der Böse lachte, und noch immer flogen Scherben in der Luft herum.

Stella war von dieser Geschichte spürbar betroffen; das nachfolgende Märchen von dem kleinen, von einem Spiegelsplitter getroffenen Jungen Kai und seiner Freundin Gerda, die ihn auf einem gefahrvollen und entbehrungsreichen Weg schließlich mit ihrer Liebe erlöst, handelte sie kurz und nebenbei ab. – Ein Vorgang übrigens, der typisch ist, wenn Menschen von ihren Lieblingsmärchen erzählen: Oft ist es nur eine einzelne Szene oder eine von vielen andern kaum erinnerte Einzelheit, die sich unvermittelt als ganz zentrales Symbol erweist. Das ist allerdings nur konsequent; wenn wir einen Zusammenhang postulieren zwischen psychischen Prozessen und den auftauchenden Symbolen, dann muss die Reaktion auf ein Märchen auch immer wieder sehr individuell ausfallen. Je nachdem welche seelische Problemlösung ansteht, werden andere Motive, bzw. Symbole belebt. Wir erinnern uns hier an Blumenbergs Löwen, der für ihn (und nur für ihn) zum lebendigen Symbol wurde.

So war auch dieser unheilvolle Teufelsspiegel offensichtlich Teil von Stellas eigener Geschichte. Ihr Vater war ein hoher SS-Offizier gewesen, Mitglied von Hitlers Leibstandarte. Nach dem Krieg tauchte er aus Angst vor einem Kriegsverbrecherprozess mit der ganzen Familie für Jahre unter. Stella war in ihrem Elternhaus ganz ins tabuisierte Spannungsfeld vergangener Größe und schmachvoll empfundener Ohnmacht gestellt. Äußerst destruktive und gewalttätige Seiten des Vaters verbanden sich für sie zudem mit dem Bild eines Mannes, der nach ihrer eigenen Aussage »eine Seele von Mensch« gewesen sein soll. Auch in ihrem Leben hatte darum dieser Teufelsspiegel, dessen Scherben so unheilvoll verzerrend wirken, seine tiefen Spuren hinterlassen – Fragmentierung und ein immer wieder stark gestörter Bezug zur Realität waren die Folgen. Der zerbrochene Zerrspiegel war ein Schlüsselbild für Stellas Leben. Wie konnte dieses so ausgesprochen negativ geprägte Symbol überhaupt hilfreich wirken?

Zum einen half das Bild natürlich, die Lebenssituation der Patientin überhaupt zu erhellen. Wir konnten uns aber aufgrund dieses Bildes auch viel eher darüber verständigen, was ihr zuzeiten immer wieder geschah, wenn sie sich und den Bezug zur konkreten Wirklichkeit völlig zu verlieren begann, und was ihr dann am meisten fehlte: ein unversehrter, zuverlässiger Spiegel, der ihr zur klaren Wahrnehmung der Realität und ihrer Identität verhelfen konnte. Sie erinnerte sich in diesem Zusammenhang einmal an einen lange vergessenen Berufswunsch, den sie als Kind eine Zeitlang geäußert haben soll: »Ich will ganz werden.« Damit aber hat sich uns das Symbol des vielfach zersplitterten Spiegels bereits von einer ganz anderen Seite gezeigt – und das gilt, wie wir erfahren haben, für alle Symbole: Sie sind letztlich paradox. Als Ausdruck archetypischer Kräfte enthalten sie die ganze Spannweite möglicher Erfahrung. Das hier so offensichtlich negativ geprägte Spiegelbild weckt in seinem symbolischen Kern auch die Vorstellung von einem klaren, unbeschädigten Spiegel, und hierauf gründet die therapeutische Hoffnung in der Arbeit mit einem seelisch so stark beeinträchtigten Menschen, der in seiner ganzen Versehrtheit erst recht von einer unstillbaren Sehnsucht nach Lebendigkeit getrieben ist. Damit meine ich nicht einen hier zweifellos völlig unbegründeten therapeutischen Optimismus – aber ohne diese Ausrichtung auf den wenigstens imaginär vorhandenen Gegenpol, an dem wir uns immer wieder zu orientieren haben (trotz größtmöglicher nüchterner Einschätzung der Realität) müssten wir in unserem therapeutischen Bemühen oft aufgeben. Es geht für uns also immer wieder darum, die »archetypisch eingekapselte Hoffnung« im Symbol aufzuspüren und aus Blockierung und Lebensverweigerung herauszulösen.

# Die archetypische Dimension der Symbole

Aber was hat es denn nun eigentlich mit dieser »archetypisch eingekapselten Hoffnung« auf sich? Der Ausdruck, der durchaus einem Bedeutungsinhalt der Jung'schen Psychologie entspricht, stammt von Ernst Bloch (1982, Bd. 1, S. 187), der sich in seinem Hauptwerk »Das Prinzip Hoffnung« auch mit der Psychoanalyse und dem Unbewussten beschäftigt hat. Während er Freuds Unbewusstem immerhin noch zugesteht, es sei »im großen ganzen individuell, das heißt von individuell erworbenen Verdrängungen und von Verdrängungen aus der kurz zurückliegenden Vergangenheit eines modernen Individuums erfüllt« kann er bei Jung das Unbewusste nur ebenso einseitig als »vollkommen generell, urzeitlich und kollektiv« sehen: »Gegenwart fliehend, Zukunft hassend, Urzeit suchend.« Und »selbstverständlich fließ[e] Jungs Kollektiv-Unbewußtes im Hexenwahn dicker als in der reinen Vernunft« (ebd., S. 67).

Aufgrund von Jungs äußerst zwielichtiger Haltung in nationalsozialistischer Zeit (vgl. Spillmann, 2010, Teil I) qualifiziert Bloch ihn denn seitenweise und affektgeladen nur als erzkonservativ, ja als »faschistisch schäumende[n] Psychoanalytiker« ab (Bloch, 1982, Bd. 1, S. 65). Und er wird nicht müde, diesen »Reaktionär« anzuprangern, der in den »Naturbauch« (ebd., S. 68) und damit »aus dem Hellen ins Dunkle« (ebd., S. 69) strebe. Während er Freud gerade noch zugutehält, dass er das Unbewusste bekämpfe, wirft er Jung vor, das Unbewusste zu begrüßen und »völlig im Archaisch-Kollektiven« anzusiedeln. Jedoch:

> im Hauptpunkt steht der Lehrer Freud mit seinem pervertierten Schüler auf gleicher Ebene; beide fassen das Unbewußte lediglich als ein entwicklungsgeschichtlich Vergangenes, als ein in den Keller abgesunkenes und nur darin Vorhandenes. Sie kennen beide, wenn auch mit höchst verschiedener Art und Ausdehnung der Regression, nur ein Unbewußtes nach rückwärts oder unterhalb des bereits vorhandenen Bewußtseins; sie kennen eben kein Vorbewußtsein eines Neuen. (ebd., S. 70 f.)

Und dieses »Vorbewußtsein eines Neuen« ist nun Blochs ganz eigenes Thema im Prinzip Hoffnung; das reklamiert er skrupellos für sich selbst, und hier siedelt er die »Archetypen mit utopischer Funktion« an, die er von den archaisch »verrotteten« klar getrennt wissen will. Als Beispiel für einen »Archetypus höchsten utopischen Ranges« führt Bloch u. a. »das Trompetensignal im letzten Akt des ›Fidelio‹« an, »konzentriert in der Leonoren-Ouvertüre, das die Rettung verkündet.« (ebd., S. 186). So wie hier die Hoffnung auf Befreiung durchbricht, so sieht Bloch die Erlösung der eingekapselten Hoffnung aus den Archetypen; sie sind ihm »Anker der Hoffnung« (ebd., S. 187).

Wir wollen hier nicht näher auf Blochs unausgegorene Wahrnehmung der Psychoanalyse und der Analytischen Psychologie eingehen, die so offensichtlich ideologisch durchgefärbt, bzw. verengt ist und zudem unbelastet von jeder genaueren Sachkenntnis. Hingegen wollen wir diesen Aspekt der Hoffnung, den er in den Archetypen verborgen sieht, im Weiteren noch aus psychoanalytischer und spezifisch Jung'scher Sicht erläutern.

Ein kurzer Traum soll uns hier auf die Spur verhelfen. Er stammt von einer über siebzigjährigen Frau, nennen wir sie Bea, die ihn mir bei unserer ersten Begegnung spürbar betroffen erzählt hatte:

> Irgendwo in einem fremden Land. Ich werde aufs Schafott geführt. Ich knie nieder, um den Schwertstreich des Henkers zu empfangen. Im letzten Augenblick schaue ich auf, um meinen Henker zu sehen: Es ist Mutter!

Welch fremdartig und grausam anmutende Szenerie in diesem Traum – und dann vor allem: dieser Schluss! Nichts deutete anfänglich auf einen individuellen Bezug hin, das Ende aber führte uns mitten ins persönliche Leben der Träumerin: eine »Henkersmutter« stand da in ihrer ganzen Unerbittlichkeit, und die Vermutung liegt nahe, dass die Träumerin wohl keine besonders gute Beziehung zu ihrer Mutter hatte. Das war tatsächlich so, seit frühester Kindheit herrschte zwischen Mutter und Kind eine denkbar schlechte Beziehung, in der die Mutter immer wieder Lebensimpulse und Entwicklungsmöglichkeiten ihrer Tochter gewaltsam unterbunden, bzw. »geköpft« hatte. Gleichzeitig spiegelte der Traum auch eine seltsame Schicksalsergebenheit – das Traum-Ich scheint die bevorstehende Hinrichtung ohne Aufbegehren und ohne klaren Schuldspruch ergeben hinzunehmen, und Bea bestätigte auch, dass sie sich schon früh einen gewissen Fatalismus angewöhnt hatte. Kurz zusammengefasst: der Traum wies geradezu exemplarisch auf einen negativen *Mutterkomplex* hin, der die individuellen Erfahrungen der Träumerin mit ihrer Mutter spiegelte.

Was allerdings aufmerken ließ, war die Tatsache, dass die Träumerin bereits mehr als siebzig Jahre alt war, schon längst selbst erwachsene Kinder hatte und vor allem: dass ihre Mutter schon seit Jahren tot war. Wozu also dieser Traum? Und warum in diesem völlig verfremdeten Umfeld?

In der Tat ist im Geschehen mit der Henkersmutter irgendwo in einem fremden Land ein Ereignis dargestellt, das den persönlichen Lebensrahmen bei weitem sprengt. Der Traum eröffnet gleichsam ein Fenster, das einen Blick in mythologische Zeiten freigibt, in jenen archetypisch-kollektiven Bereich, in dem sich die erwähnten menschlichen »Elementarkonflikte jenseits von Raum und Zeit« abspielen, jene ewig gültigen Menschheitsgeschichten über Leben und Tod im Spannungsfeld von Liebe und Hass. Die Mutter als Henkerin entspricht darin dem Bild der *Todesmutter*, wie sie uns in Mythologie und Märchen vielfach überliefert wird – eine der bekanntesten unter ihnen ist die indische Göttin Kali, die ihre eigenen Kinder frisst, um sich an ihnen zu mästen (Neumann, 1987, S. 149 ff.). Wenn Beas Traum unübersehbar von einem *negativen Mutterkomplex* sprach, wie er sich in ihrem persönlichen Unbewussten aufgrund ihrer eigenen Geschichte ausgeprägt hatte, zeigte sich in ihrer seelischen Tiefenschicht, im kollektiven Unbewussten, nun aber auch gleichzeitig der negativ konstellierte *Mutterarchetyp*, wie er seit Urzeiten wirkt. Damit wird gleichsam der *Kern* des negativen Mutterkomplexes sichtbar: der *Archetyp der Todesmutter*, die nur als furchtbare Mutter, als das Leben behindernde, bedrohende, ja vernichtende archetypische Kraft hat erfahren werden können.

Worin aber soll nun die Botschaft oder gar das Hoffnungsvolle dieses Traumes liegen? Bea war ja schon seit Jahren klar, dass sie von einer schlechten Muttererfahrung geprägt war. Nach einiger Zeit äußerte sie selbst Zweifel daran, ob es bei diesem Traum nur darum gehe, bei diesem Negativen zu verweilen, und sie meinte nachdenklich: Vielleicht stehe *Mutter* ja für das *Leben* überhaupt, und darum würde es wohl im Traum nicht (nur) um ihre persönliche Mutter gehen. Damit stand dem *Todbringenden* unvermittelt auch das *Leben* gegenüber: das archetypische Mutterbild hatte seinen Gegenpol erahnen lassen – so wie auch die Göttin Kali nicht nur als todbringende, sondern ebenso als fruchtbare, Leben schenkende Mutter-Göttin erscheint: sie frisst nicht nur ihre eigenen Kinder, sie spendet auch unaufhörlich neues Leben, indem sie ständig Kinder gebiert. Wir sind dieser Paradoxie bereits bei den Symbolen begegnet und dieselbe Bipolarität ist auch bestimmendes Merkmal der Archetypen, die selbst da noch Hoffnung in sich bergen, wo scheinbar nur Lebensbehinderung wirkt.

Halten wir einen Moment inne, um den Begriff des Archetypus genauer in den Blick zu fassen. Er scheint schwer verständlich, obwohl er längst auch in der Umgangssprache Einlass gefunden hat; *archetypisch* wird in der Regel etwas genannt, was allen Menschen seit Urzeiten zugehörig ist. Der Begriff reicht denn auch weit zurück: *Arche* (griech.) benennt einen Anfang, einen Ursprung, in der griech. Philosophie auch den Urgrund der Welt. *Typos* meint den Schlag, das Geprägte; und damit wird Archetypos zu einer Ur-, bzw. *Grundprägung.* Nach einer langen Wirkungsgeschichte dieses Begriffs, ausgehend von der griechischen Philosophie bis in die Romantik, greift Jung diesen Begriff für seine Modellvorstellung des Unbewussten auf: Archetypen sind für ihn die *strukturierenden Elemente des kollektiven Unbewussten,* während die Komplexe dem persönlichen Unbewussten strukturierend zugehören.

Aber der Begriff bleibt missverständlich. Dazu hat nicht zuletzt Jung selbst beigetragen. Mit der ihm eigenen Haltung eines empirischen Erforschers der menschlichen Seele war er zeitlebens bereit, die einmal gefundenen Erkenntnisse immer wieder in Frage zu stellen, und dies gilt nun ganz besonders für seine Vorstellungen von den Archetypen, deren Wirkungsweise er ständig differenzierte:

Hatte er ursprünglich noch von »Dominanten« des Unbewussten gesprochen, nannte er später die Archetypen »Urbilder«; gerade diese Vorstellung aber, dass sich Erinnerungen und Bilder vererben ließen, konnte der naturwissenschaftlichen Vorstellung seiner Zeit nicht standhalten, und so präzisierte Jung erneut: vererbt wurden nun nicht die Inhalte und Bilder selbst, sondern nur die Fähigkeit, bzw. die *Disposition* zur Bildung mythischer Vorstellungen. Die Archetypen, diese anthropologischen Konstanten, stellen nun etwas dar, das sich erst im Laufe der Entwicklung des einzelnen Individuums mit Inhalt füllt und entsprechend manifestiert – und dies im Wechselspiel mit seinen Bezugspersonen und seinem sozialen Umfeld. Abschließend differenzierte Jung seine Auffassung vom Archetypus noch einmal: In seinen »Theoretischen Überlegungen zum Wesen des Psychischen« unterschied er nun sehr klar den *Archetypus an sich* vom *archetypischen Bild* (Jung, 1946, GW 8, §§ 343 ff.). Es wäre heute also falsch, die Archetypen als »Urbilder« oder unbewusste »Vorstellungen« zu bezeichnen, das heißt: die Archetypen sind »nicht inhaltlich, sondern bloß *formal* [Hervorhebung d. Verf.] bestimmt« (Jung, 1938, GW 9/1, § 155).

Der *Archetypus an sich*, wie ihn Jung schließlich beschrieb, ist *unanschaulich*; er kann nur in einem Bild (einem Symbol) und in seiner Emotion erfahren werden – und Archetypen sind sehr oft von ausgesprochen intensiven Gefühlen begleitet! Der Archetyp ist also eine *a priori gegebene Möglichkeit der Vorstellungsform*, »etwa dem Achsensystem eines Kristalls vergleichbar, welches die Kristallbildung in der Mutterlauge gewissermaßen präformiert, ohne selber stoffliche Existenz zu besitzen. Letztere erscheint erst in der Art und Weise des Anschießens der Ionen und dann der Moleküle« (ebd., § 155). In diesem Sinne ist also der Archetyp durchaus dem *Instinkt* vergleichbar, der ebenfalls als formales Element erst nachgewiesen werden kann, wenn er sich in einer *Handlung* manifestiert. Für Jung besteht denn auch eine enge Beziehung zwischen Archetyp und Instinkt. Vereinfacht könnte man sagen, *der Archetyp fasse den Instinkt in ein symbolisches Bild*, wie das folgende Beispiel veranschaulichen mag:

Eine hochbetagte Frau liegt im Sterben. Kurze Zeit vor ihrem Tod schreckt sie in ihrem langen Dämmerzustand auf und schreit laut: »Das Fohlen ist gestorben! Auf dem Sechseläutenplatz. Es wird nie mehr ein Sechseläuten geben!« Symbolisch gesehen sind Pferde seit je wichtige Instinktträger für den Menschen. Zeit ihres Lebens hatte diese Frau allerdings nie viel mit Pferden zu tun gehabt. Der »Sechseläutenplatz« in der Stadtmitte von Zürich hingegen war auch ein wichtiges Zentrum in ihrem Leben gewesen: Hier fand das alljährliche Frühlingsfest statt, wo jeweils der Winter (in Gestalt eines Schneemanns), umritten von vielen Pferden, symbolisch verbrannt und das Wiederaufblühen der Natur gefeiert wurde. Im Todesgeschehen taucht nun plötzlich ein »Fohlen« auf, ein junges Pferd, das noch alle Entwicklungsmöglichkeiten in sich trüge – und stirbt, und mit ihm der Instinktträger. Damit aber würde es auch für die Sterbende nie mehr ein Frühlingsfest mit all seinen verheißenden neuen Lebensmöglichkeiten geben. Erneut vermischt sich hier persönlich-individuelle mit allgemein menschlicher Erfahrung – und das instinkthafte Geschehen wird in archetypischen Bildern ausgedrückt. Wo der Instinktträger stirbt und es naturhaften Neuanfang nicht mehr geben kann, erstirbt das Leben. Diese »Botschaft« hatte die Todgeweihte aus der »Mitte der Stadt«, aus ihrem Lebenszentrum heraus erreicht. Was auf den ersten Blick so unverständlich erscheinen mag, war ein zutiefst stimmiger Ausdruck für den Sterbeprozess, der offenbar aus der seelischen Tiefe heraus verstanden worden war. – Nicht lange danach starb die alte Frau, die sich zuvor sehr ans Leben geklammert hatte.

Während also der Instinkt den Menschen zu bestimmten arttypischen *Handlungen* – im angeführten Beispiel zum Sterben – veranlasst, ruft der Archetyp dazu gehörige spezifische Formen der *Anschauung und der Wahrnehmung* hervor. Und diese äußern sich im *archetypischen Bild* – hier im Bild des »Sechseläutens«, einem Frühlings-, bzw. Auferstehungsfest –, oder anders ausgedrückt: sie äußern sich im *Symbol*. Letztlich gründet also das Symbol im archaisch-kollektiven Unbewussten und verknüpft damit eine unsichtbare Wirklichkeit mit der jeweils aktuell gegebenen Situation und eröffnet so während des Lebens neue, bisher ungeahnte, verborgene Einsichten und Entwicklungsmöglichkeiten. Und es ist die ihnen innewohnende *transzendierende Kraft*, die auch lange Blockierungen zu lösen vermag.

So auch im erwähnten Traum von der Henkersmutter: Hatte in Beas Reaktion darauf anfänglich das Grauen überwogen, gelang es ihr schließlich immer mehr, der Frage nachzugehen, welche Bedeutung dieser Traum für sie wohl habe. Wir haben erfahren, dass für die Träumerin schon bald einmal im Hintergrund der Gegenpol zur Todesmutter aufschien – aufs erste nur im gefühlhaften Begreifen und Erkennen, was ihr seinerzeit von ihrer persönlichen Mutter widerfahren war und was sie an ihr schmerzlich hatte vermissen müssen. Das war Anlass zu Trauer, führte aber schließlich zu einem sorgsameren Umgang mit sich selbst. Wie Bea den Traum jedoch auch als ein innerseelisches Geschehen zu begreifen begann, stellte sie betroffen fest, wie sie in ihrem Leben und vor allem in ihren Beziehungen immer wieder selbst zur Todesmutter geworden war, die neuen Entwicklungsmöglichkeiten keinen Lebensraum gelassen hatte. So hatte sie den Kontakt zu ihren eigenen fünf Kindern nach der Scheidung auf ein absolutes Minimum reduziert und war nun auch gegenwärtig wieder im Begriff, in einer aktuellen Beziehungskrise zur »Henkerin« zu werden. Das archetypische Traumgeschehen vermochte Bea innerlich in Bewegung zu setzen und ließ sie trotz ihrer individuell negativen Erfahrungen einen anderen Umgang mit ihrer Lebensproblematik finden, der ihr – und das ist entscheidend! – nicht von außen auferlegt worden war, sondern der sich in ihrem eigenen Seelengrund belebt hatte. Und hier, in dieser Tiefe wurzeln die transzendierenden selbstheilenden Kräfte.

Wenn Bloch, wie wir eingangs gesehen haben, Freuds Vorstellung des Unbewussten gerade noch für akzeptabel hielt, weil es ganz von der individuellen Erfahrung und persönlichen Vergangenheit des einzelnen Individuums ausgehe, greift er allerdings auch hier zu kurz. Freud grenzt sich zwar entschieden von Jung ab, wenn er schreibt: »Ich glaube nicht, daß wir etwas erreichen, wenn wir den Begriff des ›kollektiven‹ Unbewußten einführen«, um dann aber fortzufahren:

> Der Inhalt des Unbewußten ist ja überhaupt *kollektiv* [Hervorhebung d. Verf.], allgemeiner Besitz der Menschen. […] Wir entschließen uns endlich zur Annahme, daß die *psychischen* [Hervorhebung d. Verf.] Niederschläge jener Urzeit Erbgut geworden waren, in jeder neuen Generation nur der *Erweckung* [Hervorhebung d. Verf.], nicht der Erwerbung bedürftig. Wir denken hierbei an das Beispiel der sicherlich ›mitgeborenen‹ Symbolik, die aus der Zeit der Sprachentwicklung stammt, allen Kindern vertraut ist, ohne daß sie eine Unterweisung erhalten hätten, und die bei allen Völkern trotz der Verschiedenheit der Sprachen gleich lautet. […] Wir erfahren, daß unsere Kinder in einer Anzahl von bedeutsamen Relationen nicht so reagieren, wie es ihrem eigenen Erleben entspricht, sondern *instinktmäßig* [Hervorhebung d. Verf.], den Tieren vergleichbar, wie es durch *phylogenetischen Erwerb* [Hervorhebung d. Verf.] erklärlich ist. (Freud, 1937, GW XVI, S. 241)

Man kann sich angesichts solcher Textstellen, die ein kollektives Unbewusstes de facto bestätigen (und die sich durchaus vermehren ließen), fragen, wie sich Freuds Konzept vom Unbewussten wohl entwickelt hätte, wenn es nicht zum unrettbaren Bruch zwischen ihm und Jung gekommen wäre. Allerdings: Jungs blinde Begeisterung über die sich so offen manifestierenden Archetypen im Dritten Reich (Spillmann, 2010, S. 100f.) hätte den Juden Freud spätestens dann zur entschiedenen Abkehr von seinem einstigen Kronprinzen gebracht.

Jung hatte damals am eigenen Leib erfahren, aber sträflich missachtet, wie intensiv archaische Kräfte wirken – und dies umso mehr, wenn sie ganz im Unbewussten bleiben. Archetypen ergreifen uns stets mit hoher Emotionalität; wo es nicht gelingt, sie bewusst werden zu lassen, droht die Gefahr, ihnen zu verfallen. Die Todesmutter zum Beispiel bleibt dann bestimmendes Lebensprinzip und entfaltet ihre verheerend negative Wirkung. Wo dieses archetypische Mutterbild aber bewusst wahrgenommen und hinterfragt wird, kann sich auch der Gegenpol und mit ihm die Hoffnung auf Veränderung beleben. Die emotionale Intensität, die diese archetypischen Kräfte wecken, ergreifen den Menschen in einer seelischen Tiefe, die weit über die konkrete Realität hinauswirken; sie wecken damit auch in größten Krisenzeiten die Hoffnung, dass Leid und Not nicht das letzte Wort haben, ja dass auch scheinbar ausweglose Schwierigkeiten schließlich doch überwunden werden können. – Das war z. B. auch während der weltweit herrschenden Corona-Epidemie zu beobachten, die anfangs vor allem in Italien heftig wütete. Da war es wohl kein Zufall, dass viele Italiener in Zeiten der Ausgangssperre bei ihrem allabendlichen Singen auf den Balkonen immer wieder gemeinsam den *Gefangenenchor* aus Verdis »Nabucco« intonierten – ein Symbol, das mit der Erinnerung an die babylonische Gefangenschaft der Juden stärker als alle Durchhalteparolen die Hoffnung auf ein Ende dieser elenden Lage verkörperte; ein Symbol, das aus großer Tiefe den Ausgang aus aller Ohnmacht verhieß und der Sehnsucht nach einem befreiten Leben Ausdruck gab.

Was wir hier an einem aktuellen Beispiel erfahren, hat Erich Neumann, einer der ersten Schüler Jungs, theoretisch eingehend erläutert, indem er sich mit dieser Verschränkung von persönlicher mit archetypisch überpersönlicher Welterfahrung befasst und betont hat:

> Indem die nurpersonalen Daten in Verbindung treten mit transpersonalen, und der kollektive Menschheitsaspekt wiederentdeckt wird und lebendig zu werden beginnt, wachsen der personalistisch verengten und erstarrten Persönlichkeit des erkrankten modernen Menschen neue Einsichts- und Entwicklungsmöglichkeiten zu. (Neumann, 1992, S. 13)

Damit sich archetypisch geprägte Welterfahrung aber überhaupt entfalten kann, genügt nicht einfach ein innerpsychischer Prozess; es »geschieht in einem Innen und Außen umschließenden archetypischen Wirkungsfeld, das immer auch einen auslösenden ›Außenfaktor‹, einen *Weltfaktor* [Hervorhebung d. Verf.], enthält und voraussetzt« (Neumann, 1985, S. 90). Mit anderen Worten: damit sich wie im oben erwähnten Traum von der Henkersmutter ein archetypisches Mutterbild überhaupt beleben kann, bedarf es des »Weltfaktors« der persönlichen Mutter in Raum und Zeit. Und es gehört zur Tragik von Menschen mit negativer Muttererfahrung, dass in ihrem archetypischen Wirkungsfeld zuerst einmal nur ein negatives Mutterbild evoziert wird; gleichzeitig aber ermöglicht die Bipolarität der archetypischen Bilder, bzw. der Symbole, dass sich auch eine Gegenerfahrung in archetypischer Tiefe beleben kann – sofern ein entsprechender Weltfaktor im Umfeld des betroffenen Menschen seine Wirkung zu entfalten beginnt. Und dies geschieht nicht selten in Psychotherapie und Analyse, zumindest ist dies die erhoffte Wirkung in psychoanalytischer Therapie: Psychotherapeuten werden zum Weltfaktor, der die Gegenerfahrung auszulösen vermag.

Einen wesentlichen Aspekt dieses archetypischen Wirkungsfeldes haben wir aber noch zu wenig berührt: das *Selbst.* Wir sind ihm allerdings bereits bei unseren Überlegungen zum ersten Symbol begegnet, das sich gleichzeitig als ursprüngliches

Selbst-Symbol erwiesen hat. Überdies wird der Begriff des Selbst bekanntlich von den verschiedensten psychologischen und psychoanalytischen Theorien verwendet und ist auch ganz in die Umgangssprache aufgenommen worden. Doch Jung gibt dem Selbstbegriff eine erweiterte Dimension, wobei er redlicher Wissenschaftler genug ist, einzugestehen, dass das Selbst, so wie er den Begriff verstehe, »intellektuell nur die Bedeutung einer Hypothese« habe. Er sei »unanschaulich« und »aus diesem Grunde transzendent« (Jung, 1986, GW 6, § 891). Das Selbst lässt sich darum nur empirisch an seinen Manifestationen nachweisen, z. B. an Symbolen, die sich oft durch einen besonders hohen Gefühlswert auszeichnen und sich damit von anderen archetypischen Vorstellungen unterscheiden, sodass ihnen eine zentrale Stellung zukommt. Diese Selbst-Symbole, stellen oft einen höchsten Wert für die Menschheit oder den betroffenen Menschen dar, z. B. das (göttliche) Kind, die schwer erreichbare Kostbarkeit, die Kugel, das Kreuz, die Quelle, die Rose und vieles andere mehr. Sie sind stets von starken Emotionen begleitet, die sowohl im *geistig-seelischen*, wie im *sinnlich-körperlichen* Erleben gründen und an unsere tiefste Lebenssehnsucht rühren.

Als *die zentrale archetypische Größe* findet das Selbst seine Wurzel im Archetypus an sich und damit partizipieren letztlich alle Symbole als archetypische Bilder am Selbst. So verkörpert es gleichzeitig das *Zentrum* und die *Ganzheit*, die alle psychischen Phänomene sowie das *Ich* der einzelnen Gesamtpersönlichkeit umfasst. Als »Grund und Ursprung der individuellen Persönlichkeit« (Jung, 1984, GW 14/II, § 414) ist es »gleichsam der völligste Ausdruck der Schicksalskombination, die man Individuum nennt« (Jung, 1989, GW 7, § 404). Und wir erinnern uns hier auch noch einmal an die lebensgeschichtlich allerfrüheste Erfahrung jedes Einzelnen: In ihr wurzelt das Selbst im Urgrund des Seins der je individuellen Existenz und verbindet diese gleichzeitig mit der Welt, die in der Einheitswirklichkeit im mütterlichen Gehaltensein mit enthalten war. So umfasst denn das Selbst sowohl die Erfahrung des unverwechselbar Eigenen wie die Beziehung zum Mitmenschen und zur Welt: »das Selbst ist Ich und Nicht-Ich, subjektiv und objektiv, individuell und kollektiv. Es ist als Inbegriff der totalen Gegensatzvereinigung das *vereinigende Symbol*« (Jung, 1946, GW 16, § 474).

Während das *Ich* das Zentrum des Bewusstseins repräsentiert, damit aber *nicht* identisch ist mit dem Ganzen der Psyche, bildet das Selbst das Zentrum der psychischen Gesamtheit eines Menschen und umfasst damit sein Bewusstsein ebenso wie das Unbewusste. Als apriorisches Gestaltungsprinzip gründet es in unbewusst archetypischen Tiefen und sucht seine bestmögliche Verwirklichung im bewussten Ich – ein Reifungsprozess, den Jung bekanntlich *Individuation* nennt und »der die Entwicklung der individuellen Persönlichkeit zum Ziele hat« (Jung, 1960, § 825). Dennoch bleibt das Selbst als Teil der unbewussten Psyche immer auch unbewusst und sprengt damit die Grenzen der individuellen Persönlichkeit; in ihm verbindet sich der endliche Mensch mit dem zeitlos Ewigen oder anders: Das »wunderliche Gespinst, gewoben aus Endlichkeit und Unendlichkeit« (Weischedel, 1992, S. 234), dem wir schon mehrfach begegnet sind, findet im Selbst seinen vollständigen Ausdruck.

# 3 Lebendig in der Versehrtheit

Nach diesen theoretischen Überlegungen wenden wir uns wieder Beispielen aus der psychotherapeutischen und analytischen Praxis zu. Wir erinnern uns dabei zuerst noch einmal an Stella, die so fasziniert vom Zerrspiegel des Teufels war. »Ganz werden«, wolle sie, hatte sie in ihrer großen Vulnerabilität und Fragmentiertheit angegeben. »Heil und ganz werden«, das ist auch die Hoffnung vieler leidender Menschen, die Psychotherapie suchen. Sie verwechseln dabei aber oft Lebendigkeit mit Vollkommenheit oder wenigstens vollständiger Gesundheit. Allerdings haben, wie bereits angedeutet, die Begründer der Psychoanalyse anfänglich selbst viel dazu beigetragen, das Heilungsversprechen zu nähren. So war sogar der nüchterne Freud noch 1910 anlässlich der Gründung der *Internationalen Psychoanalytischen Vereinigung* überzeugt, mit der Psychoanalyse schließlich eine gesündere und freiere Gesellschaft zu schaffen, in der »das Kranksein unverwendbar« geworden sein werde (Freud, 1910, GW VIII, S. 113). Und Jung hat zwar in seiner Theorie immer auch das Schattenhafte betont – wie ja auch sein Selbstbegriff als paradoxe Einheit Licht und Schatten umfasst – doch viele seiner Anhänger und auch Jung selbst zu gewissen Zeiten (Spillmann, 1998), haben nur zu gern diesen Schatten ausgeblendet und Individuation als etwas verstanden, was zur (heiligen) Vollkommenheit führe. In der esoterischen Vereinnahmung von Jungs Psychologie fehlt dann der Schattenaspekt im menschlichen Reifungsprozess sogar grundsätzlich. Es gibt allerdings gelegentlich auch einen gewissen »Schatten-Enthusiasmus«, der die Auseinandersetzung mit allem Schattenhaften unter der Devise »durchs Dunkel zum Licht« als bloßen Durchgang zu »höherem Sein« verharmlost und damit auch ein Heilungsversprechen abgibt. Der Schatten ist aber nichts, was wir je abschließend »bearbeitet« hätten, er gehört zu unserer Ganzheit. Und wenn der Mensch, wie Jung im hohen Alter betont, »ohne Selbstbelügung oder Selbsttäuschung leben will« (Jaffé, 1962, S. 333),

> muß [er] ohne Schonung wissen, wieviel des Guten er vermag und welcher Schandtaten er fähig ist, und er muß sich hüten, das eine für wirklich und das andere für Illusion zu halten. Es ist beides wahr als Möglichkeit, und er wird weder dem einen noch dem anderen ganz entgehen. (ebd.)

Mit *Lebendigkeit* ist also Vollkommenheit weder gemeint noch je zu erreichen und ebenso wenig ist es Unversehrtheit. Es gibt kein unversehrtes Leben, so wie es auch kein Anrecht auf Glück gibt. Wie wir mit der stets ungenügenden Wirklichkeit und den einst erlittenen, wie den gegenwärtigen Schwierigkeiten und Verletzungen, zurechtkommen, die uns in unserem Leben zugemutet werden, entscheidet aber wesentlich über unsere Lebendigkeit. Auch Psychotherapie und Analyse können vergangenes Leid nicht ungeschehen machen, noch verfügen sie über einen »Zauberstab«, wie einer meiner Analysanden oft beklagte, um den leidgeprüften, selbstentfremdeten Menschen vollständige Erlösung von allen qualvollen Erfahrungen zu ermöglichen.

In diesem Zusammenhang fällt mir gelegentlich die Linde in unserem Garten ein. Unter ihrem großen, ebenmäßigen Blätterdach fanden wir auf dem Sitzplatz vor dem Haus im Sommer immer wohltuend schützenden Schatten. Da fegte aber um die Jahrtausendwende der Orkan Lothar übers Land, der europaweit eine Spur von gewaltiger Zerstörung hinter sich ließ. Auch unsere Linde war betroffen; sie stand zwar noch, aber die eine Seite von Stamm und Krone waren abgerissen – ein halbseitig amputierter Baum ragte elend vor uns auf. Die darauf konsultierten Gartenfachleute machten wenig Hoffnung, dass sich der Baum wieder erholen würde, sie rieten darum, ihn unverzüglich zu fällen. Doch der Familienrat beschloss, dem Baum vorerst eine Chance zur vielleicht doch möglichen Regeneration zu geben; seine Wunden wurden beschnitten und mit Pasten versorgt, den Rest mussten wir den selbstheilenden Kräften der Natur und der Zeit überlassen. Erfreut konnten wir nach wenigen Jahren feststellen, dass der Baum sich schon bald angeschickt hatte, die fehlende Seite erneut heranwachsen zu lassen – und heute steht die Linde wieder mit ihrer mächtigen Krone da, die in ihrer Vollständigkeit niemanden vermuten ließe, dass sie einmal so kläglich halbiert worden war. Wenn sich aber das Blätterdach im Herbst jeweils wieder lichtet, wird das Geäst sichtbar und mit ihm auch die einst »verletzte« Stelle, aus der ein zweiter Stamm herausgewachsen ist, um von seiner Seite her die Baumkrone wieder zu vervollständigen.

In der Symbolik sprechen wir gerne vom Lebensbaum eines Menschen. Die vom Sturm so arg mitgenommene Linde scheint mir darum auch ein treffendes Symbol für viele versehrte Menschen: Angesichts der Wunden, die ihnen geschlagen wurden, ist es oft zweifelhaft, ob sie sich in ihrem künftigen Leben davon erholen und sich weiter entfalten können – und doch stehen schließlich so viele vor uns mit »voll ausgewachsener Krone«, haben sich in ihren Fähigkeiten entfalten und ein erfülltes Leben führen können. Die Verletzungen aber, die sie erlitten haben, verschwinden nicht einfach, sondern bleiben ein Leben lang sicht- und spürbar und kommen vor allem in Krisenzeiten gelegentlich wieder zum Vorschein.

Wenden wir uns darum nun Menschen zu, die trotz ihrer Versehrtheit zu einem lebendigen Leben gefunden haben.

## Musik, die den Himmel öffnet

»Schaffend, dem Tode lauschend«, so hatte Böcklin sein »Selbstbildnis mit dem fiedelnden Tod« (1872) genannt – wir sind ihm bereits begegnet – und wollte damit ein *Memento vivere* setzen. Und wir konnten staunend mitverfolgen, wie sich Hanna die Träumerin und Claudio der Tor von sehnsuchtsvoller Musik zutiefst haben anrühren lassen – in seelischen Regionen, die lange verschüttet waren, aber schließlich doch zur Lebendigkeit führten. Dieser Spur wollen wir nun folgen und beginnen als erstes wieder mit einem kurzen Traum.

Sara, die Träumerin, ist weit über siebzig Jahre alt, seit Jahren im Ruhestand. Sie kommt gelegentlich noch zu einem Gespräch, nachdem wir vor Jahren regelmäßig therapeutischen Kontakt hatten. Sie erzählt:

> Ich bin unterwegs in meinem Auto. Da kommt mir ein anderes Auto in die Quere – ich muss ausweichen und werde nach links abgedrängt. Da komme ich schließlich an einer Mauer zu stehen; mein linker Kotflügel wurde dabei eingedrückt. Wie ich den Schaden genauer betrachten will, sehe ich erstaunt, dass sich darüber ein wunderschönes Band wölbt.

Dieser Traum erschließt sich uns vielleicht nicht so leicht – abgesehen davon, dass er anzeigt, dass eine Lebensbewegung der Träumerin zum Stillstand gebracht worden ist; was nicht ganz unverständlich ist, da sie vor kurzem aus ihrem Haus in eine altersgemäße Wohnung umgezogen ist. Wir brauchen aber auf jeden Fall Angaben der Träumerin dazu, um zu verstehen, was dieses Geschehen mit der aktuellen Situation und dem Lebenshintergrund von Sara zu tun hat.

Sie berichtet eingangs, dass diesem Traum wieder einmal mehr ein großer Konflikt mit ihrem Lebenspartner vorausgegangen sei. Sie versteht darum den Schaden, der an ihrem Auto entstanden ist, als Ausdruck der Verletzungen, die dieses schwierige Zusammenleben immer wieder mit sich bringt – im Traum hieß es ja auch, dass ihr ein »anderes Auto in die Quere« gekommen sei. Das Auto (in der griech. Wortbedeutung »selbst«) wird symbolisch gerne als das Selbst, als Ausdruck der Gesamtperson, verstanden. Gleichzeitig wird der entstandene Schaden aber auch von einem »wunderschönen Band« überwölbt. Ein Zeichen dafür, dass das Band ihrer Beziehung trotz allem einen wesentlichen und reichhaltigen Aspekt in ihrem Leben bedeutet? Außerdem ist »nur« der eine Kotflügel beschädigt, das Auto also nur in seiner äußeren Hülle in Mitleidenschaft gezogen und weiterhin fahrtüchtig. Auch das entsprach den persönlichen Gegebenheiten: Sara wurde zwar in diesen konflikthaften Zusammenstößen immer wieder seelisch arg in Mitleidenschaft gezogen, ohne aber in ihrem Kern wirklich beschädigt zu werden: Sie konnte standhalten, ohne zusammenzubrechen – eine Fähigkeit, die ihr im Laufe der Jahre erwachsen war.

Doch Sara verstand ihr Traumbild darüber hinaus selbst in einem viel weiter reichenden Kontext: Die Mauer, in die hinein sie abgedrängt wurde, schien ihr eine Klostermauer zu sein. Und das Band, das über ihrem Kotflügel lag, erinnerte sie intensiv an »Zierbänder«, bzw. ornamentale Steinfriese, die sich oft am oberen Abschluss der Außenmauern von Klöstern finden. Wie sie darum ihren Erinnerungen an Klöster nachgespürt habe, sei ihr das erste Klostererlebnis in den Sinn gekommen: Mit sechzehn Jahren habe sie da zum ersten Mal die Matthäus-Passion von Bach gehört – »und unter dieser Musik öffnete sich der Himmel«, erinnerte sich Sara bewegt, »genauso wie unter den Klängen von Bachs h-Moll-Messe«, die sie danach ebenfalls in einem Kloster gehört habe. Und das dritte einschneidende Klostererlebnis ortete Sara in jenem Kloster, wo die Hochzeit eines ihrer Geschwister stattgefunden habe und sie im klösterlichen Umfeld zum ersten Mal auf psychisch kranke Menschen getroffen sei, was ihre spätere Berufswahl entscheidend beeinflusst habe; im gleichen Kloster habe sie dann schließlich auch die langersehnte (schwierige) Liebe ihres Lebens kennengelernt.

Alle diese Erinnerungen belebte das »wunderschöne Band« über dem beschädigten Autoteil, und wurde nun zu einem »Band«, das ihre aktuelle Lebenssituation mit längst vergangenen Erlebnissen der realen und inneren Wirklichkeit verband. Und die Klostermauer, an der ihre (Lebens-)Fahrt im aktuellen Traum zum Stillstand gekommen war, scheint von ganz besonderer Bedeutung für Sara zu sein. Über den existenziellen Begebenheiten der äußeren Welt waren dabei auch tief bewegende seelische Erfahrungen angerührt worden. Durch dieses »wunderschöne« Lebensband wurde nun zudem eine Kontinuität in Saras Leben betont, die sie in der Frühzeit ihrer Kindheit schmerzlich vermisst hatte, was sie während Jahren in ein selbstentfremdetes Leben gezwungen hatte. Nun aber hatte sie schon lange zu ihrer eigenen Lebendigkeit gefunden, die sie immer wieder trotz aller Beschädigungen und Versagungen als beseelt und erfüllt empfand.

*Wozu also jetzt dieser Traum?* – eine Frage, die wir in der Analytischen Psychotherapie gerne stellen. Jung nannte dies die *prospektive (finale)* Sichtweise, die auf die Zukunft ausgerichtet ist, und die ihm ebenso unerlässlich ist für die Trauminterpretation wie die *reduktive (kausale),* welche die Analyse von Vergangenheit und Gegenwart im Spiegel des Traumgeschehens bedeutet (Jung, 1928). Auf diese Weise hoffen wir nicht nur zu erkennen, in welcher Situation sich der träumende Mensch innerlich und äußerlich im Moment befindet, sondern auch zu erahnen, welche Aufgabe die Träumenden in ihrem Reifungsprozess nun erwartet – oftmals sind es Anrufe, eine überlebte Lebenseinstellung zu verändern. Gelegentlich bedeutet ein Traum aber auch einfach eine Stärkung in angefochtener Lage und dies nicht zuletzt deshalb, weil er mit allem, was er anrührt, den Blick erweitert, was dazu verhelfen kann, einen Ausgang aus schwierigen Verhältnissen zu finden.

Darum noch einmal: Wozu dieser Traum? Zur Beantwortung dieser Frage angesichts von Saras Traum müssen wir uns noch einem Aspekt zuwenden, den wir bis jetzt nicht berührt haben: Sara wird in ihrem Auto nach *links* abgedrängt, und der Wagen wird auch links vorne schädigt. Die hier so betonte Bewegung nach links geht, symbolisch verstanden, nach innen, ins Unbewusste, ins Dunkel – aus dem wir kommen, und in das wir wieder eingehen: Sollte dieser Traum vielleicht auch Saras nahenden Tod ankündigen? In Anbetracht von Saras Lebensalter kein so unzeitgemäßer Gedanke. Allerdings: Als Traum-Ich bleibt sie unversehrt und ihr Auto trotz des (unbedeutenden) Blechschadens noch einsatzfähig. Vermutlich will der Traum darum auf etwas anderes hinweisen.

Die Hinwendung zur linken Seite zeigt wohl ein Lebensmuster von Sara an: Wann immer sie in ihrem Leben Verletzungen erlitten hatte, die sie im realen Leben in (Sinn-)Krisen brachten und an scheinbar unüberwindlichen Mauern auflaufen ließen, folgte Sara dem *Weg nach innen.* Sie beachtete ihre Träume, die sie sorgfältig bewahrte; sie spürte einfühlsam Gedichten nach, die sie als sprachlichen Ausdruck des oft Unsagbaren anrührten; sie spielte und hörte Musik, in der sie immer wieder Beseelung und Trost fand; sie suchte Auszeiten in klösterlicher Stille, wo sie stets aufs Neue zu ihrem ganz eigenen Glauben fand. Kurz: Sie eröffnete sich in der Bedrängnis der diesseitigen Welt den Horizont einer jenseitigen Wirklichkeit. Indem sie sich der Transzendenz öffnete, überschritt sie die Grenzen zwischen ihrer begrenzten bewussten Erfahrungswelt und jenen weiten innerseelischen Räumen, in denen alles zeitlos Menschliche und Lebendige gründet. In der Erfahrung von archetypischer Schicksalshaftigkeit fand sie Stärkung und Trost für ihr eigenes individuelles Geschick, in dem sie sich in einen größeren Lebenszusammenhang eingebettet fühlte, ohne dabei an einem Anspruch auf Glück illusionär festzuhalten. Gerade auch im Leid fühlte sie sich verbunden mit menschlichem Geschick über alle Zeiten hinweg. So zitierte sie mir denn auch einmal in äußerst bedrängter Lage leise und stockend ein Gedicht von Hilde Domin, das für sie diesen Gefühlen Ausdruck gab:

Bitte

Wir werden eingetaucht
und mit dem Wasser der Sintflut gewaschen
wir werden durchnäßt
bis auf die Herzhaut

Der Wunsch nach der Landschaft
diesseits der Tränengrenze
taugt nicht
der Wunsch den Blütenfrühling zu halten
der Wunsch verschont zu bleiben
taugt nicht

Es taugt die Bitte
daß bei Sonnenaufgang die Taube
den Zweig vom Ölbaum bringe
Daß die Frucht so bunt wie die Blüte sei
daß noch die Blätter der Rose am Boden
eine leuchtende Krone bilden

Und daß wir aus der Flut
daß wir aus der Löwengrube und dem feurigen Ofen
immer versehrter und immer heiler
stets von neuem
zu uns selbst
entlassen werden

(Quelle: Hilde Domin: *Sämtliche Gedichte.* Hrsg. von N. Herweg & M. Reinhold. Mit einem Nachwort von Ruth Klüger. © 2009, S. Fischer Verlag GmbH, Frankfurt am Main, S. 181 f.)

*»Immer versehrter und immer heiler«* – solches Geschehen nahm auch Saras Traum auf: Trotz aller Begrenztheit und Versehrtheit ist sie unterwegs »zu sich selbst«, so empfand sie selbst. Sie wird zwar von ihrem Weg abgedrängt und kommt, leicht beschädigt, an einer hohen Mauer zum Stehen. Die Mauer aber entpuppt sich als Klostermauer, worauf auch das rätselhafte Band hinweist, das Sara in seiner Schönheit in Verbindung sieht mit den Mauerfriesen an den Außenwänden von Klöstern – diese hätten für sie immer geheimnisvoll Kunde gegeben von den wunderbaren Erlebnissen, die sich im Klosterinneren abspielen könnten. Eine andere Welt liegt hinter diesen Mauern, eine Welt, in der es Numinoses zu erfahren

gibt, in der Bachs Musik erklingt – jene Musik, unter der sich »der Himmel öffnet«. Eine Musik, die oft unter Tränen tröstet – alle, die mühselig und beladen sind, alle, deren tiefste Lebenssehnsucht so oft ungestillt bleibt, aber auch alle, die in ihrem Leben durch eigene Schuld gescheitert sind. Wie ergreifend ist doch in der Matthäus-Passion gerade auch jene Stelle, wo es nach Petrus dreimaligem Leugnen heißt: »Und Petrus weinte bitterlich«!

Und getröstet fühlte sich Sara von diesem Traum jetzt auch. Er hatte diese überindividuellen Erfahrungen ausdrücklich mit ihren individuellen verbunden; und das wunderschöne Band lag auf ihrem schadhaften Auto und schien geheimnisvoll zu verheißen, dass sich auch über ihrem »beschädigten«, in vielem unerfüllten Leben schließlich ein reich beseeltes Lebensband abzeichnen würde, das sie rätselhaft in ein größeres und lebendiges Ganzes einband. Gleichzeitig bestärkte sie der Traum darin, vor den momentanen Schwierigkeiten ihres Lebens nicht zurückzuweichen; sie würden ihrem Lebensband nur ein weiteres Muster hinzufügen. Das war auch charakteristisch für Saras Haltung: Sie gründete zwar in der jenseitigen Welt, vergaß darob aber die Zuwendung zur konkreten Wirklichkeit nie; was das Leben ihr abverlangte, versuchte sie tapfer zu bewältigen. Gleichzeitig tat sie das in Verbindung mit ihren inneren Erfahrungen und im Bemühen, die Welt wenigstens ein Stückchen zu verändern, so dass sie das Notwendige mit dem ihr Wesentlichen und Heiligen verknüpfen konnte. Es erstaunte mich darum nicht, dass Sara wenige Monate nach dem Einzug in ihre neue Wohnung wieder ein Klavier anschaffte – die Musik sollte ihren Alltag auch im neuen Umfeld beseelen. Mit dieser Haltung steht Sara auch als ein Beispiel dafür da, was mit Individuation gemeint ist: nicht rücksichtslose Selbstverwirklichung, sondern Erfüllung der anstehenden Lebensaufgaben (die sich auch durch ein schwieriges persönliches Umfeld ergeben können), immer aber in Treue zu sich selbst.

## Die Flötenspielerin

Wenn in Saras Traum scheinbar – und wie sich gezeigt hat nur auf den ersten Blick – gar keine Musik erklang, ändert sich das nun im folgenden Traum, wo es ausdrücklich um eine Flötenspielerin geht.

Anna, eine Frau in mittleren Jahren, beruflich in verantwortungsvoller Stellung, war in einer persönlichen Krise in Therapie gekommen. Gewohnt, Probleme rational zu analysieren, um danach zielgerichtet eine Lösung anzustreben, arbeitete sie im therapeutischen Prozess eifrig und selbstverantwortlich mit. Allerdings hätte sie von mir zu Beginn gerne einen klaren »Therapieplan« gehabt, der dann Schritt für Schritt hätte abgearbeitet werden können. Und sie bat mich in unseren Stunden auch regelmäßig (jeweils im Abstand von nur wenigen Sitzungen) um aktuelle »Standortbestimmungen« – was hatten wir bis jetzt erreicht, was stand uns noch bevor? Sie brachte mich damit ebenso regelmäßig in einige Verlegenheit, denn das, was bei ihr jetzt anstand, sprengte den Bereich des Machbaren, darauf hatten auch schon bald ihre Träume hingewiesen, in denen ein viel tiefer greifender Prozess in Gang gekommen war. Und in der Tat war sie ja in ihrer bewussten Haltung in eine Art Sackgasse geraten, so dass jetzt wohl eine Problemlösung der ganz anderen Art bevorstand, eine, in der sie nicht mehr alles im Griff und unter Kontrolle haben würde. Bis diese Einsicht sie aber nicht nur schreckte, musste ich versuchen, ihr Vertrauen zu gewinnen, indem ich ihre Mitarbeit im therapeutischen Prozess sehr würdigte, um sie gleichzeitig auch immer wieder behutsam einzuladen, sich auf einen anderen Zugang zu ihren inneren Konflikten einzulassen.

Nach einiger Zeit konnte sie denn auch lächelnd zustimmen, dass sie nun offenbar auf ganz neue Weise gefordert war, und die Frage nach Standortbestimmungen trat in den Hintergrund. Vor uns entfaltete sich ein Leben, in dem es viele Schwierigkeiten gegeben hatte, die auch weit in ihre Kindheit zurückreichten. Ihre Ehe, in der sie körperlich und seelisch Gewalt erlitten hatte, war schon seit längerem geschieden, die Kinder erwachsen. All dies wurde in der Therapie nun nicht einfach nur erinnert, sondern im Erzählen spürbar *wieder erlebt.* Mit dem Erinnern allein wäre es nämlich nicht getan, wenn man sich von den Belastungen der Vergangenheit wirklich befreien und nicht nur entfernen will; die peinigenden Gefühle von damals müssen sich *wiederbeleben* – und dies betrifft vor allem auch *die* Gefühle, die teilweise so noch nie hatten wahrgenommen werden dürfen. Jung hat gerade auf diesen Aspekt sehr viel Wert gelegt. Man sagt ihm zwar gerne nach, er bewege sich lieber im archetypischen Umfeld jenseits von Raum und Zeit, die konkrete Erinnerungskultur gehöre ausschließlich in Freuds Psychoanalyse. Jung selbst ist da aber sehr präzise: Wo es um die komplexhaften Verstrickungen des Menschen geht, also um seine persönliche Lebensgeschichte und um das persönliche Unbewusste, ist ihm Erinnern im Sinne von »Wiedererleben« unerlässlich (Jung, 1943, GW 12, Kap. II, § 81).

Das galt nun ganz besonders auch für Anna: viel Schmerzliches, dem sie ausgesetzt gewesen war, hatte sie seinerzeit emotional nicht zulassen dürfen, da es sie damals zu sehr eingerissen und damit am notwendigen »Funktionieren« gehindert hätte – um den Preis ihrer seelischen Lebendigkeit. Nun aber konnten die belastenden Erfahrungen in der Wiederbelebung seelisch auch wirklich gespürt werden, um sie schließlich zu betrauern und als vergangen zu verabschieden. Damit sollten sich endlich neue Lebensmöglichkeiten eröffnen können. Im krisenhaften Durchgang in diesem für Anna gelegentlich äußerst schmerzhaften Prozess kam es auch wiederholt zu heftigen Suizidimpulsen. Sie waren stärkster Ausdruck für das Gefühl, *dieses* Leben, so unerträglich wie es sich entwickelt hatte, müsste enden, aber nicht um den Tod, sondern um doch endlich ein lebendiges Leben zu gewinnen – wie ja Suizidtendenzen sehr oft so verstanden werden wollen; und es ist immer tragisch, wenn diese Verwechslung nicht rechtzeitig erkannt und der Tod konkret und »mit Erfolg« gesucht wird, wie wir schon in Emmas Geschichte festgestellt haben. Hier wie dort zeigt sich deutlich: die *Todessehnsucht* verdeckt sehr oft eine *tiefe Lebenssehnsucht.*

In diese äußerst angespannte Zeit fiel der folgende Traum:

> Es herrscht Krieg. Wir, eine unbekannte Gruppe und ich, werden verfolgt und fliehen. Auf unserer Flucht gelangen wir in einen großen Raum, der ringsherum

mit großen Fenstern versehen ist. Hier wollen wir Unterschlupf finden. Es sind schon sehr viele andere Leute da, einzelne sitzen auf den Fenstersimsen und können so von außen gut gesehen werden. Ich will darauf hinweisen, sagen, dass wir so leicht entdeckt werden können. Aber es ist schon zu spät: Draußen sind überall Soldaten, dunkel gekleidet, die das Gebäude umstellt haben: wir sitzen in der Falle. Da tritt in unserem Kreis eine junge Frau hervor, öffnet ein Fenster und beginnt in großer Freiheit auf ihrer Flöte zu spielen – ganz so als wollte sie sagen: »Seht, da bin ich, und ich weiche nicht!«

Krieg herrschte in Annas Leben tatsächlich – allerdings nun nicht mehr so sehr im Äußeren wie in vergangenen Zeiten, als vielmehr innerlich: eine harte, unerbittliche Auseinandersetzung der widerstrebendsten Kräfte in ihrer Seele selbst; verfolgt von destruktiv-aggressiven Kräften – die in Suizidphantasien ihr Leben bedrohten, hier als Soldaten, Repräsentanten einer alten, scheinbar unbezwingbaren Ordnungsmacht – und gleichzeitig getrieben vom unbedingten (Über-)Lebenswillen. Die unbekannte Gruppe, mit der Anna im Traum flieht, zeigt überdies an, dass es viele seelische Anteile zu entdecken gäbe, die ihr noch fremd, »unbekannt«, und trotzdem mit ihr verbunden sind. Nun geht es aber vor allem darum, einen sicheren Unterschlupf zu finden – doch der Zufluchtsraum entpuppt sich als Illusion, schlimmer noch: als Falle. Umzingelt von Soldaten, gibt es kein Entrinnen mehr, die Konfrontation ist unvermeidlich – ganz so, wie die selbstzerstörerischen Tendenzen Anna in ihrem innersten Seelenraum erreicht hatten und zuweilen Oberhand zu gewinnen drohten (meine Sorge, sie könnte sich in einem unbedachten Moment tatsächlich etwas antun, war in jener Zeit groß), die aber immer wieder bewusst ins Auge gefasst werden mussten, wenn Anna überleben sollte. Aber nun geschieht im Traum das Unerwartete: Eine junge Frau löst sich aus der tödlich bedrohten Gruppe, öffnet sogar ein Fenster – gibt sich scheinbar schutzlos preis – und beginnt, auf ihrer *Flöte* zu spielen. Eine wunderbare Melodie erklingt; die Flöte, bespielt allein vom lebendigen Atem, scheint aus einer anderen Welt zu kommen.

Und in der Tat ist die Flöte ein ganz besonderes Instrument; vor allem ist sie eines der ältesten Musikinstrumente der Welt überhaupt: schon vor 40 000 Jahren sollen Menschen aus Tierknochen Flöten angefertigt und bespielt haben. Und im Hinduismus wird der Gott Krishna oft mit seiner Flöte gezeigt – sie soll den Menschen versinnbildlichen, der durch den Atem Gottes »zum Leben erweckt« wird. Aber auch in unserer musikalischen Tradition ertönt die Flöte immer wieder in besonderen Momenten, denken wir nur an die »Zauberflöte«, die hilft, alle zerstörerischen Elemente zu besänftigen, oder an das »incarnatus« in Mozarts c-Moll Messe, das von der Flöte als erstem Soloinstrument zu Beginn so berührend erklingt, um schließlich ins »homo factus« überzuleiten! Und etwas prosaischer, aber in unserem Zusammenhang wohl auch stimmig: In der schweizerischen Volksschule lernen die meisten Kinder die Flöte als erstes Instrument spielen – der Flötenton reicht also in der Menschheitsgeschichte wie im individuellen Leben in früheste Anfänge zurück. Entwicklungspsychologisch sprechen wir übrigens auch gerne davon, dass Menschen wie Musikinstrumente seien, die bespielt werden müssten, um ihren Klangkörper auszubilden.

In Therapie und Analyse ist immer wieder zu beobachten, dass Menschen in dieser Zeit besonders empfänglich sind für Musik. Sie vermag in seelischer Tiefe sogar an Gefühlen zu rühren, die lange verdrängt waren. Wie mancher hartgesottene Realist erlebt sich doch im Konzertsaal unvermittelt in Tränen – oft ohne zu begreifen, warum. Und so ergeht es auch Analysanden und Patienten: Sie realisieren im Abstieg in den eigenen Seelengrund bald einmal, dass ihnen gelegentlich die Worte, manchmal sogar die Stimme fehlen, um das angemessen auszudrücken, was sie bewegt. Wo Worte viel zu armselig oder einengend sind, kann in der Musik, diesem Transzendenten schlechthin, aber das Unsagbare aufgehoben bleiben *und* einen Ausdruck finden – und das gilt natürlich erst recht da, wo das seelische Zurückgleiten im therapeutischen Prozess in frühe sprachlose Anfänge führt.

Dies alles klang in der Flötenspielerin an, aber noch viel mehr: Anna war tief bewegt über das Erscheinen dieser jungen Frau in ihrem Traum – was hatte sich doch da in ihrer Seele belebt! Eine neue Seite von Annas Wesen zeigte sich, die nun mit ihrem Dasein einfach zu verstehen gab: »Seht, da bin ich, und ich weiche nicht!« Den zerstörerischen Kräften entgegenzutreten, sie ins Auge zu fassen und ihnen unerschrocken zu begegnen mit der ganz eigenen Grundmelodie ihres Lebens, die sie gleichzeitig mit universellen, aber auch jenseitigen Klängen verband, die weit über ihr individuelles Leben hinausreichten, zeigte an, dass zumindest diese Seite in Annas Wesen nicht mehr gewillt war, sich von den destruktiven Anteilen, verkörpert in den dunkel gekleideten Soldaten, in die Flucht treiben zu lassen. Indem die junge Frau nicht vor der tödlichen Bedrohung zurückschreckte, sondern sogar noch ein Fenster öffnete, um »in großer Freiheit auf ihrer Flöte zu spielen«, erschloss sie neue Räume und einen neuen Umgang mit den aggressiven, aber auch selbstzerstörerischen Affekten, die Anna so lange in Bann gehalten hatten. Sie wollte nicht länger mehr Opfer sein – weder von äußeren noch von inneren Verfolgern.

Die Suizidtendenzen verebbten danach. Es hatte die ausweglose Situation im Traum gebraucht, in der sie scheinbar unausweichlich der Tod erwartete, um Anna den entschiedenen Schritt ins Leben gehen zu lassen. Natürlich, wir haben es bereits mehrfach betont, ist es nicht einfach der Wirkung dieses Traumes zuzuschreiben, dass der Umschlag in dieser krisenhaften Zeit gelang – aber der Traum gab in einem starken Bild Kunde von den Veränderungen, die sich seelisch abzuspielen im Begriff waren. Der Traum war ebenso Ergebnis wie Versprechen für einen veränderten Umgang mit dem Leben; er nahm in seinem Schlüsselbild vorweg, was für Anna auch im realen Leben unausweichlich sein würde, wenn sie sich aus den alten, lange eingeübten Verhaltensmustern ihrer bisherigen Existenz lösen wollte: sie musste *ihr Leben riskieren.* Nur so konnte sie dem seelischen Sterben entkommen, in das sie schleichende Depression, Anpassung und Aufopferung immer mehr gezwungen hatten. Dazu aber musste sie das Wagnis eingehen, alte Sicherheiten aufzugeben, die sich längst überlebt hatten. Oder, wie es der Liedermacher Wolf Biermann einmal lapidar ausgedrückt hat: »Wer sich nicht in Gefahr begibt – der kommt drin um« (Biermann, 1991, S. 225).

Schließlich galt es aber auch noch einen anderen bedeutungsvollen Aspekt zu berücksichtigen, den wir zwar schon mehrfach kurz berührt haben, der aber für einmal auch ausdrücklich betont werden soll:

> Die ganze Traumschöpfung ist im wesentlichen subjektiv, und der Traum ist jenes Theater, wo der Träumer Szene, Spieler, Souffleur, Regisseur, Autor, Publikum und Kritiker ist. Diese einfache Wahrheit ist die Grundlage jener Auffassung des Traumsinnes, die ich als *Deutung auf der Subjektstufe* [Hervorhebung d. Verf.] bezeichnet habe. Diese Deutung faßt, wie der Terminus sagt, *alle Figuren des Traumes als personifizierte Züge der Persönlichkeit des Träumers auf.* [Hervorhebung d. Verf.]. (Jung, 1928, § 509)

Wenn wir also auch hier davon ausgehen, dass im Traum jeweils die verschiedenen seelischen Anteile der Träumerin personifiziert erscheinen, so taucht bei der über fünfzigjährigen Anna, die sich in ihrer weiblichen Existenz bisher nicht sehr begehrt erfahren hatte, plötzlich eine »junge Frau« in ihrer aufblühenden Weiblichkeit auf. Anna war realistisch genug, um zu wissen, dass sich das Rad der Zeit nicht einfach zurückdrehen ließ. Aber sie empfand diese »junge« Seite, die ihr in schwieriger Zeit erwachsen war, als einen neuen, bisher viel zu wenig gelebten Wesenszug: selbstbewusst, unerschrocken, verwurzelt in seelischer Tiefe und vor allem in großer Treue zu sich selbst: »Seht, da bin ich, und ich weiche nicht!« Dieser jungen Frau wollte Anna ähnlich werden, und sie erlebte es zugleich als beglückend, dass diese als eine Gestalt ihres Traumes bereits Teil ihres Wesens war, der sie künftig in ihrem Leben vermehrt leiten sollte – auch wenn sie dabei trauernd realisieren musste, dass die konkrete Jugendlichkeit ihrer eigenen weiblichen Existenz bereits der Vergänglichkeit anheimgefallen war.

Was aber war denn eigentlich nun so anders an dieser jungen Frau – war dies nicht die zupackende Anna, die wir bereits eingangs kennengelernt hatten? Doch da gibt es einen wesentlichen Unterschied. Bedenken wir noch einmal: Anna war (wie übrigens ja auch Hanna und Emma, denen wir früher begegnet sind) im krisenhaften Umbruch ihres Lebens an jene Grenze gelangt, die das Leben endgültig vom Tod trennt. In ihren wiederkehrenden Suizidimpulsen lag mehr oder weniger unbewusst aber auch der (trotzige) Wille, eine letzte Kontrolle in einem Leben zu behalten, das ihr so viel Unkontrollierbares zugemutet hatte – wenn sie schon fremdbestimmt hatte leben müssen, wollte sie doch wenigstens die Kontrolle über ihren Tod behalten und ihrem Leben selbstbestimmt ein Ende setzen! Ausgesetzt in der Kriegssituation hatte Anna im Traum dann erneut zutiefst erfahren, wie hoffnungslos ausgeliefert und ohnmächtig sie war. In diesem Moment aber trat die Flötenspielerin auf, nicht in einer alles beherrschenden Allmachtspose, sondern im Bewusstsein ihrer Verletzlichkeit und Ohnmacht – und dennoch unerschrocken. Indem diese Gestalt in Annas Traum, die wir als einen Teil ihres Wesens begriffen haben, ihr Ausgeliefertsein akzeptiert und trotzdem ungebrochen bleibt, zeigt sich eine neue Haltung in Annas Leben. In der Akzeptanz der Verletzlichkeit belebt sich das Leben und erweist sich als einmalig und kostbar.

Wenn in der erwähnten c-moll-Messe von Mozart die Flöte am Anfang des Geschehens erklingt, das über das »incarnatus« schließlich zum »homo factus« führt, so ist etwas von dieser erlösenden, belebenden Menschwerdung auch in Annas Traum an der Grenze zwischen Tod und Leben spürbar geworden.

## Verwurzelt im Erdreich der Schmerzen

Babette, eine Literaturwissenschaftlerin Ende Vierzig, hatte eine längere Analyse hinter sich, die sich nun allmählich ihrem natürlichen Ende näherte. Der Abschied fiel ihr schwer, wie sie überhaupt mit Verlusterfahrungen stets Mühe gehabt hatte. In dieser Zeit der Loslösung träumte sie:

> Ein weiter, runder Raum im Halbdunkeln. Ich wandle mit vielen Menschen schweigend darin. Es herrscht eine sehr ernste, traurige Stimmung; alle sind von einem großen Verlust betroffen. Nahe der Raummitte steht unbeweglich eine Frau: an ihr laufen alle auf, und sie bringt in ihrer starren Unverrückbarkeit den Bewegungsfluss der übrigen stets von neuem ins Stocken. Jemand flüstert mir leise erklärend zu, die Frau habe schon einmal einen furchtbar schmerzhaften Verlust erlitten – damals, als sie vor langer Zeit ihre Mutter auf der Rigi verloren habe. Ich nähere mich der Frau vorsichtig, betrachte sie scheu und voller Mitgefühl: Sie scheint vollkommen regungslos, scheint nichts und niemanden wahrzunehmen, die Hände in flehentlich hilfesuchender Gebärde starr ins Leere ausgestreckt. Der Anblick ihrer stummschreienden Not ist unerträglich und weckt tiefe Ohnmachtsgefühle in mir.

Unschwer ist zu erkennen, wie sich im Traum der aktuelle Konflikt niederschlägt, der sich im seelischen Innenraum im Halbdunkeln abspielt – halb bewusst, halb unbewusst. Die Träumerin muss zusammen mit all ihren seelischen Anteilen – d. h. den vielen Menschen, die mit ihr sind – einen »großen Verlust« ertragen. Sie und alle Beteiligten reagieren darauf ganz angemessen; sie sind zwar sehr ernst und traurig, bleiben aber trotzdem in der Bewegung ihres Lebensflusses gehalten – mit einer einzigen Ausnahme: der Frau, die fast in der Raummitte steht, unverrückbar, erstarrt in ihrem Schmerz, unfähig zur Kontaktaufnahme, aber sichtlich in großer Not, für die es anscheinend keine Worte mehr, sondern nur noch eine flehentliche Gebärde gibt. Dennoch bleibt diese Frau nicht ohne Wirkung auf die übrigen Trauernden; in ihrer Erstarrung bringt sie alle Anwesenden immer wieder neu zum Auflaufen und damit deren Bewegungsfluss ins Stocken.

Babette vermochte in ihr betroffen jenen Anteil ihrer Seele zu sehen, der sie jetzt immer wieder daran hinderte, den naheliegenden Abschied aus der Analyse zu nehmen. So hatte sie sich z. B. im Vorfeld dieses Traumes schon verschiedentlich tapfer ein »Abschlussdatum« gesetzt, nur um dann jedes Mal in einer Angst von fast psychotischem Ausmaß derart einzubrechen, dass sie dieses Vorhaben nicht ausführen konnte – wiewohl sie es auch dringend wünschte, denn dieses Auflaufen an der stets gleichen Schwierigkeit empfand sie als zutiefst unangemessen und beschämend. Wir hatten uns darum schließlich darauf geeinigt, in dieser scheinbar ausweglosen Situation auf ihre Träume zu hoffen, von denen man »zum mindesten Hinweise und Anspielungen auf gewisse Grundtendenzen des seelischen Prozesses [er]warten darf«, wie Jung bei einem ähnlich schwierigen Analyseende einmal festgestellt hatte (Jung, 1934, GW 7, § 210). Und wenige Wochen später kommt Babette tatsächlich aus dem Dunkel des Unbewussten die leise geflüsterte Erklärung im Traum zu: diese Frau habe schon einmal »einen furchtbar schmerzhaften Verlust erlitten – damals, als sie vor langer Zeit auf der Rigi ihre Mutter verloren habe«.

Aber was hatte es damit für eine Bewandtnis? Babette glaubte zuerst gar nicht zu verstehen – ihre Mutter lebte doch noch und war sogar bei bester Gesundheit! Allmählich aber dämmerte ihr der Zusammenhang mit einer alten, bislang noch nie erinnerten Begebenheit ihrer frühen Kinderjahre: Sie war damals für einige Wochen in ein Kinderheim auf die Rigi (einen Berg in der Innerschweiz) gebracht worden – eine Zeit, die sie in schlimmster Erinnerung hatte. Weitaus schlimmer aber war es für sie noch, danach bei ihrer Rückkehr ihre alte Kinderfrau nicht mehr vorzufinden. Mit dieser hatte Babette ein inniges Verhältnis verbunden – und nun war sie einfach weg. Niemand in der Familie aber nahm den Schmerz des Kindes wahr, das »seine« Mutter verloren hatte – wozu brauchte es Trost, wo doch die leibliche Mutter zugegen war! So gab es für diesen Verlust keine Worte, nur die eingekapselte, unerreichbare Trauer, die sich in depressiver Erstarrung zeigte, welche den Lebensfluss immer wieder von neuem hemmte. – Ein Drama, das sich auch heute noch oft unbemerkt abspielt, wenn z. B. kleine Kinder in Kindertagesstätten dem Wechsel von Betreuerinnen ausgesetzt sind, die oftmals viel mehr Lebenszeit mit ihnen verbracht haben als ihre leiblichen Mütter.

So war der bevorstehende Verlust der Analytikerin, der im Übertragungsgeschehen im Hier und Jetzt die mütterliche Rolle zugekommen war, zum Auslöser geworden, der eine Erinnerung zutage förderte, die bisher für alle analytische Aufarbeitung unzugänglich gewesen war und die Babette nun erneut um ihre seelische Lebendigkeit zu bringen drohte. Die Angst vor Trennung aber war letztlich auch ein Anzeichen dafür, dass dieser äußerst schmerzhafte Verlust schon viel früher stattgefunden hatte – analog dem, was Winnicott in seinem Aufsatz »Die Angst vor dem Zusammenbruch« (1963) beschreibt.

So war es auch im Falle von Babette sehr fraglich, ob selbst diese Erinnerung an den Mutterverlust auf der Rigi tatsächlich die schmerzhafteste Trennungserfahrung gewesen war, oder ob sie vielleicht nicht auch schon eine Deckerinnerung älterer Verletzungen war – Babette war damals immerhin schon etwa fünf Jahre alt. Es muss vielmehr vermutet werden, dass es bereits viel früher zu traumatisierenden Erfahrungen von Trennung gekommen war – nicht unbedingt im Sinne eines einzelnen, klar zu fixierenden Traumas, sondern wohl eher als Folge einer gesamthaft traumatisierenden Vorgeschichte (durch eine unempathische Mutter etwa), die so weit zurückreicht, dass sich in präverbaler Zeit keine Worte für diese Qual finden lassen. Die Spuren aber, die diese tief verstörenden Einbrüche in der Kontinuität des Seins hinterlassen haben, fanden hier in der Erinnerung an die Rigi einen fassbaren Ausdruck und können auch der heftigen emotionalen Reaktion auf jede spätere Verlust-Zumutung entnommen werden.

Babette war tief betroffen über diese unverrückbare Frau: da gab es einen Teil in ihr, der abgekapselt von der Realität, eine Ohnmacht von geradezu psychotischer Qualität anzeigte. Sie verstand nun, was sie bisher am Abschied gehindert hatte. Ob sich diese Frau je würde ansprechen lassen, bezweifelte sie (zu Recht), denn deren schmerzhaftes Erleben gründete in der Wortlosigkeit der frühen Anfänge, in denen Trennung auch immer Tod bedeutet. Sie wusste nur, dass sie mit diesem »psychotischen« Kern in sich leben musste – ohne sich von ihm behindern zu lassen in dem, was ihr das Leben jetzt und künftig an Trennungserfahrungen zumuten würde. Sie konnte sich dabei auf die »vielen anderen Trauernden« verlassen, die im Traum mit ihr einen adäquaten Umgang mit dem Verlust gefunden hatten. Dass sich für sie aber mit dieser offensichtlich gewordenen Vulnerabilität jede Erfahrung von Trennung immer wieder als besonders schmerzhaft erweisen könnte, wurde ihr nun bewusst. Wenige Wochen nach diesem Traum konnte sie sich traurig, aber gefasst aus der Analyse verabschieden.

Es mag erstaunen, dass es auch am Ende einer langjährigen Analyse noch einmal zu einem solchen Einbruch hatte kommen können. Wir begreifen aber vielleicht besser, wenn wir uns diesen Weg der Selbsterfahrung nicht einfach linear, sondern eher spiralförmig vorstellen: Wir begegnen dann unseren großen Lebensproblemen immer wieder in einer neuen, tieferen Schicht, bis wir schließlich am Ende zum wesentlichen Kern, zum »gewachsenen Fels« (Freud, 1937, GW XVI, S. 99), vorstoßen. Und mit ihm gilt es, einen Umgang zu finden, der das Leben nicht weiter behindert. – Für Jung persönlich bedeutete das Erreichen dieses wesentlichen Kerns seinerzeit auch einen langen, schmerzhaften Prozess, wie er im hohen Alter bekennt: »Die Reise von Wolkenkuckucksheim bis in die Wirklichkeit hat lange gedauert. Pilgrim's Progress bestand in meinem Fall darin, daß ich tausend Leitern hinunterklettern mußte, bis ich dem Klümpchen Erde, das ich bin, die Hand reichen konnte« (Jung, 1959, GW, Briefe I, S. 39, Anm. 8). Wie wir gesehen haben, hatte für Babette dieser wesentliche Kern mit allzu frühen Trennungserfahrungen zu tun, von denen sie sich nie hatte erholen können. Das Ende der Analyse war für sie darum nun erst recht eine Lektion in Sachen Trennung – wie übrigens für ganz viele Menschen, die früher Verlassenheit ausgesetzt waren. Dabei steht doch am Anfang jedes menschlichen Lebens das Wagnis einer einschneidenden Trennung: Mit unserer Geburt verlassen wir den geschützten Raum in der mütterlichen Geborgenheit und werden mit einer ganz neuen Welt beschenkt – oder in ihr ausgesetzt. Dieses Geschehen entzieht sich allerdings unserem Willen ebenso wie unserem Bewusstsein, und wem die neue Welt damals nicht mit Wärme und Zuneigung, sondern mit Kälte und mangelnder Zuwendung begegnet war, der misstraut danach zuerst einmal allen Veränderungen und Trennungen.

Babette war am Schluss der Analyse zu ihrer größten Verletzlichkeit vorgestoßen, hatte sie sich eingestehen und annehmen können. Sie würde vielleicht zeitlebens mit dieser »unverrückbaren Frau« in ihrer seelischen Mitte rechnen müssen, sie würde sich ihr liebevoll annehmen, aber sich nicht mehr von ihr behindern lassen – in dieser Haltung fand sie endlich doch den Ausgang, der ihr so lange verstellt gewesen war, und dies nicht in depressiver Versteinerung, sondern in beseelter Lebendigkeit.

Es gibt aber Menschen, die sich ihre Vulnerabilität lange oder überhaupt nicht eingestehen können, und von diesen soll nun im Folgenden die Rede sein

# 4 Fremd in symbolischen Welten

## Der Mensch – »ein schwindlichtes Geschöpf«

Dieses »schwindlichte« Geschöpf ist eine von Shakespeares tiefgründigen Umschreibungen für menschliche Existenz überhaupt (1953, V. Aufzug, 4. Szene), und sie passt für die Menschen, denen wir uns nun zuwenden wollen, ganz besonders gut. Es sind vielleicht die *am tiefsten Sehnsuchtsgetriebenen*, die uns in der psychotherapeutischen Praxis in ihrer ganzen Tragik begegnen und die lange, oft lebenslang die Begrenztheit des menschlichen Lebens nicht annehmen können. Gerade dies aber wäre ja, wie wir inzwischen vielfach erfahren haben, Voraussetzung für ihre lebendige Teilhabe am Leben. Die Rede ist von *Borderline*-Patienten – ich werde den Begriff »Borderlinestörung« in Betonung der strukturellen Gemeinsamkeiten synonym zu »Persönlichkeitsstörung« verwenden, entsprechend psychoanalytischem Gebrauch und hier vor allem Rohde-Dachser folgend (2004, ebenso Rohde-Dachser & Wellendorf, F., 2005).

»*Borderlinestörung*«, eine Diagnose, die viele Therapeuten und Analytikerinnen sich auszusprechen scheuen, weil sie eine Stigmatisierung der solcherart Betroffenen fürchten. Sie scheinen dabei zu vergessen, was auch Jung einmal nachdrücklich betont hat: »Eine ärztliche Diagnose ist keine Anklage, und eine Krankheit keine Schande, sondern *ein Unglück* [Hervorhebung d. Verf.]« (Jung, 1946, GW 10, Kap. XIII, § 484). Ohne Klarheit aber über die psychischen Grundbedingungen eines hilfesuchenden Menschen können wir ihm nicht gerecht werden. Allzu oft nämlich erwarten wir dann von ihm Entwicklungsschritte, die er zu leisten gar nicht oder noch lange nicht imstande ist. Wie oft habe ich doch in Supervisionen die Klage vernommen, der Patient komme nicht los vom einmal erlebten Elend, in dem er endlos verharre, dabei sei doch alles Vergangene längst durchgearbeitet und abgehandelt! Die tiefergründende Not dieses Menschen und sein Unvermögen, sie auszuhalten, sie endlich doch als vergangen betrauern und verabschieden zu können, als Therapeutin aber nicht wahrzunehmen, seine Entwicklung forcieren zu wollen oder ihn zum hoffnungslosen Fall zu erklären, bedeutet, ihn in seiner Versehrtheit erst recht und erneut im Stich zu lassen. Dabei hält er uns doch nur in einem Vergrößerungsspiegel vor, was wir auch aus eigener Erfahrung kennen:

> Was [...] für Borderline-Patienten beschrieben wird: ihre Ängste, ihre Wünsche, ihre Wut, ihre Verzweiflung und – dies vor allem – ihr dringendes Bestreben, zumindest in ihren Phantasien die Realität doch noch auf diese Weise zu verändern, daß sie ihren omnipotenten Vorstellungen entspricht, all dies ist vermutlich nicht so sehr von dem unterschieden, was – wenn auch in abgemildeter Form – jeden von uns umtreibt. Wenn wir Borderline-Patienten

> verstehen lernen, *erfahren wir immer auch etwas über uns selbst* [Hervorhebung d. Verf.]. (Rohde-Dachser & Wellendorf, 2005, S. 25)

Und, so könnten wir anfügen, die »abgemilderte Form« verdanken wir glücklicheren Umständen oder einer seelisch robusteren Konstitution. Selbstverständlich kann es im Folgenden nun nicht darum gehen, die Borderlinestörung und ihre Therapie eingehend darzulegen. Wir wollen uns mit einem etwas schlichteren Vorgehen begnügen, indem wir den grundsätzlichen Fokus unserer Überlegungen auch hier nicht aus den Augen verlieren wollen: die Sehnsucht nach Lebendigkeit und die Rolle der Symbole in diesem Geschehen.

Wir haben uns bisher stets mit *Symbolen* und der *Symbolisierungsfähigkeit* in Psychotherapie und Analyse befasst, und da können wir die Wirklichkeit jener Menschen nicht einfach ausblenden, bei denen die Symbolisierungsfähigkeit eingeschränkt ist. Diese aber wurzelt, wie im Kapitel zum ersten Symbol ausführlich dargelegt, ganz im ungestörten frühen Beziehungsgeschehen zwischen Mutter und Kind – und gerade in dieser Zeit waren Borderline-Patienten oft vielfachen Verletzungen ausgesetzt; was sich in der Geborgenheit der ersten Beziehungserfahrungen hätte entwickeln können, blieb ihnen verwehrt. Sie vermitteln uns darum eindrücklich, wie schwer die Wirklichkeit zu ertragen ist, wenn nicht zwischen innerer psychischer und äußerer Realität unterschieden und nur in einseitiger Konkretheit gelebt werden kann. Symbole aber, so haben wir vielfach erfahren, eröffnen ein Fenster in der realen Welt, gewähren damit einen Blick aufs Hintergründige und Unfassbare der menschlichen Existenz und verhelfen gerade so auch immer wieder zur Tiefe und Weite des Erlebens. Wo jedoch dieses *Fenster zur Transzendenz verschlossen* ist, bleibt der Mensch gefangen in seiner alten, aber ewig gegenwärtigen Not, gegen die er sich verzweifelt und oft mit untauglichen Mitteln zur Wehr setzt. So fremd allerdings, es sei noch einmal betont, ist uns diese Haltung nicht, denn die Lebensrealität ist uns allen oft schwer erträglich, und es ist Rohde-Dachser unbedingt zuzustimmen, wenn sie schreibt: »Borderlinestörungen lassen sich von daher auch als ein grundsätzlicher Protest gegen die Bedingungen der *conditio humana* verstehen« (ebd., S. 38).

## Vom Ursprung der Versehrtheit

Der Mensch – *ein schwindlichtes Geschöpf:* Die Umschreibung macht deutlich, dass diesem Geschöpf der sichere Boden ebenso wie die klare Orientierung und damit auch eine haltgebende Mitte fehlt. Auf der Suche nach dem Ursprung dieser Versehrtheit stoßen wir unter anderem auf ein Gedicht von Rilke:

> Ach wehe, meine Mutter reißt mich ein.
> Da hab ich Stein auf Stein zu mir gelegt,
> und stand schon wie ein kleines Haus, um das sich
> groß der Tag bewegt,

sogar allein.
Nun kommt die Mutter, kommt und reißt mich ein.

Sie reißt mich ein, indem sie kommt und schaut.
Sie sieht es nicht, daß einer baut.
Sie geht mir mitten durch die Wand von Stein.
Ach wehe, meine Mutter reißt mich ein.

Die Vögel fliegen leichter um mich her.
Die fremden Hunde wissen: das ist *der*.
Nur einzig meine Mutter kennt es nicht,
mein langsam mehr gewordenes Gesicht.
Von ihr zu mir, war nie ein warmer Wind.
[…]

(Rilke, 1975, Bd. 3, S. 101 f.)

Offensichtlich geben diese Zeilen in dichterischer Sprache Kunde von einer äußerst schwierigen frühen und damit unselig prägenden Mutterbeziehung: Das Kind, das hier so schutzlos heranwächst, kennt weder Geborgenheit noch Spiegelung und Resonanz durch eine liebevoll bezogene Mutter und erfährt sich immer wieder neu herausgerissen aus der ihm doch so dringend notwendigen Kontinuität des Werdens. Sein kleines Haus, das Stein um Stein gebaut wird, sein kleines Ich, das sich Schritt um Schritt heranbilden möchte, wird immer wieder neu eingerissen und zerstört. Ja, die Mutter sieht nicht einmal, dass da »einer baut«, und sie geht ihm »mitten durch die Wand von Stein« – ein unglaublich treffendes Bild für die stetige Auflösung der sich bildenden oder gerade gebildeten Ich-Strukturen und der späteren Mühe dieser so betroffenen Menschen, sich genügend schützend abgrenzen zu können!

Und Rilke hatte tatsächlich eine sehr unglückliche Mutterbeziehung: »Von ihr zu mir war nie ein warmer Wind«, heißt es denn ja auch im Gedicht. Ein Jahr vor seiner Geburt war die Schwester Sophie (nach der Mutter genannt) unmittelbar nach ihrer Geburt gestorben. Die Mutter, offensichtlich noch immer in der Trauer um den Verlust dieses erstgeborenen Kindes gefangen, wünschte, dass »ich ein kleines Mädchen wäre und nicht dieser Junge, der ich nun einmal war«, berichtete Rilke später. Sie steckte den kleinen Sohn bis zu seinem fünften Lebensjahr in Mädchenkleider und rief ihn »Sophie«; wenn er an ihrer Zimmertür klopfte und auf ihre Frage, wer Einlass begehre, mit seinem Taufnamen »René« antwortete, wurde ihm von Mutter beschieden: »kenne ich nicht«; wenn er darauf angab, »Sophie« möchte eintreten, wurde er eingelassen (2021, Bd. 3, S. 906 u. 948). Ein Vorgang, der die erwähnten Zeilen des Gedichts geradezu schmerzhaft illustriert: »Nur einzig meine Mutter kennt es nicht, / mein langsam mehr gewordenes Gesicht. «

Nicht immer aber steht am Anfang einer Borderlinestörung eine Mutter, die mütterliche Fürsorge derart misslingen lässt. Ein allgemein traumatisierendes Umfeld und/oder traumatische Erlebnisse in der Frühzeit der psychischen Entwicklung, die schicksalhaft dieses prozesshafte Geschehen verursachen, führen ebenfalls zu einer mangelhaften, ungenügend integrierten Ausbildung der inneren Strukturen. Und es ist diese schwache innere Struktur, die Borderline-Patienten wie überhaupt alle Menschen, die an einer Persönlichkeitsstörung leiden, auszeichnet. Sie sind noch viel weniger als wir alle »Herr im eigenen Haus« und leiden an einer Ich-Schwäche, die sie immer wieder unbewussten Kräften auszuliefern droht. Peter von Matt umschrieb die Ich-Stärke, wie sie die Psychoanalyse sieht, einmal treffend mit folgenden Worten: »In Wahrheit aber ist das souveräne, seiner selbst bewußte Ich nur eine trügerisch besonnte Insel in einem riesigen, dunkel flutenden Meer« (Matt von, 2001, S. 136f.). Wo das schon für den gesunden Menschen gilt, um wieviel mehr für den seelisch versehrten! Da können jederzeit die Wellen über dieser Insel zusammenschlagen, und das Ichbewusstsein droht dann jeweils völlig oder zu großen Teilen überflutet zu werden. Die Reaktionen darauf sind dem frühen »Abriss« beim »Hausbau« entsprechend archaisch oder gar von psychotischem Ausmaß – letztlich sind es katastrophische Ängste vor der absoluten Leere, dem alles vernichtenden Nichts.

Wenn wir bei unseren Überlegungen zum ersten Symbol erfahren haben, dass es einer genügend guten Bemutterung für den Säugling und das Kleinkind bedarf, damit sich *Symbolhaftes* überhaupt entfalten kann, verstehen wir gut, dass Menschen, die in ihrer Frühzeit Mangel und Elend ausgesetzt waren, zuerst einmal keine Symbolisierungsfähigkeit zu entwickeln vermögen. Sie, die nicht über die genügende Erfahrung einer ungefährdeten Kontinuität des Seins verfügen, können nicht lassen von der tiefen Sehnsucht, diese frühe Einheitserfahrung mit der Mutter, bzw. der Welt wenigstens (noch) einmal und möglichst konkret zu erleben. Dieses selbstverständliche Einssein mit der Welt – wir könnten es auch das Geborgensein im Schöpfungsgrund nennen oder mit anderen Worten: die Paradieserfahrung der frühen Anfänge – ist allen Menschen gemeinsam. Nicht von ungefähr sprechen auch die Schöpfungsmythen aller Kulturen von einem paradiesischen Anfang in ihrer Frühzeit. Wem diese Paradieserfahrung genügend zuteilwurde, dem wird ein Urvertrauen mit auf den Weg gegeben, das ihm ermöglicht, die Schwierigkeiten, wie vielfältig sie ihm auf seinem Lebensweg auch begegnen mögen, zu bewältigen oder zumindest zu ertragen; und dazu gehört nicht zuletzt die Trauer über den Verlust dieser frühen, allumfassenden »Einheitswirklichkeit« (Neumann), der uns mit wachsendem Bewusstsein die Begrenztheit unserer menschlichen Existenz schmerzhaft spüren lässt, indem er uns die erste große Trennungserfahrung zumutet.

Menschen aber, die in ihren Anfängen kein fürsorgliches Umfeld vorfanden, die allzu früh Mangel und Verlassenheit in emotionaler Kälte ausgesetzt waren, sind für die Anforderungen und Versagungen des Lebens nur schlecht gerüstet; und was sie nie oder nur ungenügend erfahren haben, suchen sie verzweifelt ein Leben lang: eine Welt, die ganz *ihren* Wünschen und Bedürfnissen entspricht, eine Welt, in der es keinerlei Begrenztheit, Trennung und Tod auszuhalten gilt. Denn für sie, die allzu früh aus dem lebendig nährenden Ursprung ausgestoßen und dabei von panischen Ängsten vor Vernichtung überwältigt wurden, gilt erst recht, was schon Eichendorff einmal so prägnant ausgedrückt hat: »Trennung ist wohl Tod zu nennen.« (Eichendorff, 1963, S. 265). Ausgehend von ihren allzu frühen Trennungserfahrungen, die sie existenziellen Ängsten von psychotischem Ausmaß ausgesetzt haben, vermögen sie nur zu überleben, indem sie verleugnen, was unerträglich schmerzhaft wäre. So wollen sie denn auch *»in den Himmel kommen, ohne zu sterben«*, wie es ein Mythos aus der hinduistischen Schöpfungsgeschichte beschreibt, dessen Kenntnis wir Kapadia, einem Psychoanalytiker aus Bombay, verdanken, der damit die Grundzüge der Borderlineproblematik erläuterte. Rohde-Dachser hat diesen Versuch des indischen Kollegen aufgenommen und die strukturellen Gemeinsamkeiten zwischen Mythos und Borderlinestörung in ihrem Artikel »In den Himmel kommen, ohne zu sterben« äußerst prägnant dargestellt (Rohde-Dachser, 2005). Eine dieser zentralen Gemeinsamkeiten sieht sie in der Verleugnung *der menschlichen Begrenztheit* und damit auch der *Unvermeidlichkeit des Todes* – um den Preis lebendig gelebten Lebens, zu dem die Einwilligung in dessen Endlichkeit doch unbedingt gehören würde.

## Annäherung an Erinnerung

Der Mensch – *ein schwindlichtes Geschöpf:* Einigermaßen sicheren Stand in dieser Welt kann aber nur finden, wer um seine Herkunft weiß. »Vergessen verlängert das Exil. *Das Geheimnis der Erlösung heißt Erinnerung*«, heißt es bereits im Talmud. Und Erinnerung ist tatsächlich ebenso unabdingbar im therapeutischen Prozess wie für die Identitätsbildung überhaupt. Freuds Devise für eine erfolgreiche Behandlung lautete denn schon früh: »Erinnern, Wiederholen und Durcharbeiten«. Im 1914 publizierten gleichnamigen Artikel erwähnte er jedoch auch bereits jene »überaus wichtigen Erlebnisse [...], die in sehr frühe Zeiten der Kindheit fallen und seinerzeit ohne Verständnis erlebt worden sind«, sodass »sich eine Erinnerung meist nicht erwecken [läßt]« (Freud, 1914, GW X, S. 129).

In der Tat entziehen sich die in der Frühzeit der seelischen Entwicklung erlittenen Verletzungen der Erinnerung. Sie fallen in die vorbewusste Zeit, in jene Zeit also, wo noch kein bewusstes Ich herangewachsen ist, das die seinem Leben zugehörigen Erfahrungen auch nur annähernd hätte begreifen und der eigenen Geschichte hätte zuordnen können. Was aber noch nicht begriffen und damit auch später nicht erinnert werden kann, ergreift die solcherart betroffenen Menschen dennoch in emotionaler Tiefe und prägt ihr ganzes Dasein nachhaltig. Die einst erlittene Not bleibt stets gegenwärtig, ohne als solche benannt und in ihrem wirklichen Ausmaß erkannt zu werden. Gerade dies aber ist das nie erlahmende (allerdings lange meist unbewusste) Bestreben dieser Versehrten: einen Zugang zu finden in jenes verschlossene Gebiet, wo größte Verlusterfahrungen und Verlassenheit ihren Anfang genommen hatten und damit auch dem persönlichen Ursprung auf die Spur zu kommen, um so endlich das eigene, »langsam mehr gewordene Gesicht« (Rilke, 1975, Bd. 3, S. 101 f. die unverwechselbar individuelle Identität zu finden. Wo aber nicht erinnert werden kann, muss agiert, muss inszeniert werden. In der Therapie geht es deshalb oft lange darum, die *symbolische Botschaft aufzuspüren*, die sich in diesen *Inszenierungen* verbirgt. Wo die Patientin nicht über die Symbolisierungsfähigkeit verfügt, bedarf es darum erst recht der *symbolischen Einstellung des Therapeuten.*

Ich erinnere mich an einen jüngeren Mann, der während Wochen pünktlich zur Sitzung kam, ohne auch nur ein Wort zu sprechen. Er verwies auch mir jedes Wort und beharrte darauf zu schweigen. Das war von der ersten Stunde an so, und er hatte es auch nicht zugelassen, dass ich Näheres von ihm erfuhr, nachdem er einfach nur klar geäußert hatte, er wolle bei mir Therapie machen – das hatte zu genügen. So saß ich ihm denn lange Zeit Stunde um Stunde gegenüber, schweigend bemüht, meine Gegenübertragung »sprechen« zu lassen und in meinen Gedanken und Gefühlen ganz bei diesem Patienten zu verweilen, immer auch mit der Frage beschäftigt, was denn diese Inszenierung wohl bedeuten sollte. Hätte ich sie nämlich nicht als solche begriffen, hätte ich den Patienten vermutlich mit der Begründung wegschicken müssen, er sei in einer »Rede-Kur« nicht therapierbar. Rohde-Dachser hatte noch 2005 darauf hingewiesen, dass sich erst in den vergangenen Jahren die Indikation für die psychotherapeutische Behandlung von Borderlinestörungen erheblich erweitert habe: Nachdem man psychoanalytische Verfahren bei diesen Patienten lange als kontraindiziert betrachtet habe, gebe es nun zahlreiche Nachweise dafür, dass psychoanalytische Behandlung auch bei Borderline-Patienten möglich sei: »Von entscheidender Bedeutung ist dabei die therapeutische Beziehung als eine ›*Bühne*‹ [Hervorhebung d. Verf.] auf der der Patient seine unbewußten Konflikte und Traumata in Szene setzen kann« (Rohde-Dachser, 2005, S. 7).

Doch zurück zu meinem Patienten: Erst viel später, als zwischen uns auch gesprochen werden durfte, was allmählich und anfänglich nur sehr zaghaft möglich war, konnte er von seiner Angst sprechen, ich könnte gegen ihn verwenden, was er mir anvertraue; diese Erfahrung hatte er nämlich immer wieder bei seiner Mutter gemacht und sich darum stets mehr aus allen menschlichen Kontakten zurückgezogen, um schließlich fast ganz zu verstummen. Er gehörte offensichtlich zu jenen Menschen, deren »Sprechen misshandelt worden war«, wie sie auch die französische Psychoanalytikerin Anne Dufourmantelle im Folgenden charakterisiert:

> Bei der Analyse ist das Sprechen manchmal verschüttet oder ganz verloren gegangen. Es gibt Leute, die sich an eine Analyse wagen, denen jedoch das Sprechen versagt, denen sich dieser Akt verweigert; deren Sprechen misshandelt worden ist. Andere, denen das Sprechen Angst macht, denen es sich entzieht. Es gibt Leben, die das Sprechen verwüstet, die dieser Ausdruck von Willen und Macht aus der Bahn wirft [...]. (Dufourmantelle, 2018, S. 157)

Eine ähnliche Erfahrung, sich mit seinem Sprechen ohnmächtig auszuliefern, muss auch den jungen Mann geprägt haben. So zog er es lange vor, nur zu schweigen, obwohl ihn seine Not in Therapie getrieben hatte. Damit war aber gleichzeitig auch ein erster Hinweis auf verschüttete Anfänge in seiner Kindheit gesetzt; dass dies möglich geworden war, hatte allerdings vorausgesetzt, dass ich sein Verhalten als *Inszenierung* erkannt und in ihr ein Stück weit »mitgespielt« hatte. Und ich konnte zu diesem Zeitpunkt nur ahnen, dass auch bei ihm der »Hausbau« immer wieder eingerissen worden war, ganz wie im oben erwähnten Rilke-Gedicht. Damit aber waren wir natürlich nicht wirklich bei jenen schmerzhaften Erfahrungen angelangt, die nicht als Erinnerung abgerufen werden können, weil sie sich *vor* dem Stadium in der individuellen Entwicklung ereignet haben, das zur Etablierung einer individuellen Persönlichkeitsstruktur führt, und die sich darum auch jetzt nur annäherungsweise als *unbewusste Inszenierung* manifestieren konnten. Die Angst meines

Patienten, ich könnte ihm Schaden zufügen mit dem, was er mir anvertraute, ging aber noch weit über das hinaus, was er zu diesem Zeitpunkt formulieren konnte: sie gründete wohl letztlich in psychotischen Ängsten vor völliger Verlorenheit oder Vernichtung in Zeiten größter Abhängigkeit. Winnicott beschreibt denn auch das Baby in diesen Anfängen als »ein unreifes Wesen, das ständig *am Rand unvorstellbarer Angst steht*« (1962, S. 74). Das gilt grundsätzlich für alle Menschen; wer aber das Glück hat, geborgen in einer genügend guten Umgebung aufzuwachsen, der vermag diese Angst auszuhalten und einen Umgang mit ihr zu finden, weil er mit ihr nicht alleingelassen worden ist. Wer hingegen am Rand dieser unvorstellbaren Angst allzu oft allein gelassen wurde und zu wenig Beruhigung und Halt erfahren konnte, der erlebt die seit der Frühzeit drohende Vernichtung in seelischen Zusammenbrüchen immer wieder neu – freilich lange, ohne sie einordnen zu können.

Wie wichtig aber der Zugang zu diesem frühen Versagen der Umwelt und seinen katastrophalen Folgen für den kleinen Menschen ist, hat Winnicott besonders eindringlich in seinen beiden Aufsätzen »Die Angst vor dem Zusammenbruch« (1963) und »Die Psychologie der Verrücktheit« (1965) dargelegt. Er betont darin, wie unabdingbar, aber auch erleichternd, es für den Patienten ist, sowohl den (wiederholten) Zusammenbruch als auch »die bereits erfahrene Verrücktheit zu erinnern« (ebd., 1965, S. 260), weil sie wesentlich zu seiner eigenen Geschichte und seinem innersten Wesen – und damit zu seiner Lebendigkeit! – gehören. Die Erfahrung der Verrücktheit meint im Übrigen nichts anderes als den psychotischen Zusammenbruch eines überforderten psychischen Systems, das einst noch im Aufbau begriffen war. Es hilft den betroffenen Menschen aber wenig, ihre Ängste in diesem Sinne intellektuell zu verstehen: »Der Grund, weshalb der Patient keine Erleichterung findet, liegt darin, dass es für den Patienten darauf ankommt, die bereits erfahrene Verrücktheit zu erinnern« (ebd.). Wenn der junge Mann mir sein anfängliches Schweigen damals nachvollziehbar erklärte, war dies zwar eine Erinnerung aus seinem vergangenen bewussten Leben, aber keineswegs jene viel frühere des völligen psychischen Zusammenbruchs, der freilich ahnungsweise in der Angst des Patienten, er könnte im spontanen Kontakt mit mir beschädigt oder gar vernichtet werden, doch zum Ausdruck kam.

Wie aber kann erinnert werden, was sich der Erinnerung doch entzieht? »Verrücktheit, die erinnert werden muss, kann nur erinnert werden, *indem sie neu erlebt wird* [Hervorhebung d. Verf.]« (ebd., S. 260), folgert Winnicott. – Wir entsinnen uns hier auch an Jungs Aussage, es gehe nicht darum, seine Vergangenheit nur zu erinnern, sondern sie *wiederzubeleben.* – Dieser erneute Zusammenbruch aber ist dann nach Winnicotts Ansicht »weniger eine Erkrankung als ein erster Schritt in Richtung Gesundheit« (ebd., S. 261), denn er verhelfe dem Patienten, »im analytischen Rahmen verrückt zu sein; *näher an Erinnern kann er niemals kommen*« (ebd., S. 260).

In Analogie zu diesem schwierigen, ja letztlich unmöglichen Zugang zu frühen Zusammenbrüchen des psychischen Systems spricht Winnicott von einer Hyazinthenzwiebel als Beispiel: Erblüht verströmt diese Blume bekanntlich einen starken, sehr charakteristischen Duft. Versucht man aber ihre Zwiebel aufzuschneiden, um den Duft in diesem frühen Wachstumsstadium zu lokalisieren, der ja als Potential da bereits vorhanden sein muss, wird man nicht fündig werden; erst die aufgeblühte Blume verbreitet diesen unverkennbaren Geruch. Der Duft, obwohl also unzweifelhaft in der Anlage enthalten, ist noch nicht fassbar – und ebenso wenig sind es die Vorfälle in der frühen Entwicklungsphase eines Kindes, die *real vorhanden und dennoch nicht erinnerbar* sind, denn dazu brauchte es ein Ich, das so weit gefestigt ist, dass es sich über sein Leiden bewusstwerden kann. »Der Kern der Verrücktheit muss als etwas viel Schlimmeres angenommen werden, weil er nicht erfahren werden kann von dem Individuum, das per definitionem nicht die Ich-Organisation hat, ihn zu halten und somit zu erfahren« (ebd., S. 263), folgert Winnicott denn auch.

Doch noch einmal: Warum ist es so wichtig, diesen psychotischen (»verrückten«) Angstzuständen nahe zu kommen? Es mag auf den ersten Blick merkwürdig anmuten, aber auch hier wirkt die *Sehnsucht nach Lebendigkeit*. Um sich als beseelt zu erfahren, muss man sich mit dem eigenen Wesenskern verbunden wissen, muss seine eigene Geschichte kennen, haben wir bereits vielfach erfahren. Und diese Annäherung an die eigene Individualität geschieht bei diesen versehrten Menschen gerade auch in den beängstigenden Zusammenbrüchen, im Wurzelreich ihrer Schmerzen. Winnicott postuliert hier darum zum besseren Verständnis ein »Symbol X«, das er als »das absolut Persönliche für das Individuum« versteht und mit dem er den einstigen Zusammenbruch des frühkindlichen psychischen Systems, wir könnten auch sagen: die ursprünglichen traumatischen Erfahrungen des kleinen Menschen, zu benennen versucht. In Therapie und Analyse erleben wir es nun immer wieder, dass diese Patienten sich mit jedem erneuten Zusammenbruch diesem Symbol X mehr annähern, oder, um es mit Winnicott auszudrücken:

> Immer wieder ist der Analytiker befremdet, wenn er sieht, dass der Patient mehr und mehr verrückt sein kann, sei es für ein paar Minuten oder für eine ganze Stunde im Behandlungssetting, und manchmal greift die Verrücktheit über die Ränder der Sitzung hinaus um sich. Man braucht viel Erfahrung und Mut, um zu erkennen, wo man sich unter diesen Umständen befindet, und um den Wert zu schätzen, den es für den Patienten hat, wenn sich der Patient näher und näher dem X zu bewegt, *das zu diesem individuellen Patienten gehört* [Hervorhebung d. Verf.]. (ebd., S. 264)

Indem der Analytiker dieses spannungs-, ja panikgeladene Geschehen mit dem Patienten aushält, verhilft er ihm nicht nur zur Einsicht, dass der Zusammenbruch nun »zu einer beherrschbaren Erfahrung wird, von der sich der Patient spontan erholen kann« (ebd.), sondern auch zur Annäherung an die ureigene Geschichte in der *gefühlten* Erinnerung an Verletzungen aus jener wortlosen Zeit, die *vor* allem Begreifen liegt. Im überwältigenden, fast vernichtenden Gefühlssturm erlebt der Patient im aktuellen Zusammenbruch, wie sich diese Situationen seinerzeit angefühlt haben müssen, für die ihm bis jetzt die Erinnerung gefehlt hat und die doch so real waren, dass sie ihm immer wieder den Halt entzogen und ihn vernichtender Leere ausgesetzt haben. Und nun können endlich, wenn auch anfänglich nur tastend, Worte für das Unbegreifliche gefunden werden – oft in *symbolischer Sprache*, die schwebend genug bleibt, um das, was auch jetzt nicht konkret zu fassen ist, dennoch begreiflich zu machen. Rilkes Klage vom immer wieder neu eingerissenen Haus zeigt deutlich, wie präzise ein Symbol das Geschehene umschreiben kann.

Nüchtern könnten wir da schließlich auch von Krankheitseinsicht sprechen, die erste Voraussetzung für einen lebbaren Umgang mit der frühen Versehrtheit ist, aber ebenso Voraussetzung dafür, dass dieser Mensch ein Narrativ für sein Leben finden kann, mit dem er zu leben vermag. Indem er darüber spricht, gehört er nun mit seinem Leiden auch der Welt an. Gleichzeitig können Patient und Analytiker etwas gelassener mit der Angst vor einem (jederzeit wieder möglichen) Zusammenbruch umgehen, wenn ihnen stets bewusst bleibt, »dass der Zusammenbruch, der gefürchtet wird, ein Zusammenbruch ist, der bereits sein Schlimmstes angerichtet hat« (ebd., S. 265).

Aber kehren wir noch einmal zur Hyazinthenzwiebel zurück. Dieses Symbol vermittelt nämlich mehr als nur den Zugang zur frühen Versehrtheit, die aber ebenso wenig konkret fassbar ist wie der Hyazinthenduft in der Zwiebel. Und doch ist dieser wunderbare Duft als Potential künftiger Entwicklung in der Blumenzwiebel bereits vorhanden. Das Versagen der Umwelt führte zum X, dem »absolut Persönliche[n] für das Individuum« (ebd., S. 264), zu seinem ureigenen Leiden – und doch gründet in ihm als *Verheißung* gleichzeitig auch der spätere charakteristische Duft, wie Jacques Press so pointiert zusammenfasst:

> Das Allerpersönlichste, Intime des Individuums ist gleichzeitig Quelle von schrecklichstem Leiden und köstlichstem, zukünftigen Duft: [...] So zeigt uns »Psychology of Madness«, dass dieser Augenblick von Verrücktheit und grösstem Leiden auch die *potentielle Quelle von zukünftiger Kreativität* [Hervorhebung d. Verf.] ist. (Press, 2017, S. 296)

Rilke ist dafür ein besonders eindrückliches Beispiel; und wie bei ihm findet sich auch bei anderen dieser Versehrten ein schöpferisches Potential, das sie in ihrer tiefsten seelischen Wunde die Quelle großer kreativer Leistungen finden lässt. Neben vielen anderen ist da gewiss auch Jung zu erwähnen, von dem ein Biograph Winnicotts zwar richtigerweise sagte, die Jungianer versuchten noch heute, »sich von Jungs ›gespaltenem Selbst‹ und der Art und Weise, wie er damit umging, zu erholen« (Philips, 2009, S. 189). Aber gleichzeitig gilt, dass Jung trotz seiner großen Vulnerabilität, die ihn immer wieder in die Irre führte, auch über eine Genialität verfügte, die ihn ein bewundernswertes Werk schaffen ließ. Es brauchen allerdings nicht immer wissenschaftliche oder künstlerische Höchstleistungen zu sein, die sich aus dieser Kreativität ergeben: Vielen Menschen gelingt es auch, trotz erheblichem Versagen ihrer frühen Umwelt im und mit ihrem Alltag einen kreativen Umgang zu finden. Ihr größtes Leiden kann schließlich auch für sie zur Quelle beseelten Lebens werden – das freilich immer wieder der Gefahr neuer Einbrüche ausgesetzt bleibt.

Es wäre darum eine Illusion zu glauben, es brauchte nur genügend solcher (hilfreicher) Zusammenbrüche im psychischen System, um damit schließlich doch einen Ausgang aus dem Leiden zu finden. In einer Welt, wo immer wieder das Unbewusste die Führung übernimmt, weil die psychischen Strukturen zu schwach sind, um dessen Ansturm gewachsen zu sein, herrscht die Zeitlosigkeit des Unbewussten. Es gibt also keine klare Trennung von Vergangenheit und Gegenwart; die Vergangenheit und damit vor allem die einst erlittene Not ist oft so gegenwärtig, dass sie gar nicht als vergangen erkannt werden kann. Das aber wäre Voraussetzung dafür, dass das vergangene Leiden endlich doch trauernd angenommen und verabschiedet werden könnte, was als hilfreiches Ziel nicht aus dem Blick geraten darf. Das gelingt zu Zeiten sogar auch: Solange Borderline-Patienten in hilfreichen äußeren Strukturen leben, z. B. in einem beruflichen Umfeld, das ihnen viel Halt und Orientierung gibt oder in einer Beziehung, die sie trägt, können sie sogar über längere Zeit scheinbar unauffällig leben. In dem Moment aber, wo sie Veränderungen ausgesetzt sind, d.h. wo diese Strukturen, an denen sie sich so mühsam aufrecht halten, einbrechen – ein Arbeitsplatzverlust, eine Trennung etwa, aber auch eine Schwangerschaft oder eine Krankheit, ein Todesfall und anderes mehr –, kommt es zum psychischen Einbruch: wo scheinbar gesicherte äußere Strukturen in der Veränderung nicht mehr tragen, bricht die innere Strukturlosigkeit wieder durch. Das alte Leiden meldet sich mit Vehemenz zurück, wie wenn es nie einen einigermaßen »gesicherten« Boden gegeben hätte.

Diese *ewige Gegenwart des alten Elends* ist auch für Therapeuten oft nur schwer erträglich; sie mögen noch so sehr um Stärkung und strukturierenden Beistand bemüht sein – ihre Patienten vermögen aus Erfahrungen (sehr lange) nicht zu lernen, und Einsicht in die Zusammenhänge sind zwar möglich, aber allzu oft nur kurzfristig. Ich erinnere mich an einen Patienten, bei dem ich nie sicher sein konnte, dass das, was wir während der Sitzung mühsam miteinander geklärt hatten, kurz danach bei seiner Ankunft am nahen Bahnhof nicht bereits wieder verloren war – einem schwachen Licht im Schneesturm vergleichbar, das bald wieder verweht, oder, um in unserem vielzitierten Bild zu bleiben: Der Hyazinthenduft verflüchtigt sich schon beim leisesten Windhauch. Rohde-Dachser nennt dieses Unvermögen zu einer längerdauernden Einsicht in Analogie zum erwähnten indischen Mythos »das *Gefangensein in einer endlosen Gegenwart*« (Rohde-Dachser, 2005, S. 38).

## Die Spaltung der Welt

Dieses endlose Leiden setzt nicht nur die Therapeuten immer wieder einer Ohnmachtserfahrung aus, sondern erst recht die betroffenen Menschen selbst. Sie versuchen ihm darum nicht selten dadurch zu entgehen, dass sie, was so unerträglich ist, schlicht abspalten, wodurch es dann für sie nicht mehr zu existieren scheint. Dieses Verhalten geht allerdings bereits auf früheste emotionale Erfahrungen zurück. Ein kleines Kind erlebt die Welt noch ganz in archaischen Polaritäten, sie ist entweder gut oder schlecht, bzw. böse. – Märchen kommen Kindern in dieser Hinsicht auch entgegen, indem z.B. das Mutterbild in eine gute Mutter einerseits und die böse Hexe andererseits aufgespalten wird. So bleiben die gute Mutter und die Liebe zu ihr unbeschädigt, während die Hexe dem vollen Hass ausgesetzt werden kann. – Dieses Schwarz-Weiss-Denken bleibt Borderline-Patienten erhalten, was durchaus auch zu ihrer faszinierenden Ausstrahlung beitragen kann: So leben sie Gefühle in einer ungebrochenen Intensität, die sie, wenn sie sich glücklich und wohl fühlen, sehr anziehend machen können, weil nichts die Ausschließlichkeit dieser guten Gefühle trübt. Kippen diese Gefühle allerdings ins Negative, sind sie ebenso total, was dann oft nur schwer erträglich ist.

Ein erwachsener Mensch, der seelisch in seinem Gleichgewicht ist, vermag die Widersprüchlichkeit und Gebrochenheit des Lebens auszuhalten. Nicht so die Borderline-Patienten; was sie nicht ertragen, *spalten* sie auf und von sich selbst ab, verlagern es auf ihr Umfeld (wo sie es dann als etwas feindselig Fremdes häufig aufs heftigste bekämpfen) oder entfliehen in eine Phantasiewelt, die ausschließlich ihren Wünschen entspricht – ganz so wie jene junge Patientin, die sich nach ihren eigenen Worten in bedrängten Momenten jeweils in eine andere Welt »beamte«, in ein narzisstisches Universum, wo es für sie nichts Störendes mehr gab. Davon spricht übrigens auch der erwähnte indische Mythos sehr anschaulich: Der König, der in den Himmel kommen wollte, ohne zu sterben, wird von seinem verantwortungsvollen Guru belehrt, dass kein Mensch dies bewirken könne. Der König wendet sich darauf an einen Scharlatan, der ihm die Erfüllung seines Wunsches verspricht, sich schließlich aber nur dadurch zu helfen weiß, dass er ein *paralleles Universum* schafft, das einzig seinen Gesetzen gehorcht – was aber natürlich auch nicht zum erhofften Erfolg führen kann. »*Die Spaltung der Welt in zwei Universen, die miteinander im Widerspruch stehen*«, gehört denn ebenfalls zu den wesentlichen Grundzügen der Borderlineproblematik (Rohde-Dachser, 2005, S. 38).

Worin aber unterscheidet sich dieses Paralleluniversum denn von der »jenseitigen Welt«, die uns doch so unerlässlich für seelische Lebendigkeit ist? Wenn wir das Fenster aufstoßen in eine hintergründige Wirklichkeit, geschieht das nicht um den Preis der Realitätsverleugnung. Um an ein frühes Beispiel zu erinnern: Die Schlussszene aus Mozarts *Zauberflöte* in der Inszenierung der Semperoper zeigte – in Analogie zu den Geschehnissen jener Tage in Dresden – ein rauchendes Trümmerfeld auf der Bühne, während aus dem Dunkel des Hintergrundes der strahlende Schlusschor ertönte, der vom Sieg über die Mächte der Finsternis kündete. Es war aber offensichtlich, dass dieser Sieg *nicht* in der realen Wirklichkeit stattfinden konnte, sondern als unerreichbare Utopie in eine jenseitige Welt verwiesen war. Das hatte nichts zu tun mit der Spaltung der Welt in zwei Universen zum Zwecke der Verleugnung der konkreten Welt. Die heillose Realität blieb unvermindert erhalten, was nur trauernd ausgehalten werden konnte, in ihrer *symbolischen Überwindung* jedoch lag die Hoffnung, dass diese Zerstörung nicht das letzte Wort haben würde. Und selbst wenn diese Hoffnung in der realen Welt auch nie dauernd eingelöst werden kann – sie lässt nicht vergessen, dass menschliches Leben so gefährdet oder vielfach gebrochen es auch sein mag, nicht nur in Leid und Elend gründet. Das Wissen um diesen Widerspruch hilft ertragen, was oft so schwer auszuhalten ist.

Genau diese Fähigkeit aber, Widersprüche, Leid und Not *auszuhalten*, fehlt Borderline-Patienten ebenso wie die tröstliche Wirkung einer symbolischen Einstellung. Symbole, die überbrücken, was so unvereinbar geteilt erscheint, sind ihnen fremd. So vermögen sie denn beispielsweise auch lange Träume kaum als Botschaften einer oft hilfreichen inneren Wirklichkeit zu begreifen, denn innere und äußere Realität sind ihnen vermischt und gleich konkret. Ich erinnere mich in diesem Zusammenhang an ein einfaches, aber geradezu plakatives Beispiel: Eine Patientin, die mir lebhaft von einem Traum berichtete, in dem ein entfernter Bekannter aufgetaucht war, den sie vor Jahrzehnten einmal in Frankreich und danach nie wieder getroffen hatte. Sie könne darum leider unseren nächsten Termin nicht wahrnehmen, fügte sie ihrer Erzählung an. Meine verblüffte Nachfrage, warum das denn so sei, löste nun ihrerseits großes Erstaunen aus: Es sei doch klar, wenn dieser Mann in ihrem Traum auftauche, bedeute das nichts anderes, als dass sie nun nach Frankreich fahren müsse, um ihn da aufzusuchen. Wo er sich jetzt aufhalte, wisse sie zwar nicht genau, aber gewiss in Frankreich! Sie war in der Folge nur schwer davon abzubringen, dieses Vorhaben konkret umzusetzen. Und mein Versuch, diesen Mann mit ihr als einen innerseelischen Aspekt ihrer selbst zu begreifen, scheiterte kläglich; dazu fehlte ihr das Gefühl für einen eigenen, abgegrenzten inneren Raum. Einzig die konkreten Schwierigkeiten, die sich auf der Suche nach diesem in ihrem Leben längst verschollenen Mann ergeben würden, hielten sie schließlich von der Reise ab.

## Die Seele, die nur aus der menschlichen Beziehung lebt

Der Mensch – *ein schwindlichtes Geschöpf:* Dieses Wort Shakespeares' soll am Ende unserer Überlegungen über die Menschen, denen der Zugang zu symbolischen Welten oft (lange) verwehrt ist, ein letztes Mal aufgenommen werden, um das schwierige Feld der *menschlichen Beziehungen* und damit den wesentlichsten Kern ihrer Problematik zu berühren. »In den frühesten Beziehungen wird wie bei einer Stradivari der Klangkörper des seelischen Instruments gebaut, der in späteren Beziehungen zum Schwingen gebracht wird« (Leuzinger-Bohleber, 2014, S. 937). Wenn aber dieser Klangkörper in den seelischen Anfängen nicht genügend bespielt wurde, hat dies gravierende Auswirkungen auf die späteren Schwingungsmöglichkeiten. Für Menschen bedeutet dies im Vergleich mit Musikinstrumenten: »ihre Resonanz hängt davon ab, wer sie berührt« (Rosa, 2016, S. 415); und diese Erfahrungen prägen schließlich auch die Grundmelodie ihrer Seele.

So zeigen uns wohl gerade die schwindlichten Geschöpfe am deutlichsten, dass »die Seele nur aus der *menschlichen Beziehung* lebt« (Jung, 1946, GW 16, § 444), sich darum nur so wirklich belebt, und zwar seit allerfrühesten Anfängen. Beziehung aber hat Borderline-Patienten in ihrer Frühzeit als verlässliches und strukturbildendes Fundament so sehr gefehlt, dass sie sich auch später nur schwer auf Beziehungen einlassen können und dabei stets fürchten, erneut verletzt zu werden. Ihr Seelen-Haus ist ständig vom Abbruch bedroht, und ihre größte und gleichzeitig früheste Angst bleibt die Angst vor Verlust und damit die *Angst vor der Leere*, einem vernichtenden Nichts, dem sie in elementarer Hilflosigkeit ganz *allein* ausgesetzt waren. Und gleichzeitig treibt sie die Sehnsucht nach beseeltem Leben und Beziehung verzweifelt an – lange in der Verleugnung der Tatsache, dass menschliches Leben endlich ist und immer wieder schmerzhafte Abschiede verlangt.

Ihre Beziehungen sind geprägt von der Suche nach diesem *einen* Menschen, der sie unbedingt hält und spiegelt und dabei ihre Bedürfnisse bedingungslos erfüllt, wie sie ihn zu Beginn ihres Lebens in ihrer größten Abhängigkeit gebraucht hätten. Damals, als es weder ein Ich noch ein Nicht-Ich gab, wäre idealerweise der Mutter diese Rolle zugekommen, in diesen Anfangszeiten aber nicht als erkennbares Gegenüber, sondern als Teil eines Gesamtgefüges, das Mutter und Kind gleichermaßen umschließt. Im späteren Leben hoffen die um diese Erfahrungen geprellten Menschen, in ihren Beziehungen diese selbstverständliche Einheit endlich doch zu erleben; der Partner wird dann zum *Selbstobjekt*, wird also nicht als eigenständiges Du wahrgenommen, sondern als eines, das als ein eigener psychischer Anteil vereinnahmt und sich so nahtlos ins brüchige Seelenhaus einfügen soll. In dem Moment aber, wo dieses Du sich als ein eigenständiges, individuelles *Gegenüber* erweist, wird es zur Bedrohung, und daran zerbricht dann oft die Beziehung – und nicht selten gilt das auch für therapeutische Beziehungen. »Dieses heißt Schicksal: gegenüber sein / und nichts als das und immer gegenüber« (Rilke, 1966, S. 471). Diese Klage Rilkes betrifft grundsätzlich menschliche Beziehungen; selbst Momente des Glücks, wo innige Verbundenheit alle Grenzen aufzulösen vermag, enden damit, dass sich dieses Gegenüber erneut zwingend einstellt. »So leben wir und nehmen immer Abschied«, meint Rilke am Ende dieser Achten Duineser Elegie (ebd., S. 472). Wo Menschen mit einem stabilen Ich das aber trauernd zu ertragen vermögen, droht dies bei den Frühverletzten die archaischen Ängste wiederzubeleben: die alte Verlorenheit belebt sich bei jedem Abschied.

Erinnern wir uns noch einmal an die Mutter, die das ursprüngliche Haus immer wieder neu eingerissen hat und dem kleinen Erbauer »mitten durch die Wand von Stein« (Rilke, 1975, Bd. 3, S. 101 f.) ging, weil sie nicht einmal sah, »dass einer baut« (ebd.). Mauern, die unter dieser ständigen Bedrohung errichtet werden mussten, bieten in ihrer Instabilität keinen sicheren Schutz – weder nach außen noch nach innen –, aber auch keine Gewähr dafür, die innerseelische Wirklichkeit wirklich zu erfassen; das gestaltet sich oft ebenso schwierig wie das Erkennen der äußeren Realität, die oft nur verzerrt, gelegentlich sogar wahnhaft wahrgenommen werden kann.

Es ist darum begreiflich, dass diese Menschen anderen kaum vertrauen können; zu sehr haben sie erfahren, dass es keine sicheren Grenzen zwischen innen und außen gibt. Abgrenzung ihres eigenen seelischen Innenraums erweist sich darum ebenso schwierig wie die Respektierung der psychischen Integrität eines anderen in der äußeren Welt. Das führt zu einer ständigen Verunsicherung darüber, was zur eigenen und was zur fremden Identität gehört. Eine der wesentlichsten Aufgaben in der Therapie ist es darum, den eigenen inneren Raum heranwachsen zu lassen – bei gleichzeitiger Anwesenheit eines anderen Menschen, der nun *wirklich sieht*, dass da »einer baut«, ohne aber dieses Geschehen zu gefährden.

Soll der Hausbau schließlich doch gelingen, braucht es oft über lange Zeit eine Struktur und Vertrauen schaffende psychotherapeutische Behandlung, in deren Raum das Verständnis des Therapeuten auch das Verständnis des Patienten für sich selbst wecken und die unerlässliche Erfahrung, dass dem Ich ein Nicht-Ich gegenübersteht, heranreifen kann. Und im therapeutischen Beziehungsgeschehen eröffnet sich – analog frühestem Beziehungsgeschehen von haltender Geborgenheit, Spiegelung und Resonanz – endlich auch ein *innerer Raum*, der vom äußeren besser abgegrenzt zu werden vermag. Das aber macht es erst vielleicht möglich, all das Verlorene ins Auge zu fassen und mit ihm »die nicht erlebte Vergangenheit wirklich in die Vergangenheit zu befördern« (Press, 2017, S. 304), um sich nun auch neuen Erfahrungen zu öffnen. In der Trennung der inneren seelischen von der äußeren Realität kann jetzt endlich auch der *symbolische Brückenschlag* erfolgen, bzw. eine Fähigkeit zum symbolischen Verständnis heranwachsen; die Symbolwelt bleibt nicht mehr so fremd, sondern kann sich von Zeit zu Zeit doch hilfreich eröffnen.

Es gehört aber mit zur Tragik dieser Menschen, dass ihnen trotz allem besseren Umgang mit ihrem Leiden die besondere seelische Vulnerabilität erhalten bleibt. So werden sie gelegentlich wieder auf *Inszenierungen des Unmöglichen* zurückgreifen, wie Rhode-Dachser diese Inszenierungen so treffend benennt, weil die eindeutige Klärung der frühen Geschehnisse letztlich unmöglich ist, also immer nur annähernd gelingen kann, und die seelische Erstarkung stets so gefährdet bleibt, dass die solcherart Betroffenen den Erschütterungen des Lebens oft nur mühsam standhalten können.

Shakespeare hatte mit dem »schwindlichten Geschöpf« seinerzeit keine Pathologie im Auge, sondern den Menschen allgemein. Das wollen wir ob allen Umschreibungen der Borderlineproblematik nicht vergessen und noch einmal betonen: Sie zeigen uns nur wie in einem Vergrösserungsglas die stete Gefährdung und Verletzlichkeit menschlichen Lebens überhaupt – und gleichzeitig das *unbändige Sehnen nach Lebendigkeit.* Diese Lebendigkeit aber ist nur zu gewinnen, wenn wir einwilligen, im Erdreich unseres je eigenen Schmerzes Wurzeln zu fassen, und uns gleichzeitig einem schöpferischen Umgang mit dem Leben und seinem Unverfügbaren öffnen. Mit anderen Worten: Wir sind auf die *transformierende Kraft der Symbole* angewiesen, wenn wir die Beschwernis und Tragik des Lebens lebendig überstehen wollen.

# 5 Im lebendigen Austausch mit der symbolischen Wirklichkeit

## Klavierkonzert in Sibirien: Das Ich als Medium

Ein Traum soll Ausgangspunkt unserer Überlegungen sein:

> In Sibirien, mitten in Schnee und Eis, muss ich Klavier spielen. Das Klavier, ein großer schwarzer Flügel, steht einsam in der unendlich weiten, unbelebten Landschaft. Ich beginne zu spielen, ohne Noten und mit dem Gefühl, das doch gar nicht zu können. Eine Melodie erklingt, immer voller werden die Akkorde, ich spiele ganz in die Musik versunken – ein herrliches Klavierkonzert entwickelt sich mit voller Begleitung eines unsichtbaren Orchesters. Ich spiele, spiele um mein Leben, das spüre ich immer deutlicher. Während des ganzen Spiels kenne ich nie den nächsten Ton, weiß auch, dass dieses Stück meine Fähigkeiten bei weitem übersteigt, aber *es* spielt mit mir, spielt durch mich hindurch. Das Konzert gipfelt in einem wundervollen Finale, der letzte Ton verklingt.
>
> Nun bin ich plötzlich von einer Gruppe von Männern umringt; es sind wohl alles Strafgefangene. Sie stehen da in ihren verblasst blauen Überkleidern und mit fast kahlgeschorenen Schädeln. Sie waren die unsichtbaren Zuhörer meiner Musik. Einer von ihnen ist der Mann, der mir bestimmt ist, das weiß ich; noch kenne ich ihn nicht, aber ich werde ihn erkennen.

Dorothy, eine Frau mittleren Alters, hatte mir diesen Traum sehr bewegt erzählt. Das herrliche Klavierkonzert schien noch immer in ihr nachzuklingen. Sie war nie in Sibirien gewesen, und ihre musikalischen Fähigkeiten reichten bei Weitem nicht an die Wiedergabe dieses Konzertes im Traum heran, das sich aber als ganz existenzielle Notwendigkeit erwies: »Ich spiele, spiele um mein Leben.« Und gleichzeitig spürte sie, die »nie den nächsten Ton [kannte]«, dass etwas durch sie hindurch, dass »*es*« mit ihr spielte. Und schließlich erfolgte am Ende die rätselhafte Verheißung, sie werde den Mann, der ihr bestimmt sei, unter all diesen Strafgefangenen erkennen – für Dorothy ebenso numinos wie das ganze Traumgeschehen und erfüllt von einem Gefühl intensiver Lebendigkeit.

Der Traum erreichte Dorothy an einem wesentlichen Umschlagpunkt ihres Lebens. Sie hatte in der Vergangenheit immer wieder die starke Neigung gezeigt, Konflikte und Schwierigkeiten depressiv zu verarbeiten. Die Kälte Sibiriens, wo inmitten von Schnee und Eis keine Pflanze und nichts Lebendiges sichtbar ist, war ein eindrückliches Bild dafür. Ebenso die Strafgefangenen, die, in der typischen

Erscheinung von Zwangsarbeitern, den Eindruck größter Selbstentfremdung vermittelten – sie mochten auch ein Hinweis auf Dorothys bisherige Versuche sein, ihre Depressivität durch eine Workaholic-Existenz abzuwehren. Und nun erklingt inmitten dieser Szenerie »ein herrliches Klavierkonzert mit voller Begleitung eines unsichtbaren Orchesters«! Mit der Musik aber brechen machtvoll Gefühle auf, Dorothy überwältigend und bespielend, denn es wird ja so spürbar: es ist Dorothy und gleichzeitig nicht Dorothy, die hier spielt. *»Es« spielt durch sie hindurch.* Die Seele scheint ihren Ausdruck gefunden zu haben. Was vereist und Gefühlen unzugänglich war, öffnet sich beseeltem Leben; Ton um Ton sich vorwärts spielend, ohne die Melodie im Voraus zu kennen, und gerade dadurch völlig authentisch. Es ist der Einbruch einer anderen Welt, die dennoch auch ganz Dorothys Welt ist. Wir haben Ähnliches schon am Beispiel der *Flötenspielerin* erfahren. Nur war es dort ein bislang unbekannter seelischer Aspekt der Träumerin, der sich Gehör verschaffte. Nun aber war es das *Traum-Ich* selbst, das diesem Geschehen unterworfen war, in dem sich sein lebendiges Wesen in einer Ganzheit »in voller Begleitung eines unsichtbaren Orchesters« offenbarte, die sich im Tageserleben nur selten so vollständig erleben lässt.

Zu dieser Vollständigkeit gehört nun auch die Ankündigung im Traum, Dorothy werde unter den Strafgefangenen, den anfänglich unsichtbaren Zuhörern, den ihr bestimmten Mann finden. Im konkreten Leben hatte sie allerdings ihren Mann schon längst gefunden; sie war seit Jahren verheiratet, und eine Scheidung stand nicht an. Wir müssen diesen angekündigten Mann also als einen seelischen Anteil der Träumerin verstehen. Dorothy war eine Vatertochter gewesen, deren Vater aber in seinem unglücklichen Leben durchaus den Strafgefangenen ähnlich war, fremdbestimmt, oft depressiv – und weitgehend handlungsunfähig. Für seine Tochter aber galt, was für alle Kinder gilt: Sie übernehmen die ungelösten Probleme ihrer Eltern und versuchen, sie nun endlich zu lösen, und dies gilt auch dann, wenn die Eltern (wie Dorothys Vater) schon längst gestorben sind. Das begann damit, dass Dorothy die nicht abgeschlossene akademische Ausbildung ihres Vaters mit ihrer eigenen Promotion zu Ende brachte. In ihrer Workaholic-Existenz versuchte sie zudem unermüdlich, die lebenslange Passivität ihres Vaters »abzuarbeiten«. In diesem Bemühen war sie in dieser »Vaterwelt« ihrerseits sich selbst entfremdet, von ihren Gefühlen losgelöst und mit ihrer gut ausgebildeten intellektuellen Funktion weitgehend von männlichen Denkmustern geprägt – unter den vielen Strafgefangenen im Traum findet sich denn auch kein einziges weibliches Wesen! Zu Dorothys seelischer Vollständigkeit würde aber ein »innerer Mann« gehören, dem die Gefühlswelt ebenso zugänglich ist wie die zupackende Handlungsfähigkeit und das intellektuelle Denken. So erst wird die Vereinigung der Gegensätze möglich, die zur angestrebten seelischen Ganzheit unabdingbar ist. Das Auffinden dieses Mannes aber entzog sich dem alten Machbarkeitsstreben von Dorothy, sie musste sich diesem rätselhaften Geschehen öffnen, musste sich und diesen noch unbekannten Mann von der »Musik« ergreifen lassen und ihm liebevoll entgegengehen, ganz so, wie man auf eine Liebe zugeht.

Was aber war *»es«* denn, das durch Dorothy hindurch so tief anrührend spielte? Es spielte unverkennbar Dorothy, das Traum-Ich, und gleichzeitig wurde deutlich, dass es nie und nimmer Dorothy sein konnte, die so spielte. Sie war gleichsam nur das ausführende, aber niemals das selbst bestimmende Organ. Aber anders als in der

Depression, wo sie in Selbstentfremdung verharrt hatte, belebte sie sich in diesem Geschehen, das sie zwar auch nicht eigen-mächtig steuerte, das sie aber mit ihrer schöpferischen Lebensquelle, dem *Selbst* verband. – Das Selbst als der eigentliche Wesenskern der Psyche lenkt also das Ich, dessen es aber gleichzeitig bedarf, um einen Ausdruck im individuellen Leben zu finden. Das *Ich* wird so zum *Medium*, durch das hindurch das *Selbst* wirkt.

Diesen Zusammenhang vermitteln auch sehr eindrücklich Ikonen von Georg, dem Drachentöter, dessen Legende (Höfer & Rahn, 1986, Bd. 4, Spalte 690 ff.) ein beliebtes Motiv in der Ikonografie ist. In Litauen, wo ich diesem Ikonentypus mehrfach begegnet bin, sitzt Georg (wie üblich) auf einem Pferd, dessen Lauf aber durch einen Drachen aufgehalten wird. Georg hält eine überlange, aber kaum sichtbare Lanze in der Hand (dass sie nahezu unsichtbar ist, stellt eine Besonderheit dieser litauischen Ikonen dar). Mit der Spitze der Waffe stößt Georg auf den Drachen ein. Und der aufmerksame Betrachter kann sich nur wundern, dass diese hauchdünne Lanze dem Drachen überhaupt etwas anhaben, geschweige ihn töten kann. Gleichzeitig bemerkt man aber, dass das andere Ende der Waffe weit über Georg hinausragt, in den linken oberen Bildrand hinein, die sog. »Ewigkeitsecke«, in der gelegentlich die Gottesmutter oder auch nur eine Hand sichtbar wird. Damit ist offensichtlich, dass Georg seine Stärke aus dieser jenseitigen Quelle bezieht und dass er niemals aus eigener Kraft diesen Drachen besiegen könnte. Psychologisch dürfen wir diese Ewigkeitsecke auch als Selbst verstehen, das durch das mediale Ich, repräsentiert von Georg, hindurchwirkt. Das Bild vermittelt so eindrücklich die Botschaft: Wo wir uns so gerne als handelnde Subjekte unseres Lebens verstehen, sind wir abhängig von Kraftquellen, die tiefer gründen als unsere Vorstellung und unser Wille; unser bewusstes steuerndes Ich wird in diesem schicksalhaften Geschehen zum Medium unseres seelischen Zentrums, das sich aus dem Ursprung des Lebendigen, aus unbewussten und bewussten Quellen speist.

Und in diesen Quellen gründet alles authentisch Schöpferische, wie sich das in Dorothys Traum ebenso exemplarisch gezeigt hat, wie wir es auch in der Kunst und im Leben überhaupt vorfinden können. Ein schönes Beispiel dafür gibt uns der Jazzgeiger Ulli Bartel in seiner eindrücklichen Charakterisierung der musikalischen Improvisation:

> Du wirst gespielt, es spielt dich […], du kannst dich ganz hingeben, und es funktioniert, es fließt, die Musik erklingt vollkommen frei und mühelos. […Es erklingt] das Unübersichtliche, das Unbewusste, das Assoziative, das Unmittelbare, das Unberechenbare, das Geheimnisvolle, das Unverstehbare, das Endlose, das Labyrinthische. (zitiert nach Kluwe, 2017, S. 270.)

Dieses Geschehen, frei von allem willentlich Gesteuerten und Gemachten, führt gerade so zur Lebendigkeit.

Doch zurück zu den Ikonen, die noch einen weiteren wesentlichen Aspekt vermitteln: Was immer uns auf unserem Lebensweg auch begegnet, seien das nun Drachen wie bei Georg, oder andere auf den ersten Blick unlösbare Aufgaben oder Hindernisse, die unser Vorwärtskommen hemmen und uns scheinbar unnötig aufhalten – sie sind immer verbunden mit unserer seelischen Mitte, wo wir uns nicht als eigenmächtige Subjekte, sondern als Medium mit unserem innersten Wesenskern verbunden erfahren. So gilt denn für uns, die wir nur zum kleinsten Teil »Herr im eigenen Haus« sind, gelegentlich auch Jungs Fazit: »Deshalb bedeutet das Erlebnis des Selbst eine Niederlage des Ich.« (Jung, 1954, GW 14/II, § 444). Will sagen: was wir bewusst und willentlich anstreben, lässt sich in unserem Leben nicht immer verwirklichen, ist nicht machbar, muss aber dennoch nicht in Selbstentfremdung führen – im Gegenteil. In der Verbundenheit mit dem Selbst setzt sich das unverwechselbar Eigene durch, das unserer individuellen Existenz zugehört, unverfügbar und rätselhaft – die einen nennen es Zufall, andere Schicksal oder Fügung. Auf jeden Fall ist damit die Verwirklichung des Selbst im Leben des Einzelnen gemeint, also die Individuation.

Kritische Stimmen mögen hier aufmerken: Führt diese Sichtweise nicht direkt hinter die Errungenschaften der Aufklärung zurück, ja leugnet sogar auf fatale Weise die Verantwortung, in der das Ich steht, wenn es als Medium eines größeren Ganzen gesehen wird? Und dieser Eindruck mag noch verstärkt werden, wenn Jung vom Selbst sagt, es greife »nach allen Seiten über die Ichpersönlichkeit hinaus« und es sei »seiner umfassenden Natur gemäß heller und dunkler als diese« und stelle »demgemäß das Ich vor Probleme, denen es am liebsten ausweichen möchte« (ebd.). Wo das Selbst als Zentrum und Ganzheit der Psyche zugleich verstanden wird, kann das bewusste Ich nur Teil dieser (unbewussten) Ganzheit und damit dem Selbst untergeordnet sein – was für einen ausschließlich bewusstseinsorientierten Menschen kränkend und inakzeptabel sein muss. Wozu haben wir denn aufgeklärt?

So bedeutungslos ist das Ich allerdings nicht, wie dies auf den ersten Blick scheinen mag. Und Jung selbst hat sich gegen die »seltsame Insinuation« verwahrt, er »unterschätze die Bedeutung des Ich und rücke das Unbewußte ungeziemend in den Vordergrund« (ebd.). Peer Hultberg erläutert denn auch in seiner Auseinandersetzung über die *Rolle von Jungs Selbstbegriff in der Gegenwart* folgerichtig:

> Tatsächlich aber besteht eine gegenseitige Abhängigkeit zwischen dem Ich und dem Selbst. Wenngleich das Ich dem Selbst untergeordnet zu betrachten ist, *so ist das Selbst ohne das Ich eine nahezu machtlose Instanz* [Hervorhebung d. Verf.]. Eine solche Auffassung bedeutet, dass der Wert des Ich sich stark erhöht, und es zeigt sich eine Beziehung zwischen dem Ich und dem Selbst, die vielleicht doch nicht so hierarchisch ist wie meistens angenommen. Wie zum Beispiel im schöpferisch künstlerischen Prozess zum Ausdruck kommt, ist die Beziehung zwischen Ich und Selbst ein lebendiger, intensiver Austausch zwischen zwei psychischen Grössen, die voneinander abhängig sind und sich in einem empfindlichen Gleichgewicht befinden. Damit geht auf Seiten des Ich sozusagen ein gesteigertes Selbstwertgefühl einher und damit wiederum ein Gefühl von Verantwortung und Überlebenswillen. Das Ich wird feststellen müssen, dass es eine eigene Position gegenüber der Ich-transzendierenden Instanz hat, die einerseits grösser ist als das Ich, andererseits aber von der Verantwortung und Selbstsicherheit – oder standhaften Stärke – des Ich abhängt. (Hultberg, 2008, S. 224f.)

Und Hultberg schließt seine Überlegungen, indem er »die lebendige Beziehung zwischen dem Ich und dem Selbst betont«, gleichzeitig aber auch »*das tiefe Gefühl der Verantwortung für das Selbst auf Seiten des Ich*« unterstreicht. Wo sich aber das Ich ganz mit dem Selbst identifiziert – und diese Gefahr droht beim Selbst, dieser zentralen archetypischen Macht, immer – geht die kritisch abwägende Differenzierung durch das Bewusstsein verloren; diese aber bleibt unverzichtbar, wenn das Ich dieser faszinierenden Kraft nicht einfach erliegen soll. Jung selbst hatte zur Zeit des Nationalsozialismus die peinvolle Erfahrung gemacht, wie schnell das kleine Licht des

Bewusstseins erlöschen kann, wenn man sich frag- und kritiklos archetypischen Mächten ausliefert. Und da ist auch das Selbst nicht einfach das summum bonum, als das viele Jungianer es so gerne sähen, »sind doch im Selbst Gut und Böse einander näher als eineiige Zwillinge!«, wie Jung betont (1943, GW 12, Kap. I, § 24,), um damit die Paradoxie auch dieses zentralen Archetyps in Erinnerung zu rufen. Umso weniger kann das Ich aus seiner Verantwortung entlassen werden, wenn es auf Botschaften und Impulse aus dem Selbst reagiert.

Es gilt also mit der Ausrichtung auf das Selbst und die (unbewussten) innerseelischen Wesensanteile keineswegs, hinter die Aufklärung zurückzugehen, sondern in intensivem, oft konflikthaftem Austausch zwischen Ich und Selbst zu einem ganzheitlicheren Erleben zu gelangen. Tatsache bleibt: Lebendig gelebtes Leben ist nicht einfach machbar, es unterliegt immer auch einem Moment der Transzendenz, die schon in der Psyche angelegt ist. Die Ich-transzendierende innere Struktur des Selbst, das die Gesamtheit der bewussten *und* unbewussten Psyche repräsentiert, erlöst aus der ausschließlich auf das Bewusstsein fixierten Weltwahrnehmung und eröffnet den Zugang zu Lebens- und Schöpfungsquellen, die das einzelne Individuum zum Teil eines größeren Ganzen werden lassen.

## Die Ganzheit im zerbrochenen Spiegel

Vor Jahren meldete sich eine hochbetagte Frau bei mir – nennen wir sie Sofia –, sie war zu diesem Zeitpunkt bereits über achtzig Jahre alt. Sie hatte wenige Monate zuvor ihren Ehemann verloren, der an einem plötzlichen Herztod gestorben war. Nein, sie sei nicht in Trauer, aber voller Zorn über diesen Mann, mit dem sie eine lange Ehe verbunden hatte. Sie komme aber nicht deswegen zu mir, sondern weil sie spüre, dass sie in ihrem Leben noch »Ordnung« schaffen müsse, denn so, wie es jetzt sei, könne sie nicht sterben. Außerdem sei da eine »Leere« in ihr, eigentlich ein »Loch«, das sich doch endlich noch füllen müsse, bevor ihr Leben ende. Sie sei zwar vor Jahren bereits einmal einige Zeit in Analyse gewesen, aber ihr damaliger Psychoanalytiker habe ihr nicht weiterhelfen können. Er habe nur immer wieder betont, wie sehr sie doch für ihr ganzes Umfeld »ein Fels in der Brandung« sei und dass man sich darum ihretwegen keine Sorgen machen müsse. Ich kannte diesen nun ebenfalls schon sehr betagten Kollegen und wusste um die ungerührte Art, die er an den Tag legen konnte. Gleichwohl fragte ich mich, ob er eine schwerwiegendere Verletzlichkeit bei der damals in der Mitte ihres Lebens stehenden Sofia spürte, die ihn veranlasst hatte, sie einfach nur zu stärken, um einen Zusammenbruch zu verhindern, damit sie ihren vielfältigen Aufgaben auch weiterhin nachgehen konnte. Ich hatte darum das Gefühl, sehr behutsam vorgehen zu müssen, um das allenfalls labile seelische Gleichgewicht nicht zu gefährden. – Robert Walser hat einmal ein äußerst treffendes Bild für ein solch unsicheres Gleichgewicht gefunden: Er beschrieb einen alten, wackligen Nagel in der Wand, in den ein Schirm eingehängt war. Hätte man den Schirm vom Nagel gelöst, wäre der Nagel mit Gewissheit zu

Boden gefallen: So hielt also der Schirm den Nagel an der Wand, wurde seinerseits aber vom Nagel gehalten. Die Loslösung des einen aber würde beide zum Absturz bringen. Und damit stellte Walser die Frage, wer denn da eigentlich wen halte... (Quelle unbekannt; ich bin der Geschichte in einem Seminar während meines Literaturstudiums begegnet.) Eine Frage, die sich auch in der therapeutischen Praxis angesichts labiler menschlicher Beziehungsverhältnisse öfter stellt und die nicht immer schlüssig beantwortet werden kann.

Sofia kam pünktlich einmal die Woche und ließ sich mit ihrem anschmiegsamen Wesen schon bald ganz auf die Beziehung mit mir ein. Vor mir entfaltete sich in diesem gemeinsamen Rückblick ein äußerlich erfülltes Leben, das allerdings auch von einer psychisch äußerst labilen Mutter schon in seiner Kindheit und Jugend schwer überschattet und schwierig gewesen war. In ihrer Ehe, die ihr bald einmal ein wohlhabendes Leben ermöglichte, fühlte sie sich seelisch wegen der zahlreichen außerehelichen Affären ihres Mannes zunehmend mehr verlassen und mit der Erziehung ihrer fünf Kinder häufig sehr allein. Diese waren nun schon längst erwachsen und hatten ihrerseits teilweise bereits erwachsene Kinder. Von ihren Kindern und ihren Enkeln sprach sie stets sehr liebevoll und zärtlich bezogen, und sie verfolgte deren Leben und Entwicklung auch jetzt noch mit großer Anteilnahme. Ihre erwachsenen Kinder waren es auch, die ihr nun in großer Selbstverständlichkeit finanziell beistanden, hatte sich doch nach dem Tod ihres Mannes herausgestellt, dass dieser das vorhandene Vermögen restlos aufgebraucht hatte, sodass Sofia in ihrer letzten Lebensphase noch das vertraute Haus hätte verlassen müssen – eine Tatsache, die ihren Groll auf den Verstorbenen begreiflicherweise nicht minderte, ebenso wie der Umstand, dass sie nun beim Räumen der persönlichen Hinterlassenschaft ihres Mannes auf zahlreiche Spuren weiterer Liebschaften stieß, die teilweise bis in dessen allerletzte Lebenszeit hinein angedauert hatten.

Dies alles nahm rückblickend Gestalt an, und ich bemühte mich, Sofia einfühlsam und anteilnehmend zu spiegeln, wie gut sie doch ihre Lebensaufgaben – trotz schwieriger Umstände – bewältig hatte. Es blieb dabei nicht bei den äußeren Stationen und Vorkommnissen ihres Lebens. Sofia träumte regelmäßig und ließ sich emotional jeweils auch sehr auf das Traumgeschehen ein, das oftmals (längst) vergangene Ereignisse intensiv belebte und gleichzeitig einen Horizont an neuen Erfahrungsmöglichkeiten eröffnete, der mich hoffen ließ, die Leere in ihrem Inneren würde sich für sie vielleicht doch noch als beseelt erweisen.

Da brachte sie mir nach längerem einen Traum, der uns beide sehr bewegte:

> Ich betrete einen ganz kleinen, besonderen Raum, in dem Kostbarkeiten aufbewahrt werden. Auf einem runden Tischchen stehen viele wunderschöne Figürchen. Das Tischchen sieht von weitem aus wie ein kleiner Glastisch, doch das Tischblatt ist ein runder Spiegel. Diesem Spiegel fehlt merkwürdigerweise unvermittelt ein ganz kleines Stückchen am Rand. Ich bin betroffen: Habe ich das beschädigt? Wie ich genauer hinsehe, zerfällt der Spiegel vor meinen Augen in unzählige Bruchstücke, bleibt aber als Ganzes erhalten – dabei wird zwischen den Bruchstellen ein tiefschwarzer Untergrund sichtbar.

»Wie wunderbar«, meinte Sofia als erstes, »es gibt kein Loch mehr in mir, da hat sich ja endlich ein ganz besonderer Raum gezeigt, in dem es außerdem so wunderschöne Kostbarkeiten gibt!« Gleichzeitig empfand sie tiefe Traurigkeit darüber, »dass etwas so Schönes einfach zerstört wird«. Wie hatte es nur zu dieser Zerstörung kommen können?

Wie so oft in ihrem Leben sucht Sofia auch im Traum die Schuld als erstes bei sich. Die bange Frage, die sich ihr stellt, wie sie das fehlende kleine Stückchen am Rand des Spiegels bemerkt, ist ja sofort: »Habe ich das beschädigt?« – was, ausgehend vom Traumgeschehen doch ganz klar verneint werden müsste. Aber hier ist uns eine Spur gelegt zu den »Beschädigungen«, die sie in ihrer Kindheit schon früh erlitten haben muss. Neumann spricht in diesem Zusammenhang vom *primären Schuldgefühl*, das sich da meldet, wo in der gestörten Urbeziehung ein Mangel an liebevoller Zuwendung erfahren wird (Neumann, 1985, S. 95; vgl. für das Folgende auch S. 95 ff.). Entsprechend der frühen vorbewussten Phase seines Auftretens ist es ganz archaisch und nicht zu verwechseln mit dem moralischen Schuldgefühl der späteren Ich-Entwicklung, das dem jeweils herrschenden väterlichen Kulturkanon entspricht. Dieses primäre Schuldgefühl kann natürlich nicht im kindlichen Bewusstsein reflektiert werden, aber es führt zu der das Dasein und die Entwicklung des Kindes bestimmenden Überzeugung, Nicht-Geliebt-Sein sei identisch damit, nicht normal, krank, »aussätzig«, außerdem aber »verurteilt« zu sein.

Die Tragik dieses Gefühls liegt darin, dass ein solcherart betroffenes Kind sich emotional für das Elend, dem es ausgesetzt ist, noch selbst verantwortlich macht, oder, um es mit Neumann direkt zu sagen: es »fällt aus der natürlichen Weltordnung heraus und wird sich in seiner eigenen Existenzberechtigung fraglich« (ebd., S. 96). Nun haben wir aber eine hochbetagte Frau vor uns – sollte sich dieses Schuldgefühl im Laufe eines langen Lebens nicht längst überwachsen haben? Doch wie Neumann betont, und wie sich in zahlreichen Psychotherapien und Analysen immer wieder herausstellt, hat dieses Schuldgefühl »die Tendenz, sich als unanalysierbares Kernelement der Psyche allen Erklärungen und aller Bewusstwerdung gegenüber als resistent zu erweisen« (ebd., S. 97).

Der Traum weist unter anderem also in Sofias *früheste Vergangenheit* zurück und vermag damit auch einfühlbar zu machen, wie es zu diesem langandauernden Gefühl der »Leere« hat kommen können: Wo der Spiegel des mütterlichen Gesichts fehlt, gibt es für das Kind keine angemessene Resonanz auf sein Da-Sein, es wird sich so im Innersten selbst nicht »wirklich«, bleibt seelisch im Kern unbelebt.

Angesichts von Sofias Alter beschäftigte mich aber auch »das ganz kleine Stückchen am Rand« besonders. Der Traum gilt ja symbolisch grundsätzlich als ein Spiegel der Seele; wenn nun aber in einem Traum auch tatsächlich ein Spiegel auftaucht, scheint er für die Träumerin oder den Träumer von besonderer, oft existenzieller Bedeutung zu sein und fordert dazu auf, besonders genau hinzusehen. Wenn wir überdies davon ausgehen, dass *Körper und Seele* in rätselhafter Wechselwirkung miteinander verbunden sind, ist hier nachzufragen, ob der Traum vielleicht auch eine körperliche Versehrtheit anzeige – ich bat Sofia jedenfalls, sich in nächster Zeit einmal gründlich untersuchen zu lassen.

Es sind übrigens nicht nur Träume, alle Manifestationen des Unbewussten, vor allem aber auch spontane Bilder und Zeichnungen vermögen Hinweise auf somatische Erkrankungen zu geben, wie Susan Bach als eine der Ersten eindrücklich nachgewiesen hat. So war sie unter anderem auch an einem Forschungsprojekt an der Neurochirurgischen Universitätsklinik des damaligen Kantonsspitals Zürich beteiligt (Bach, 1961); geleitet von Hugo Krayenbühl (1902–1985), einem führenden Neurochirurgen und Ordinarius, der zu seiner Zeit aufsehenerregende, erfolgreiche Hirnoperationen durchführte. Aufgrund des Bildmaterials erkrankter Kinder vermochte Susan Bach wertvolle und sehr präzise Hinweise zur Früherkennung und Differentialdiagnose der neurologischen Probleme der kleinen Patienten beizusteuern. Und es wird berichtet, dass Krayenbühl sich vor schwierigen Operationen – in einer Zeit, in der er sich noch nicht an bildgebenden Verfahren orientieren konnte – mit Susan Bach anhand der Kinderzeichnungen beraten habe.

Ob Sofias Traum nun auch auf eine mögliche Erkrankung hinwies, war zu diesem Zeitpunkt nicht auszumachen, er nahm aber in jedem Fall gegenwärtiges Geschehen in den Blick: Das »Tischchen«, auf dem die »vielen wunderschönen Figürchen stehen«, erscheint von weitem als runder, »kleiner Glastisch« und erweist sich erst von nahem als »runder Spiegel«. Nun steht in meinem Praxisraum tatsächlich neben, bzw. zwischen den beiden Sesseln ein kleiner Glastisch (mit Figürchen), und Sofia wurde nicht müde zu betonen – und sie unterstrich das noch gestenreich, indem sie immer wieder den kleinen Glastisch mit ihren Händen »umrundete« –, dass es sich in ihrem Traum »um genau so ein Tischchen« gehandelt habe. Und tatsächlich bietet ja der Praxisraum im therapeutischen Geschehen, einen solchen »ganz besonderen Raum«, der im besten Fall im Äußern zum Symbol des innerseelischen Raums wird. Wir erinnern uns, dass Winnicott hier vom *»Übergangsraum«* gesprochen hat, d. h. von jenem »gesamten intermediären Bereich zwischen ›innerer psychischer Realität‹ und ›äußerer Welt, die von zwei Menschen gemeinsam wahrgenommen wird‹« (1987, S. 15).

> »Wir behaupten nun«, sagt Winnicott, »daß die Akzeptierung der Realität als Aufgabe nie ganz abgeschlossen wird, daß kein Mensch frei von dem Druck ist, innere und äußere Realität miteinander in Beziehung setzen zu müssen, und daß die Befreiung von diesem Druck nur durch einen nicht in Frage gestellten *intermediären Erfahrungsbereich* (in Kunst, Religion usw.) geboten wird.« (ebd. S. 23 f.)

Dieser intermediäre Raum, in dem alle Kreativität gründet, entfaltet sich natürlich ganz besonders in der therapeutischen Situation. Jung nennt ihn darum das *»Dazwischen«*, das zum Beispiel auch erkläre, warum Träume immer vom Analytiker mit beeinflusst seien, was nicht gegen ihre Authentizität spreche: »Sobald gewisse Patienten zu mir in Behandlung treten, ändert der Typus der Träume. Im tiefsten Sinne träumen wir alle *nicht aus uns*, sondern aus dem, was *zwischen uns und dem anderen liegt.«* (Jung, 1959, Brief an James Kirsch v. 29.IX.1914, S. 223). Die Therapie eröffnet nun eben diesen kreativen Zwischenraum, in dem sich im Zusammenspiel von Patientin und Therapeutin auch der Zugang zu lange verschlossenen Seelen-Räumen finden lässt. Und dieser Zugang zu einem innersten Seelenraum hatte sich Sofia im Traum erschlossen – über unsere konkrete Begegnung in einem konkreten Umfeld ebenso wie über den »potential space«, bzw. den Übergangsraum, der sich zwischen uns auftat.

Das Tischblatt auf dem kleinen Glastisch erweist sich aber im Traum, im Gegensatz zum konkreten Glastisch, der zwischen uns stand, als »runder Spiegel« – trotzdem kann auch dies als ein Hinweis auf das gegenwärtige Geschehen gelesen werden: sich im Spiegel selbst zu erkennen, ist ja ein zentrales Anliegen jeder Analyse. Außerdem erhoffen sich Patienten im Analytiker endlich einmal jenen klaren Spiegel zu finden, den sie in ihrer Entwicklung allzu oft hatten entbehren müssen. Gemeint ist damit nicht ein objektiv-konkreter Spiegel, sondern jener erste, dem das Kind im Gesicht der Mutter begegnet, der ihm sein ganzes Wesen und all seine Gefühle einfühlsam und unverstellt spiegelt.

Doch dieser zunächst unversehrte Spiegel in Sofias Traum zerfällt bei genauerem Hinsehen »in unzählige Bruchstücke, bleibt aber als Ganzes erhalten«, und sichtbar wird zwischen den Bruchstellen: »ein tiefschwarzer Untergrund«. An dieser Stelle hatte ich bang zugehört, und auch Sofia konnte ihre Betroffenheit nicht verbergen. Was hatte dieser Zerfall und der »tiefschwarze Untergrund« zu bedeuten? Waren dies Vorboten künftiger Ereignisse? Krankheit, Tod? Aber bei einer über achtzigjährigen Träumerin waren dies ja wohl nicht so unerwartete Zukunftsaussichten; und dennoch: kündigte sich damit der nahe Tod an? Oder gab es noch eine ganz andere Botschaft in dieser Traumsequenz? Ich erinnerte mich im Schweigen, das zwischen uns entstanden war, dass im Althochdeutschen der Spiegel »scucor« hieß, was »Schattenbehälter« bedeutet (Bächtold-Stäubli 1987, Bd. 9, Spalte, 548). Da sagte Sofia zu meinem Erstaunen unvermittelt in die Stille hinein: »Sie haben eine viel zu gute Meinung von mir, Frau Spillmann. Ich bin sehr froh, dass Sie jetzt auch einmal meine ganze Schwärze gesehen haben!«

Betroffen realisierte ich, dass ich mit meiner bislang vorwiegend unterstützenden, nur behutsam aufdeckenden Therapie Sofia etwas Wesentliches schuldig geblieben war: wirkliche Analyse, die sie auch mit all ihren eigenen Schattenseiten konfrontieren würde, was freilich unerlässlich war, wenn sie zu ihrer seelischen Ganzheit finden sollte, – und das war jetzt offensichtlich angesagt. Sie hatte sich ja zu Beginn unserer Zusammenarbeit nicht nur gewünscht, statt der inneren Leere einen seelischen Raum zu finden, sie hatte sich auch vorgenommen, vor ihrem Tod noch »Ordnung« in ihrem Leben zu schaffen, um sterben zu können. Was nun folgte, war eine längere Zeit intensiver Analyse, d. h. Sofia ließ ihr Leben in unseren Stunden noch einmal vorüberziehen. Und bei jeder schwierigen Begebenheit, die auftauchte, fragte sie nun nicht mehr, wie vorher nur, was ihr die anderen in dieser Situation schuldig geblieben seien, sondern sie fragte ernsthaft danach, was sie an den andern versäumt hatte. Sie war nun nicht mehr länger nur Opfer ihrer Geschichte – und das galt ganz besonders auch für ihre Ehe. Ich begleitete sie auf diesem Weg voller Respekt über ihre Tapferkeit: Mehr noch als bei jüngeren Menschen war dieser schmerzhafte Prozess mit viel Trauer verbunden, denn in ihrem Alter war vieles nicht mehr im künftigen Leben gutzumachen. Es war nun aber nicht einfach nur eine Frage von Schuld oder Opfer und Täter; Sofia erkannte vielmehr, dass sie gerade mit ihren Liebsten oft ein tragisches Verhängnis geteilt hatte, dem alle nicht hatten entkommen können. Es erstaunte mich darum nicht, als sie mir eines Tages erzählte, sie vermisse ihren verstorbenen Mann in letzter Zeit sehr und sie sei traurig über seinen Verlust. Manchmal habe sie jetzt auch das Gefühl, er sei unsichtbar anwesend im Haus, und sie habe dann jeweils gute Gespräche mit ihm.

Der zerbrochene Spiegel hatte aber noch weiter reichende Folgen: Einige Monate nach diesem Traum wurde bei Sofia ein inoperables cerebrales Aneurysma (eine örtlich begrenzte Arterienerweiterung eines Hirngefäßes) diagnostiziert, das bei ihr im (höchst wahrscheinlichen) Falle einer Ruptur zu einer Hirnblutung und unausweichlich zum Tod innert weniger Stunden führen würde – hatte das fehlende Stückchen am Rande des Spiegels darauf hingewiesen? Sofias Reaktion verblüffte mich: Die hochbetagte Frau haderte und bäumte sich heftig gegen den nahenden Tod auf. Man sollte sie operieren! Es konnte doch nicht sein, dass man sie an diesem Aneurysma sterben ließ! Sie bedrängte den Neurochirurgen, doch der ließ sich nicht erweichen – die Gefahr, dass sie nach diesem Eingriff ein schwerer Pflegefall sein würde, war viel zu groß. Erst als ihr der Arzt sagte, er würde seine eigene Mutter in dieser Situation nicht operieren, konnte Sofia sich etwas beruhigen. Der heftige Ausbruch eines unbändigen (Über)-Lebenswillen hatte mich erstaunt, und doch war er zutiefst menschlich und verständlich: Sie wusste um ihren nahen Tod und hatte dieses Wissen bisher scheinbar mit Gleichmut ertragen, doch nun, da der Tod ihr unmissverständlich sein Kommen ankündigte, traf sie zuerst einmal ein ganz elementares Erschrecken – ähnlich jenem des weit jüngeren Claudio im »Tor und Tod« oder jenem von Tolstois Iwan Iljitsch, und wie diese antwortete sie auf den Anruf des Todes zunächst einmal mit einem großen Aufbegehren.

Sofias Familie unterstützte sie auch in dieser letzten Phase wieder liebevoll, und so konnte sie nach einiger Zeit lächelnd sagen, das Gute an dieser Geschichte sei doch, dass sie jetzt wenigstens wisse, woran sie aller Wahrscheinlichkeit nach sterben würde. Überdies waren ihre Träume auch in dieser Zeit sehr hilfreich; aus seelischer Tiefe schien sie auf den Abschied vorbereitet zu werden – auch wenn dies oft »nur« in ganz kurzen Traumsequenzen oder einzelnen Symbolen zum Ausdruck kam. Die wohl kürzeste war jene, wo sie im Traum nur das Wort »papillon« vor sich geschrieben sah.

Papillon – Sofia vermochte zunächst nichts mit dieser Botschaft anzufangen, doch dann bekannte sie, dass sie sich vorstelle, nach ihrem Tod als Schmetterling davonzufliegen. Ich empfand das als zutiefst stimmig und erzählte ihr, dass im Griechischen das Wort psyche sowohl Schmetterling als auch Seele und Atem bedeute; außerdem sei dieser Gedanke, dass sie im Sterben ihre Seele aushauche, um ihren Körper als Schmetterling (oder Vogel) zu verlassen, schon seit Urzeiten eine Vorstellung der sterblichen Menschen – wie sie ja das eigene Sterben mit dem menschlichen Leben und seiner Endlichkeit überhaupt verbinde. Wir konnten dieses wie andere Traumsymbole in jener Zeit jeweils lange umkreisen – Sofia fühlte sich darin aufgehoben in einem größeren Unverfügbaren und vermochte sich mit ihrem Tod allmählich »anzufreunden«. Dazu gehörte auch, dass wir sehr offen über ihn, aber auch über ihre Ängste sprachen. Und oft, wenn wir uns nach einer Stunde verabschiedeten, war uns beiden bewusst – und das wurde auch klar angesprochen –, dass dies unser letzter Abschied sein könnte. Das war ganz besonders der Fall, als die große Sommerpause anstand, die ich für längere Zeit im Ausland verbringen würde. Wir trennten uns in der Hoffnung auf ein Wiedersehen und wussten gleichzeitig nicht, ob uns dieses auch vergönnt sein würde. – Ich konnte in jenem Sommer keinen Schmetterling sehen, ohne an Sofia zu denken. Und dies geht mir auch heute, viele Jahre danach, noch immer so.

Sofia war bei meiner Rückkehr noch da. Kurze Zeit später brachte sie einen Traum zu unserer Sitzung, der sie tief beeindruckt hatte:

> Ich höre die Stimme Gottes: »Christus ist der beste Schreiner.«
> Ich sehe gleichzeitig einen Stapel gehobelter Bretter, alle sind aufs allerfeinste gehobelt, haben einen wunderschönen seidenen Glanz. Nur das oberste Brett ist nicht fertig gehobelt.

Für Sofia war die Botschaft des Traumes klar: der Stapel gehobelter Bretter meinte das Leben vieler verstorbener Menschen, die alle »fertig gehobelt« waren – sie erinnerte sich an das alte *Hobellied*: »Das Schicksal setzt den Hobel an und hobelt alle gleich.« Ein tröstliches Bild für Sofia, aber nicht nur für sie: Das Lied ermögliche dem Menschen das Äußerste, was Philosophie überhaupt erreichen könne: »die vorsichtige Freundschaft mit dem eigenen Tod«, meinte der Literaturwissenschaftler von Matt in seiner Interpretation dieses Gedichts von Ferdinand Raimund (Matt von, 1998, S. 111 f.). Wieder einmal mehr begegnen wir hier einem archetypischen Bild, das uns unmittelbar berührt, ja vielleicht sogar erschüttert, weil es unser ganzes Bemühen um unverwechselbare Individualität und ein erfolgreiches Leben auf diesen einen Punkt herunterbricht und hinfällig werden lässt.

Das oberste Brett aber in ihrem Traum: »das ist meins, und wenn es fertig gehobelt ist, werde ich sterben«, meinte Sofia sehr bestimmt. Sie konnte sich dabei nicht genug darüber wundern, wie fein diese Bretter gehobelt waren, und sie wurde nicht müde, mir immer wieder von neuem zu beschreiben, welch herrlich seidenen Glanz sie alle hatten. »So kann nur Christus hobeln«, sagte sie ein ums andere Mal. Dass es in ihrem Traum Christus und nicht »das Schicksal« war, der den Hobel ansetzte, war für sie ein zusätzlicher Trost. In dieser Vorstellung fühlte sie sich sehr geborgen – was keineswegs selbstverständlich war, hatte sie sich doch während langer Zeit in ihrem Leben ganz von der christlichen Erziehung ihrer Kindheit und Jugend ab- und östlichen Weisheitslehren zugewandt. Jetzt, im hohen Alter aber bekannte sie, kämen ihr Gott und Christus wieder nahe – allerdings in einer ganz eigenen, keineswegs »kirchenkonformen« Religiosität, wie sie betonte. Spuren eigenster Erfahrungen fanden sich denn auch in der Aussage Gottes »Christus ist der beste *Schreiner*«; die christliche Bibel spricht ja vom *Zimmermann* Jesus. Sofias Lieblingsonkel aber war Schreiner gewesen, und bei ihm hatte sie als Kind immer wieder Zuflucht gesucht. Das erinnerte sie nun zum ersten Mal wieder, was das Geschehen im Traum erst recht zu *ihrem* ganz eigenen Traum werden ließ, und ihm ein besonderes Gewicht gab. Wenn das oberste Brett aber fertig gehobelt sei, würde sie sterben; diese Überzeugung verfestigte sich bei ihr in der kommenden Zeit immer mehr.

Nichts erinnerte mehr an den Hader, den Sofia angesichts der Diagnose des lebensbedrohlichen Aneurysmas empfunden hatte – ein stilles Einverständnis war dem Aufbegehren gefolgt. Was uns nun aber in den folgenden Monaten beide aufs tiefste verwunderte und bewegte, war die Tatsache, dass sich dieser Traum stetig wiederholte – und immer war das oberste Brett ein Stückchen weiter gehobelt! Sofia verfolgte dieses Geschehen in großer Ruhe; sie berichtete in dieser Zeit auch immer wieder, wie sie stundenlang in ihrem Garten sitze, sich an den Blumen und ihren Haustieren freue und einfach *da sein* könne – sie erinnerte mich in ihrer ganzen Haltung an eine hochschwangere Frau, die ihre Geburt erwartet. Eines Tages kam sie und berichtete, sie hätte erneut diesen Traum geträumt, und nun fehle nur noch ein »ganz, ganz kleines Stückchen« und dann sei auch dieses oberste Brett fertig gehobelt. »Ich komme dann und erzähle Ihnen, wenn es soweit ist«, sagte sie zu mir. Ich aber hörte mich spontan sagen, ich wüsste nicht, ob sie das noch tun könne, ob sie nicht vielmehr dieses »letzte Stückchen« ins Geheimnis ihres Todes mitnehmen würde. Wenige Stunden vor unserer nächsten Sitzung erhielt ich die Nachricht ihres Todes, der kurz zuvor erfolgt war. Sofia soll die Ruptur des Blutgefäßes noch bewusst und ruhig wahrgenommen haben, bevor sie wenig später das Bewusstsein verlor.

Mir blieben die Trauer und das Staunen über einen Menschen, den ich auf seiner letzten Wegstrecke hatte begleiten dürfen und der mich mit so viel kostbaren Erfahrungen beschenkt hatte. Im Übergangsraum der Analyse fanden sich inneres und äußeres Geschehen, Vergangenes ebenso wie Zukünftiges und immer auch der gegenwärtige Moment verbunden. Im lebendigen Hier und Jetzt unserer Begegnung fand Sofia die lange und oft vermisste Resonanz auf ihr Dasein, auf die sie mit ihrem ganzen bewussten und unbewussten Wesen antwortete. Ihre große Treue zu diesem inneren Prozess zeigte Wirkung: hatte sie anfänglich depressiv verschattet und in ihrer Lebendigkeit wesentlich blockiert, Therapie gesucht, belebte sie sich immer mehr; und so hatte sich für sie schließlich auch Winnicotts Gebet verwirklicht, dem wir schon begegnet sind, in dem er darum bat, im Sterben lebendig zu sein. Am Ende empfand sie ihr Leben als geglückt, trotz allem Leid, das ihr widerfahren war, und so befriedet konnte sie den Tod gelassen erwarten, denn am Ende hatte sich ihre Sehnsucht nach Lebendigkeit erfüllt.

Doch kehren wir abschließend noch einmal zum Traumbild des Spiegels zurück. Der *Spiegel* – ein uraltes Symbol, in der Überlieferung ein Abbild der Seele, der aber auch den Doppelgänger, bzw. das andere Ich oder den Schatten enthält (entsprechend dem oben bereits erwähnten »Schattenbehälter«), kurz: der Spiegel war schon immer ein Symbol der seelischen Ganzheit des Menschen und verkörpert damit auch ein Selbst-Symbol. Der Spiegel in Sofias Traum lässt aber erst recht ein Symbol des Selbst aufscheinen, wie es treffender nicht sein könnte, und zwar nicht im makellos vollkommenen Spiegel, wie sie ihn von weitem sah und der einem Idealbild entsprechen mag, das in seiner Einseitigkeit aber nichts mit beseelter menschlicher Existenz zu tun hat, sondern im *zerbrochenen Spiegel:* In aller Fragmentiertheit und allem dazu gehörenden Dunkel scheint eine bewusst-unbewusste seelische Ganzheit auf, die über diesen einzelnen Menschen hinausweist und dennoch die individuellen Spuren seines unverwechselbar eigenen Lebens trägt.

Und so ist auch die ebenso oft idealisierte wie belächelte *Individuation* zu verstehen, wie Jung die Selbst-Verwirklichung als lebenslangen, zielsuchenden und komplexen Reifungsprozess bezeichnet hat. Nicht irgendein idealtypisches Ziel ist damit zu erreichen, sondern ein Zustand, in dem »man so sein und so handeln kann, wie man fühlt, daß man ist« (Jung, 1934, GW 7, Kap. II, § 373). Er nennt diesen Vorgang auch die »*Verwirklichung des ganzen Menschen*« (Jung, 1945, GW 8, Kap. X, § 557), in dem es für den ich-bewussten Menschen darum geht, zur eigenen Individualität zu finden und gleichzeitig zu begreifen und zu spüren, dass er nur Teil eines größeren Ganzen ist, das ihm bei allem Bemühen um Bewusstheit unauslotbares Geheimnis bleibt und gerade so zu seiner seelischen Ganzheit gehört.

# 6 Erfüllung im Vorübergang

## Über verfehlte und verkommene Sehnsucht nach Lebendigkeit

Eine der großen Sehnsuchtserzählungen der Menschheit reicht weit zurück in die Tiefen des Mythos: die *Odyssee*. Homer feiert an deren Ende die »Glückseligkeit des siegreichen Odysseus« (Homer, 1953, 24. Gesang, S. 313), wie dieser »im zwanzigsten Jahr zur Heimat wiederkehrt« (ebd., 24. Gesang, Vers 321). Penelope, sein treues und kluges Weib, scheint auch nach jahrzehntelangem Warten von unversehrter Schönheit, und sogar seinem Vater, dem greisen Laërtes, verhilft Athene zu »erhöhter Gestalt und jugendlicher Bildung« (ebd., Verse 331–338), um ihn im Kampf gegen die Freier besser bestehen zu lassen. Ein Ende in größtmöglicher Minne und Frieden.

Was in Märchen und Mythen in ihrer Zeitlosigkeit so selbstverständlich hingenommen wird und was zu ebensolch zeitlosem Glück zu führen scheint, das hält der konkreten Wirklichkeit nicht stand. Diese Diskrepanz haben Dichter und Schriftsteller denn auch immer wieder kritisch beleuchtet. So u.a. Margaret Atwood im Roman »Penelope und die zwölf Mägde« (2022). Die treu liebende Penelope erzählt hier ihre Geschichte ganz und gar ungeschönt. Sie, die sich jahrelang in Sehnsucht nach ihrem Mann verzehrt hat, muss beim ersten Wiedersehen enttäuscht Glatze und Falten des gealterten Odysseus wahrnehmen (ebd., S. 132). »Gleichzeitig fragte ich mich natürlich, wie ich auf ihn wirken musste, die Zeit war ja auch nicht an mir spurlos vorübergegangen. Ich war ein junges Ding, als er in den Krieg zog, nun war ich eine Matrone, da war seine Enttäuschung absehbar« (ebd., S. 160).

Und diese Enttäuschung schilderte Alfred Tennyson bereits im viktorianischen England nüchtern im Gedicht »Ulysses« (1999). Odysseus findet sich hier nach seiner Rückkehr, die er doch während Jahren so sehr ersehnt hatte, alt und untätig am stillen Herd sitzend, verheiratet mit einer ebenfalls gealterten Frau. Als gelangweilter König verordnet er seinem »unzivilisierten Volk« (ebd., Vers 4), das ihn nach jahrzehntelanger Abwesenheit nicht einmal mehr kennt, widerwillig die notwendigen Gesetze. »Wie fade ist es, haltzumachen, aufzuhören« (ebd., Vers 22/23) – »ich will das Leben trinken bis zum letzten Tropfen«! (ebd., Vers 6). So wird ihm das ersehnte Ithaka immer mehr zum öden Ort, wo er, seinem Leben entfremdet, zu »rosten« (ebd., Vers 23) droht. »Ihr seid alt und ich auch« (ebd., Vers 49), sagt er zu seinen Gefährten. »Der Tod schließt alles ab« (ebd., Vers 51), daran ist nicht zu zweifeln, vorher aber will er noch einmal mit seinen Männern aufbrechen: »[…]

Kommt meine Freunde! / Es ist nicht zu spät, um eine neuere Welt zu suchen. / (ebd., Vers 57/58) [...]; denn mein Entschluß besteht, / hinter den Sonnenuntergang zu segeln und hinter das Bad / aller Sterne des Westens, bis ich sterbe« (ebd., Vers 59–61).

Obwohl »geschwächt von Zeit und Schicksal, doch stark im Willen« (ebd., Vers 69) bleibt sein unverändertes Ziel »zu streben, zu suchen, zu finden und nicht aufzugeben« (ebd., Vers 70). Der Zweifel ist damit überdeutlich gesetzt, ob das Erreichen des Sehnsuchtsortes wirklich erstrebenswert oder ob um der Lebendigkeit willen nicht das unablässige Streben danach viel wesentlicher sei.

Eine Generation später wandte sich auch der Grieche Kontantinos Kavafis in seinem Gedicht »Ithaka« (zitiert nach Mendelsohn, 2019) der Thematik erneut zu und riet – in Kenntnis von Tennysons Ulysses – gleich zu Beginn: »Wenn du deine Reise nach Ithaka antrittst, / so hoffe, dass der Weg lang sei, / Reich an Entdeckungen und Erlebnissen. [...]« (ebd. S. 228). Und wir ahnen nach diesen Eingangszeilen schon, dass es offenbar auch bei Kavafis wichtiger ist, unterwegs zu sein, als anzukommen, denn den Sehnsuchtsort konkret zu erreichen, könnte bedeuten, ihn auch schon wieder zu verlieren. Dennoch bleibt das Ziel unverändert: Ithaka. Aber es sei besser, dass die Reise Jahre dauere, ja, dass man erst »als alter Mann« vor der Insel ankere, reich an allem, was auf dem Weg erworben wurde, betont Kavafis abschließend (ebd., S. 228 f.).

Die späten Nachfahren Homers weisen auf einen Aspekt hin, den wir auf den Pfaden unserer Sehnsucht gerne übersehen: Die Erfüllung der Sehnsucht, um derentwillen wir doch seinerzeit überhaupt aufgebrochen sind, ist zwiespältig, wenn sie ein konkretes Ziel meint. Am Ziel angekommen, legt sich auf den Zauber des so lang Ersehnten oft schon bald der Staub der Wirklichkeit. Und was uns auf dem Weg belebt hat, bekommt einen enttäuschenden, schalen Beigeschmack.

»Hüte dein Herz vor den sanften Kräften der Sehnsucht, damit du nicht schon wieder hängenbleibst«, mahnt denn auch Amoz Oz (1990, S. 282), in dessen Schriften zur Staatsgründung Israels die Sehnsucht alles durchwirkt und der am Ende seines Lebens voller Sorge darauf blickte, wohin sich dieser Sehnsuchtsort, dieses einstmals Gelobte Land, in der realen Welt entwickelt hatte.

Die Gefahr, »hängenzubleiben«, kann aber viele Menschen auch in der Therapie einholen, wie Freud nachdrücklich warnt. Ihre Symptome mögen unter dem Einfluss der Therapie zwar schon bald einmal verschwinden und die »Halbgeheilten« sich damit begnügen – und dies erst recht, wenn es ihnen gelingt, sich »Ersatzbefriedigungen« zu verschaffen, denen »der Leidenscharakter abgeht«. Damit sind aber nach Freuds Erfahrung »niemals mehr als bescheidene und nicht haltbare Besserungen erreicht« (Freud, 1919, GW XII, S. 188). Diese voreiligen Therapieabschlüsse sind zwar verständlich, wenn man bedenkt, dass »die Abkürzung der analytischen Kur [...] ein berechtigter Wunsch« ist. Dabei werden aber »die Langsamkeit, mit der sich tiefgreifende seelische Veränderungen vollziehen« und letztlich »wohl die ›Zeitlosigkeit‹ unserer unbewußten Vorgänge« missachtet (Freud, 1913, GW VIII, S. 462). Die Sehnsucht nach Lebendigkeit birgt also gerade in ihrem Bemühen, Leid und Schmerz zu vermeiden, die Gefahr, den notwendigen Heilungsprozess ins Stocken zu bringen oder überhaupt zu blockieren. Der eigentliche »Motor der Therapie ist das Leiden des Patienten und sein daraus entspringender Heilungswunsch« betont Freud darum. (ebd., S. 477). Allerdings wird auch die schließlich erreichte Lebendigkeit uns, »die wir schwer am Leben leiden« (Freud, 1927, GW XIV, S. 378), keine vollständige Entlastung bringen können: Lebendigkeit verheißt nie Befreiung von allem Leiden, dieses gehört vielmehr mit zu unserer menschlichen Existenz.

Wo dieses Leiden aber verleugnet oder verweigert wird, ist die Gefahr, »hängenzubleiben« und damit die Lebendigkeit erneut einzubüßen, tatsächlich nicht zu vermeiden, und dies erst recht nicht, wenn die Einlösung der Sehnsucht ganz ins Diesseits verlagert und auf Dauer eingefordert wird – ungeachtet der Tatsache, dass unsere Sehnsucht tiefer wurzelt und uns seit je über die Enge unseres begrenzenten Daseins hinaustragen will. Sie, die uns Räume der Transzendenz nach innen und außen zu eröffnen vermag, verkümmert, wenn sie unbedingt und in aller Konkretheit im Hier und Jetzt eingelöst werden soll. In unserer materialistischen Welt aber ist diese Gefahr besonders groß: Da scheint es auf dieser weiten Welt nichts zu geben, was wir nicht besitzen, worüber wir nicht verfügen könnten. So wird denn auch das »wunderliche Gespinst, gewoben aus Endlichkeit und Unendlichkeit« (Weischedel, 1992, S. 234) allein auf seine bewusste, diesseitige Ausrichtung reduziert. In dem Ausmaß aber, indem uns das Wissen oder auch nur die Ahnung unserer Jenseitsgrundierung verlorengeht, blühen Gegenwelten auf – »Täuschungen, aus Sehnsucht geboren« (Grossmann, 2013, S. 115), die nicht selten am »Galgen der Sehnsucht« enden (ebd., S. 20).

Zu diesen *Täuschungen* gehören die »Hungerkrankheiten«, wie Battegay Suchterkrankungen aller Art nennt (Battegay, 1987). Mit Hunger meint er nicht ein orales Verlangen, sondern die Sehnsucht all jener Menschen, die in ihrer Frühzeit zu wenig gut umsorgt, emotional zu wenig gesättigt worden sind. »Das Zentralsymbol dieses Zustandes ist der Hunger« hatte schon Neumann die elementare Not all jener Menschen zusammengefasst (Neumann, 1985, S. 81), welche schmerzhafte Abgründe aufreißt, die sich auch im späteren Leben nicht einfach überbrücken lassen, zumal die frühe Versehrtheit den unbewusst nie aufgegebenen Anspruch auf absolute Wiedergutmachung nach sich zieht. In diesen Abgründen gedeiht die Sucht – eine *verkommene Sehnsucht.* Hier gibt es kein geduldiges Aushalten des Ungenügenden; hier wollen Träume unbedingt verwirklicht werden; hier soll sich das Leben in all seinen Möglichkeiten schließlich doch ereignen; hier sollen Schmerzen, vor allem aber die ganze eigene Not endlich enden – und zwar möglichst sofort und total. Die Sucht erträgt keinen Aufschub und keine Abstriche. Und allzu oft endet sie in ihrer Sehnsucht nach dem Paradies schließlich tatsächlich am »Galgen der Sehnsucht«.

Auch der Mythos erzählt davon, dass uns eine Sehnsucht, ja ein Verlangen mit archaischer Übermacht ergreifen und verderben kann, wie dies Homer u. a. von den Begegnungen mit den Sirenen berichtet, deren Zauber alle verfallen, die ihrem Lied lauschen und am Ende dem tödlichen Verhängnis nicht entkommen. Odysseus aber, vorgewarnt durch Kirke, verklebt seinen Gefährten die Ohren mit Bienenwachs und lässt sich an den Schiffsmast binden. So kann er den verführerischen Gesang zwar hören, ohne ihm zu erliegen. Seine heldenhafte Widerstandskraft ist allerdings eine Täuschung, denn er bittet seine Gefährten umgehend, ihn loszubinden, so sehr haben die Sirenen auch ihn betört. Doch seine Mannen binden ihn verabredungsgemäß nur noch fester an den Mast, bis sie außer Hörweite gerudert sind (Homer, 1953, 12. Gesang, Verse 39 ff. u. 154 ff.).

Die Sirenenklänge ertönen noch heute, mit vielfältigem Inhalt: Wie mancher wünschte sich dann aber doch, an einen Mast gebunden worden zu sein, wenn ihn beispielsweise erotische Sirenenklänge verführt hatten, die sich im Nachhinein als sehr zerstörerisch für sein Leben erwiesen! Aber auch die Verlockungen eines ganz großen »Deals« können den Menschen u. a. in seiner Gier nach immer noch mehr Besitz und Macht ins Verderben stürzen. Und hinter allem lauert die Sehnsucht nach Gottähnlichkeit, die den Menschen, diesen unersättlichen »Prothesengott« (Freud), immer weiter treibt in seinen Eingriffen ins menschliche Leben, in die natürliche Umwelt bis hin zur Eroberung des Weltraumes – wie hilfreich wäre da doch gelegentlich ein Mast, der rücksichtslos Vorwärtsdrängende zurückhalten könnte! Erst recht aber Suchtkranke vermissen diesen Halt gebenden Mast, wenn sie der unaufschiebbare Drang nach Stillung ihres Verlangens überfällt. Die Unersättlichkeit, auf welchem Gebiet auch immer, ist es, die stets von neuem auch die Lebendigkeit zu vernichten droht. Wenn Horkheimer und Adorno in der Auseinandersetzung mit Homers Mythos schließlich feststellen: »Es ist unmöglich, die Sirenen zu hören und ihnen nicht zu verfallen« (Horkheimer/Adorno, 1944, S. 66), dann wird so deutlich, wie sehr wir bei aller Aufgeklärtheit als mündige Menschen immer wieder dem Unzähmbaren in uns zum Opfer zu fallen drohen – es sei denn, wir lassen uns fesseln wie Odysseus, der »sich dem Liede der Lust« zwar zuneigt, sie aber ebenso »vereitelt [...] wie den Tod« (ebd.).

Folgerichtig betont denn auch Battegay:

> Bis zu einem gewissen Grade wohnt dieser süchtige Weltbezug allen Menschen inne, besonders aber jenen unseres Kulturkreises. Wir streben nach stets neuen Reizen und Objekten [...] und kaum haben wir sie erlangt, interessieren sie uns nicht mehr, da sie zu einem Teil unserer selbst, [...] zu unserem Besitz geworden sind. Was wir aber besitzen, beachten wir oft nicht mehr. Wir schauen unersättlich nach Neuem. (Battegay, 1987, S. 153)

Freuds alte Forderung nach Sublimierung unserer Wünsche war zu seiner Zeit fast unumgänglich, denn die Möglichkeiten zu deren realer Erfüllung waren begrenzt. Das begann beispielsweise schon bei den Nahrungsmitteln: Sie waren einem saisonalen Zyklus unterworfen und dem nahen Anbaugebiet. Heute holen wir uns alle Früchte zu jeder Jahreszeit selbst aus den entferntesten Ecken der Welt auf den Teller. Erst recht gilt dies für unser Reiseverhalten: In früheren Jahrhunderten wusste man zwar auch von fremden Kontinenten und Ländern, aber nur ganz wenigen war es möglich, wenigstens einmal im Laufe ihres Lebens dahin aufzubrechen. Heute kann beinahe jedermann zu allen Zeiten in ferne Länder und Kulturen gelangen; Charterflüge und Billigangebote der Reisebranche machen es erst recht möglich und kommen unserer Unersättlichkeit auch hier entgegen. Allerdings: »Tout embrasser c'est tout perdre«, sagt ein französisches Sprichwort. Wo wir in unserer Konsumgesellschaft alles erwerben oder uns einverleiben wollen, wo wir nach immer mehr verlangen, wird es am Ende doch nie genug sein. Und das gilt natürlich auch für Beziehungen: Wo wir den anderen in der Umarmung ganz vereinnahmen, kann es keinen Austausch mehr geben; wir verlieren ihn als lebendiges Gegenüber, wenn wir ihn nicht mehr als ein eigenständiges Du wahrnehmen. Dem

Sirenengesang zu folgen, endet darum schließlich immer damit, die eigene Lebendigkeit zu verlieren, was der Mythos den Tod nennt.

Ein besonders groteskes, banales Beispiel dafür, Täuschungen der Sehnsucht zu erliegen, bieten die weit verbreiteten, äußerst kostspieligen »Märchenhochzeiten«, die heute auch in einfacheren sozialen Kreisen mit erheblichem Aufwand inszeniert werden – den »Royal Weddings« und romantisch-kitschigen Vorstellungen folgend. Und nicht selten verschulden sich gerade junge Leute dafür mit zehntausenden von Franken. Dabei fragt man sich jeweils bang, ob diese Ehe wohl so lange halten werde, bis die Hochzeitsschulden getilgt seien, sodass man sich bei einer Scheidung dann wenigstens nur noch mit der peinlichen Frage herumschlagen muss, was denn nun mit all dem großartigen Film- und Fotomaterial geschehen soll.

Aber alles Wirkliche hat nicht nur ein vordergründiges Gesicht, haben wir vielfach erfahren. Das wurde mir auch vor Jahren bewusst, als ich in der »Mezquita« von Cordoba einen seltsamen Vorgang beobachtete. In dieser Moschee-Kathedrale findet sich im islamischen Teil ein Meer von Säulen und Rundbögen, die atemberaubend schön, in ihrer unfasslichen Vielzahl eine Ahnung von der Unendlichkeit auszudrücken suchen. Und da drin das Allerheiligste: die Gebetsnische, die selbst vom Vorbeter nie betreten werden darf, der für Gott bestimmte Raum – eine leere Mitte, mit der auf diese Weise das Unsichtbare »sichtbar« gemacht und geheiligt werden soll. Ich hatte bereits eine Weile still davorgestanden, als plötzlich ein geschäftiges Treiben einsetzte, das mich anfänglich aufs Äußerste irritierte: Zahlreiche Touristen strömten herbei, die meisten mit Kamera. Ein Besucher nach dem anderen stellte nun seine Partnerin ins Zentrum der leeren Gebetsnische und verewigte diesen Anblick auf einer Fotografie. Oft kam es danach zu einem Rollentausch, und dann stand der Mann im Raum des verborgenen Gottes. Mir erschien der Vorgang zu Beginn als reine Blasphemie – bis mir allmählich dämmerte, wie geradezu idealtypisch dieses für die meisten Akteure gewiss unbewusste Geschehen war. Wie oft werden doch in Beziehungen die Partnerinnen und Partner tatsächlich an die Stelle des abwesenden Gottes gesetzt – und damit natürlich in ihrer menschlichen Unzulänglichkeit hoffnungslos überfordert, während gleichzeitig der transzendente Bezug verloren geht. Wo die Sehnsucht nach Du und Selbst, nach Liebe und einer sinngebenden Mitte des Lebens derart konkret in der realen Welt Erfüllung finden soll, ist das Fiasko unausweichlich. Die vielen gescheiterten Beziehungsversuche in unserer Zeit gehören zum Strandgut derart fehlgeleiteter Sehnsucht, die seelisch Tote zurücklässt, denn die an ihr sterben, sterben in Resignation oder nicht selten verzweifelt und hasserfüllt.

Esoterische Gruppierungen und Sekten aller Art bedienen die von Sehnsucht Getriebenen auf ihre eigene Art. Indem sie mit Vehemenz und keine Widerrede duldend gesichertes Wissen versprechen, wo die Unendlichkeit in und über uns hinaus doch jede Gewissheit zweifelhaft werden lässt, gaukeln sie ihren Anhängern reale Singgebung und Erfüllung vor. Die solcherart Verführten und Getäuschten reagieren auf ihre Umwelt oft (militant) missionarisch – und entsprechend enttäuscht und wütend, wenn dieses »Sinngebäude« eines Tages in sich zusammenstürzt. Wo sie mit ihrer Sehnsucht eine Heimat gefunden zu haben glaubten, finden sie sich dann unbehaust und orientierungslos wieder, missbraucht in ihrer tiefsten Sehnsucht. »Gottesvergiftung« nannte der Psychoanalytiker Tilmann Moser (1976) denn auch seine zornige Abrechnung mit der streng religiösen Erziehung in seinem protestantischen Elternhaus, in dem ein überwachender und strafender Gott eine Atmosphäre der Lebens- und Lustfeindlichkeit prägte, aus der er sich nur mühsam befreite.

Aber kehren wir noch einmal zu Tennysons Ulysses zurück: Wie ihn die Resignation einzuholen beginnt, bricht er als alter Mann ein letztes Mal auf, immer seinem Leitspruch folgend: »streben, suchen, finden und nicht aufgeben.« Dieser Odysseus will nicht ruhen, will vielmehr bis ans Ende der Welt gehen und in seinem unermüdlichen Streben nicht aufgeben, solange er lebt. Symbolisch verstanden, meint dies wohl, dass es keinen Sehnsuchtsort gibt, den wir auf Dauer in Besitz nehmen könnten. Wir müssen immer wieder neu aufbrechen, suchend, findend und erneut suchend, ständigem Wandel ausgesetzt – bis ans Ende unserer Tage, wenn uns die Lebendigkeit erhalten bleiben soll. Eingedenk der Tatsache, dass die Wirklichkeit nicht nur vordergründig zu verstehen, sondern auch von Tieferem durchwaltet ist, sind damit aber mindestens ebenso sehr innere Reisen gemeint, wenn wir nicht in plattem Realismus und verfehlter wie verkommener Sehnsucht hängenbleiben wollen.

Homers Epos über Odysseus bleibt aber eine große Sehnsuchtsgeschichte, wenn wir sie nicht einfach ins Diesseits verlagern – was sich bei einem Mythos nie empfiehlt. Wenn wir die Erzählung von Odysseus' Heimkehr symbolisch auch als seinen Weg der Selbstfindung verstehen, manifestiert sich in ihm die nie rastende Sehnsucht nach Entfaltung der eigenen Ganzheit, dem Verlangen nach Selbstverwirklichung im unerlässlichen persönlichen Reifungsprozess, der Individuation – kurz: die Sehnsucht nach Hause, zu sich selbst zu finden.

## Selbst die Steine atmen nichts als Leben

Die Beispiele verkommener und verfehlter Sehnsucht haben es vielfach gezeigt: Wo die Sehnsucht ganz im Diesseits angesiedelt wird und immerwährende Erfüllung sucht, führt dieses Missverständnis schließlich nicht zur erhofften Lebendigkeit, sondern im schlimmsten Fall zu Versteinerung, einem erstarrten seelenlosen Leben. Das erfahren auch depressive Menschen. Wenn sich die Depression aber aufzuhellen beginnt, kann beseeltes Leben zurückkehren und dann gilt: »Selbst die Steine atmen nichts als Leben«, wie eine Analysandin diesen erlösten Zustand einmal umschrieben hat. Und davon spricht ja auch die Zeile aus Paul Celans Liebesgedicht »Corona«; in der Liebe, in der die tiefsten Sehnsuchtsgefühle angerührt werden, ist die »Zeit, daß der Stein sich zu blühen bequemt« (Celan, 1949, S. 240).

Welche Analytikerin, welcher Psychotherapeut aber kennte nicht gelegentlich am Ende eines langen Arbeitstages das Gefühl, den ganzen Tag in einem Steinbruch gearbeitet zu haben? Obwohl wir doch landläufig gesehen, immer nur bequem auf unserem Sessel gesessen haben, fühlen wir uns dann nicht nur seelisch, sondern auch körperlich ganz erschöpft – eben gerade so, als hätten wir stundenlang Steine geklopft. Und tatsächlich geht es ja bei vielen leidenden Menschen darum, sie aus oft uralten Versteinerungen zu lösen. So klopfen wir denn hartnäckig und geduldig in der Hoffnung, dass auch dieser Stein »sich zu blühen bequemt«.

Ebenso berichten Märchen darüber, dass Steine sich beleben können. So werden zum Beispiel in einem Märchen aus Mallorca die von einer Hexe zu Steinen verzauberten Männer bei der Berührung mit Lebenswasser aus ihrer Versteinerung erlöst. Und es ist die Liebe »der Frau, die auszog, ihren Mann zu erlösen« (Früh, 1985), die sie in den Besitz des Lebenswassers gebracht und damit die Belebung ermöglicht hat. Das Lebenswasser aber eröffnet – wie das Lebenskraut, dem wir in »Gevatter Tod« begegnet sind – den Zugang zur Lebensquelle, die in Verbindung mit der Liebe aber erst recht Lebendigkeit verheißt.

Eros belebt uns denn auch stets, weckt unsere Sehnsucht mit Macht und wünscht sich »tiefe, tiefe Ewigkeit« (Nietzsche). Und dennoch ist unsere Sehnsucht auch in der Liebe nicht dauerhaft zu stillen. Das gilt nicht nur für die erotisch-ekstatischen Momente, das gilt auch für die fraglos innige Verbundenheit zweier Liebender. Als getrennte, vereinzelte Wesen haben wir unser Leben zu bestehen, die Eigengesetzlichkeit unserer Seele macht uns das Du immer auch wieder zum Anderen, den Vertrauten zum Fremden.

Und doch bleibt da dieses nie endende Sehnen nach Vereinigung des Getrennten, wie schon Platon mit dem Mythos vom »Kugelmenschen« im Symposion erzählt: Ursprünglich bildeten Mann und Frau eine Einheit; ihre Körper waren in einer Kugel verbunden. Sie waren in dieser Gestalt so stark, dass sie versuchten, sich der Götter zu bemächtigen und sich an ihre Stelle zu setzen. Diese drohende Entthronung konnten die Götter natürlich nicht hinnehmen, und Zeus bestrafte schließlich die Hybris dieses starken Menschengeschlechts, indem er beschloss, die Ganzheit von Mann und Frau sei zu trennen: So wurden die ursprünglichen Kugelmenschen kurzerhand zerschnitten. Seither suchen sich die beiden Hälften, fasziniert und voller Sehnsucht, sind sie sich doch das Urfremde ebenso wie das Urvertraute. »Von so langem her also ist die Liebe zueinander den Menschen angeboren, um die ursprüngliche Natur wiederherzustellen, und versucht aus zweien eins zu machen und die menschliche Natur zu heilen« (Platon. 1965, 15. 191d).

In der Verliebtheit glauben wir denn auch ganz neu belebt und beglückt, endlich unsere andere Kugelhälfte gefunden zu haben, doch über kurz oder lang, wenn der Staub der Wirklichkeit sich auch auf diese Erfahrung zu legen beginnt, melden sich erste Zweifel: Ist dies nun wirklich die lang ersehnte Frau, der seit je gesuchte Mann? Und wir ahnen: die Suche nach der seit Urzeiten zugehörigen Kugelhälfte wird nicht enden – allen Enttäuschungen zum Trotz –, denn die Sehnsucht nach dem Anderen meint offensichtlich auch immer das unstillbare Verlangen, sich selbst in ursprünglicher Ganzheit wiederzufinden. Damit aber ist mehr als konkretes Beziehungsgeschehen gemeint: In der Sehnsucht nach dem Du verkörpert sich immer auch die Sehnsucht nach der eigenen Vollständigkeit; oder anders ausgedrückt: Im Kugelmenschen inkarniert sich ein Symbol des Selbst.

Die Kugel, von alters her ein Symbol der Ganzheit, eignet sich deshalb nicht nur als Beziehungssymbol, sondern ganz besonders auch als Selbst-Symbol, als dem Wesenskern und der Ganzheit des einzelnen Individuums. Und so wie in der Beziehung mit einem Du die Ganzheit in der Vereinigung der Gegensätze mit einem anderen Menschen gesucht wird, so wird im innerseelischen Prozess die ursprüngliche Ganzheit der eigenen Person angestrebt, jene »Ganzheit, die wir waren, aber nicht wußten« (Jung, 1958, GW 10, § 722). In der Liebe verbindet sich die Sehnsucht nach dem Du darum stets auch mit der Sehnsucht nach dem Selbst. In der Verliebtheit erleben wir also nicht nur die (zeitweilige) Gewissheit, die zugehörige Kugelhälfte endlich gefunden zu haben, sondern wir erleben uns selbst ebenso sehr auf ganz neue Weise lebendig und beseelt, weil wir von diesem Du in seelischen Tiefen ergriffen werden, die bisher noch nie angerührt worden sind oder lange verstummt waren. – Nicht von ungefähr hat ja auch Freud geraten, nicht nur das Leiden, sondern auch die Liebesübertragung im therapeutischen Prozess möglichst lange zu erhalten: »ich will den Grundsatz aufstellen, daß man Bedürfnis und Sehnsucht als zur Arbeit und Veränderung treibende Kräfte bei der Kranken bestehen lassen und sich hüten muß, dieselben durch Surrogate zu beschwichtigen« (Freud, 1915, GW X, S. 313), um die Kur zu einem guten Ende zu bringen. Und man habe kein Recht, fügt er an, »der in der analytischen Behandlung zutage tretenden Verliebtheit den Charakter einer ›echten‹ Liebe abzustreiten« (ebd., S. 317).

So verkörpert die Sehnsucht nach dem Du – wir können es nur noch einmal betonen – immer auch die Sehnsucht nach Loslösung aus alten Lebensbehinderungen und das Verlangen nach der eigenen Ganzheit; ja, sie sind eng miteinander verbunden, »denn die Beziehung zum Selbst ist zugleich die Beziehung zum Mitmenschen, und keiner hat einen Zusammenhang mit diesem, er habe ihn denn zuvor mit sich selbst«, betont Jung (1946, GW 16, Kap. III, § 445). Und es ist darum gerade bei der Liebe, die einen Menschen zur Unzeit trifft (weil er z. B. bereits in einer festen Beziehung lebt), nachzufragen, was denn mit dieser neuen Liebe eigentlich gemeint sei: ob sich hier denn mit Macht etwas ins Leben dränge, das in der eigenen Entwicklung bisher unbeachtet geblieben war, oder ob tatsächlich eine neue Beziehung die alte ablösen müsse.

Die Seele, »die nur aus der menschlichen Beziehung lebt« (ebd., § 444) findet erst in der Begegnung mit einem anderen Menschen und da ganz besonders in der Liebesbeziehung zu sich selbst, zum eigenen Wesen; das wird von frühesten Anfängen an, aber überhaupt in jeder seelischen Entwicklungsphase deutlich. »Der Mensch wird am Du zum Ich«, lautet denn auch eine zentrale Aussage von Martin Buber (1984, S. 32). Und er, der so lange verzweifelt nach der *Begegnung* mit seiner Mutter gesucht und dabei immer wieder neu nur die *Vergegnung* mit ihr erlebt hat, wird nicht müde, dieses Beziehungsfeld von Ich und Du auszuloten. »Die verlängerten Linien der Beziehung schneiden sich im ewigen Du. Jedes geeinzelte Du ist ein Durchblick zu ihm« (ebd., S. 76), fügt er ergänzend an und eröffnet damit gleichzeitig den weiten archetypischen und geistigen Raum. Die Sehnsucht nach einem Du wie die Sehnsucht nach dem Selbst weisen über die Welt hinaus, verheißen Entgrenzung wie Erfüllung im Ankommen und Verweilen – und sind doch nie auf Dauer einzulösen. Sie nehmen uns auf in jenen Übergangsraum zwischen Endlichkeit und Unendlichkeit, dem wir als das »wunderliche Gespinst« besonders verwandt sind.

Im Symbol des Kugelmenschen wird offenbar, dass die Sehnsucht uns aus der Enge unseres begrenzten Daseins hinauszutragen vermag, dass sie uns Räume der Transzendenz nach innen und außen ebenso eröffnet wie nach dem Du und Selbst.

Aus dieser Sicht wird auch das seltsame Treiben in der Mezquita noch besser begreiflich, von dem vorher die Rede war: Wenn Männer und Frauen jeweils ihre Partner in den Raum des unsichtbaren Gottes stellten, so versuchten sie in dieser Inszenierung zumindest unbewusst, dieser Sehnsucht nach Erweiterung der eigenen, begrenzten Existenz einen Ausdruck zu geben.

Wenn hier nun wiederholt die Rede vom unsichtbaren Gott ist, drängt sich wohl eine Klarstellung auf. Wir sind auch in den vorangehenden Erzählungen aus den Lebensgeschichten von Patienten immer wieder darauf gestoßen, dass religiöse Aspekte gelegentlich eine Rolle spielten. Als Psychotherapeutin vermochte ich dabei jeweils »die Beunruhigung des Menschen durch die Nachbarschaft des Ewigen« spüren oder die Überwältigung der Vernunft durch irrationale Erfahrungen – oft jenseits einer bestimmten Religion oder Konfession. Wo eine solche gläubig, aber nicht sektiererisch vertreten wurde, konnte ich diese nur mit Respekt wahrnehmen als einen möglichen Ausdruck der metaphysischen Sehnsucht, die in uns allen wohnt – aller aufgeklärten Weltdeutung zum Trotz, die uns in der Abwehrhaltung gegenüber religiöser Erfahrung auch in seelische Entfremdung zu führen droht. Jung hat zwar betont, dass »unsere Vernunft [...] ein wunderbares Geschenk oder eine nicht zu unterschätzende Errungenschaft« sei, die aber »nur einen Aspekt der Wirklichkeit [abdecke], welche anderseits auch aus irrationalen Gegebenheiten [bestehe]« (Jung, Brief an Piero Cogo v. 21.IX. 1955, GW, Briefe II, S. 512). Er sprach darum davon, dass die Seele als *»naturaliter religiosa«* [Hervorhebung d. Verf.] betrachtet werden müsse, denn sie besitze »natürlicherweise eine religiöse Funktion« (Jung, 1943, GW 12, Kap. 1, § 14).

> Religion scheint mir eine besondere Einstellung des menschlichen Geistes zu sein, welche man in Übereinstimmung mit dem ursprünglichen Gebrauch des Begriffes ›religio‹ formulieren könnte als *sorgfältige Berücksichtigung und Beobachtung* gewisser dynamischer Faktoren, die aufgefaßt werden als »Mächte«: Geister, Dämonen, Götter, Gesetze, Ideen, Ideale oder wie immer auch der Mensch solche Faktoren genannt hat, die er in seiner Welt als mächtig, gefährlich oder hilfreich genug erfahren hat, um ihnen sorgfältige Berücksichtigung angedeihen zu lassen, oder als groß, schön und sinnvoll genug, um sie andächtig anzubeten und zu lieben. (Jung, 1939, GW 11, § 8)

Jungs Selbst-Begriff ist in der Folge immer wieder als »Gott in uns« missverstanden worden. Er aber betrachtete das Selbst als archetypisches Zentrum vielmehr nur als *Träger möglicher Gottesbilder*, die individuell stark variieren können. Diese Gottesbilder erscheinen ihm denn auch »sehr relativ«:

> Das Gottesbild ist eine psychologische Tatsache für den Psychologen. Über die metaphysische Realität Gottes weiß er nichts auszusagen, denn das würde die erkenntnistheoretischen Grenzen bei weitem überschreiten. Als Empiriker kenne ich nur die ursprünglich aus dem Unbewußten entstandenen Bilder, die sich der Mensch von der Gottheit macht oder die, besser gesagt, im Unbewußten von der Gottheit gemacht werden; und diese Bilder sind unzweifelhaft sehr relativ. (Jung, Brief an Pfr. Ernst Jahn v. 7.IX.1935, GW, Briefe I, S. 252)

Der leere Raum für den unsichtbaren Gott inmitten der Unendlichkeit von Säulen und Rundbögen in der Mezquita scheint mir ein stimmiges Symbol für dieses archetypische Zentrum zu sein, in dem sich die verschiedensten Gottesbilder finden. Wer vor diesem Raum steht, für den ist Gott gewiss unsichtbar, vielleicht aber doch anwesend, verborgen zwar, dennoch existent – oder aber überhaupt nichtexistierend, weil Nietzsche doch recht hatte und Gott schon längst tot ist. Vielleicht ist dieser Raum auch für ein und denselben Menschen einmal erfüllt von der Anwesenheit eines unsichtbaren Gottes, ein andermal ein Nachweis der Abwesenheit oder gar des endgültigen Rückzugs Gottes aus der Welt. Dem Atheisten wird er ein leerer Raum bleiben, dem Agnostiker wird die Leere gleichzeitig eine Offenheit bedeuten, dem Gläubigen eine Gewissheit. Für alle aber wird dieser leere Raum inmitten der geahnten Unendlichkeit eine *zentrierende Mitte* verkörpern. Und so kann auch Jungs Selbst verstanden werden: die zentrierende Mitte der Seele, die weit über das einzelne Individuum hinausreicht, indem es teilhat an der Unendlichkeit des Unbewussten, während das bewusste Ich vor dem Geheimnis dieser Mitte stehend nur seine eigene Begrenztheit erkennen kann. Gleichzeitig bedeutet beseeltes Leben für jeden Einzelnen, auf dieses Selbst bezogen zu leben, denn unsere Sehnsucht wird nicht nachlassen immer wieder neu um diese leere Mitte zu kreisen, verheiße sie ihm nun Erfüllung oder bleibende Leere.

Jung schreibt denn auch in einem Brief an einen 58-jährigen Amerikaner, der sich an ihn gewandt hatte »with an intense desire to know where I came from, where I am going and why I am here in the present time«, folgende Antwort:

> Es steht jedem Menschen frei, von Dingen, über die wir nichts wissen, das zu glauben, was ihm richtig scheint. Niemand weiß, ob es eine Reinkarantion gibt, und niemand weiß, ob es sie nicht gibt. […] Wir wissen keine Antwort auf die Frage, woher wir kommen, noch wohin wir gehen, noch warum wir jetzt hier sind. (Jung, Brief an William Hamilton Smith v. 26.I.1953, GW Briefe II, S. 319)

Mag sein, dass in Jungs Zeilen auch ein kleines Gedicht anklingt, das die Jahrhunderte überdauert hat und von dem niemand weiß, wer es ursprünglich geschrieben hat und das uns doch vertraut anrührt, wenn wir es hören: »Ich komme, ich weiß nicht, von wo? / Ich bin, ich weiß nicht, was? / Ich fahre, ich weiß nicht, wohin? / Mich wundert, daß ich so fröhlich bin.« Peter von Matt widmete diesem namenlosen Gedicht vielfältige Überlegungen (Matt von, 1998, S. 321–336). Er fand dessen Niederschrift in einem Brief von Heinrich von Kleist, der seinem Freund Heinrich Zschokke berichtete, er habe diesen Vers auf einem Haus in seiner Nachbarschaft (Kleist befand sich damals auf einem kleinen Inselchen im Thunersee) entdeckt, und er freue sich jedes Mal, wenn er diese Worte beim Spazieren wieder lese (Matt von, ebd., S. 321 f.).Wie alt das überlieferte Gedicht wirklich ist, vermag allerdings der Literaturwissenschaftler nicht zu sagen, auch wenn er »die erste bis heute bekannte Niederschrift, datiert aus dem 15. Jahrhundert« zitiert: »Ich leb und waiss nit wie langk, / Ich stirb und waiss nit wann, / Ich far und waiss nit wahin: / Mich wundert, das ich so frölich pin« (ebd., S. 322). Im Laufe der langen Wirkungsgeschichte dieses Vierzeilers gab es davon zahlreiche Varianten; uns beschäftigt hier aber ein anderer Aspekt: Wie wir zuvor erfahren haben, bleibt die Frage nach dem unsichtbaren Gott ein Rätsel. Wo aber auch, wie in diesem kleinen Gedicht, der Ursprung des Lebens, sein Ziel und Zweck, die eigene Existenz überhaupt zum Rätsel werden, verliert der Mensch alle Gewissheiten – und dennoch ist er fröhlich! Und damit wird er sich wohl erst recht selbst zum Rätsel.

Da ist nichts zu spüren von verzehrendem Lebenshunger und drängender Sehnsucht, nichts von der grüblerischen Suche nach dem Sinn des Lebens und der

Klage über dessen Unverfügbarkeit bis hin zu jener des Todes, der wir so häufig begegnet sind. Und doch haben wir es nicht mit einem Luftikus zu tun, der sich um all diese existenziellen Fragen nicht kümmerte, er muss nur sein komplettes Nichtwissen eingestehen – und seine Verwunderung darüber, dass er trotzdem so fröhlich ist. Was aber ist es, das ihn so guten Mutes sein lässt? Von Matt führt uns auf der Suche nach einer Antwort erst noch weiter zurück, in die Zeit der europäischen Mystik um 1300 und hier zu Meister Eckhart, dessen Maxime »das Leben ohne Warum« in einer Predigt schließlich zur Frage führt: »war umbe lebest dû? – triuwen, ich enweiz! ich lebe gern.« [Warum lebst du? – Wahrhaftig, ich weiss es nicht! Ich lebe gern.] (ebd., S. 335 f.).

»Ich lebe gern.« Diese Botschaft vermittelt auch der unbekannte Verfasser im namenlosen Gedicht; seine verwunderliche Fröhlichkeit gründet wohl in dieser ebenso einfachen wie vitalen Tatsache, obwohl all sein Nachdenken über das Leben nur zum Nichtwissen geführt hat. Diese fraglose Zugewandtheit zum Leben, die keinerlei Begründung bedarf, ist zuerst einmal eine ganz leibliche Erfahrung; sie wurzelt in unserem Körper, der die Grundlage unserer Existenz überhaupt legt und dessen instinktives Ziel es ist, dieses Leben zu erhalten. »Ich lebe gern« ist ein anschaulicher, archetypischer Ausdruck für dieses instinkthafte Erleben und weist gleichzeitig darüber hinaus. In seiner Liebe zum Leben scheint der Mensch gehalten in der zeitlosen Kontinuität des Seins, die über seine persönliche Existenz hinausreicht und an der er teilhaben darf, solange er lebt. Hier aber berührt sich der zitierte Vierzeiler über die Jahrhunderte hinweg wohl auch mit unseren Erfahrungen. In besonderen Momenten mag unsere Sehnsucht nach Lebendigkeit in diesem Gefühl Erfüllung und für diesen einen Augenblick zu Ruhe und Gelassenheit finden – obwohl auch wir uns darüber nur wundern können. In solchen Augenblicken sind wir ganz in die lebendige Wirklichkeit hinein verwoben, und da atmen dann auch Steine nichts als Leben.

## Unverzichtbar: Symbole in Therapie und Leben als Zugang zum Unverfügbaren

Wir haben es vielfach erfahren: Im Spannungsfeld zwischen Utopie und Wirklichkeit blüht die Sehnsucht. Und die Sehnsucht nach dem Absoluten ist stets in sie hineinverwoben. Oft allerdings muss die Sehnsucht erst aufgespürt werden, wenn Menschen, blockiert in Leiden und Selbstentfremdung, den Weg in Therapie finden. Psychoanalytiker sein, bedeute darum: »auf die stimmlose Musik verödeter Leben, verhinderter Freude, dumpfer Liebesangst, stillen Ausharrens, zurückgehaltener Tränen zu hören«, umschrieb Anne Dufourmantelle dieses Aufspüren der Sehnsucht einmal (Dufourmantelle, 2018, S. 17).

Das setzt allerdings voraus, dass wir als Therapeutinnen und Analytiker nicht nur die stummschreiende Not zu hören vermögen, sondern auch die Symbole zu lesen verstehen, die uns in den Inszenierungen und Aussagen unserer Patienten entgegenkommen. In ihnen verbirgt sich die *Grundmelodie* ihrer Seele, die sie seit frühesten Anfängen geprägt hat, die aber so oft stumm und unbelebt geblieben ist. Für Daniel Stern setzt darum in der Therapie die gemeinsame Suche von Analytiker und Patient nach der *Schlüsselmetapher* im Leben des Patienten ein, um den *narrativen Entstehungspunkt* der Lebensbehinderung aufzufinden (»unabhängig davon, wann sie in der wirklichen Entwicklung stattgefunden hat«): »Sobald diese Metapher gefunden ist, arbeitet sich die Therapie von diesem Punkt aus in der Zeit vor und zurück« (Stern, 1992, S. 357). Persönlich habe ich im Erstgespräch mit Patienten gerne danach gefragt, welches *Bild* sie zeichnen würden, wenn sie ihre Kindheit auf diese Weise darstellen müssten, für die es vielleicht keine Worte gebe. Natürlich war es nicht allen möglich, ein Bild dafür zu finden; wo es aber gelang, legte uns dieser symbolische Ausdruck erstaunlich oft eine erste prägnante Spur ins verschüttete Leben. Und nicht selten sind es auch *Träume*, die zu Beginn einer analytischen Behandlung in ihrer Symbolik auf grundsätzliche seelische Probleme hinweisen und gelegentlich sogar erste Lösungsmöglichkeiten andeuten. Jung sprach oft von der *persönlichen Gleichung*, die einen Menschen charakterisiere oder von seinem *Mythus*, den es aufzufinden gelte, denn: »Was man der inneren Anschauung nach ist, und was der Mensch sub specie aeternitatis zu sein scheint, kann man nur durch einen Mythus ausdrücken. Er ist individueller und drückt das Leben genauer aus als Wissenschaft« (Jaffé, 1962, S. 10).

Wie immer man also diesen Zugang zum selbstentfremdeten Leben umschreiben will, es gilt stets, mit Hilfe der auftauchenden Symbole »das lose Ende der Seele« (Haller, 2017) zu ergreifen versuchen – durch alle Verhärtung und Entseelung hindurch und im Bewusstsein, dass auch diese individuelle Existenz ihre Wurzeln im Dunkel der Geschichte hat. »Im Grunde genommen weiß man nie, wie alles gekommen ist. Die Geschichte eines Lebens fängt irgendwo an, an irgendeinem Punkt, den man gerade eben erinnert, und schon da war es hochkompliziert« (Jaffé, 1962, S. 11).

Wie schwierig es ist, sich seiner persönlichen Geschichte zu erinnern, haben wir erfahren, noch viel schwieriger aber ist es, die generationenübergreifenden Schicksale und Traumata zu erinnern, die unser Leben ebenfalls prägen. Darauf haben unter anderem Lebensläufe von Kindern und Enkel der Kriegs- und Holocaust-Überlebenden aufmerksam gemacht, die von der unbewältigten Vergangenheit ihrer Eltern und älteren Vorfahren eingeholt wurden; was für sie gilt, ist aber durchaus auch in »unauffälligeren« Familiengeschichten auszumachen. Die Geschichte eines Lebens ist tatsächlich schon von Anfang an »hochkompliziert«. Wir stoßen darum mit unseren wissenschaftlich fundierten Anamnesen und Diagnosen zu Beginn einer Therapie bald einmal an Grenzen des Verstehens, wenn wir uns ausschließlich auf sie abstützen (dass sie zweifellos ebenfalls notwendig sind, soll nicht bestritten werden). Aber im Umgang mit unseren Patienten gilt auch, was von uns gesagt werden muss:

> Verstehen wir überhaupt je, was wir denken? Wir verstehen bloß jenes Denken, das nichts ist als eine Gleichung, aus der nie mehr herauskommt, als wir hineingesteckt haben. Das ist der Intellekt: Über ihn hinaus aber gibt es ein Denken in urtümlichen Bildern, in Symbolen, die älter sind als der historische Mensch, ihm seit Urzeiten angeboren und alle Generationen

> überdauernd, ewig lebendig die Untergründe unserer Seele erfüllend. […] Es handelt sich in Wirklichkeit weder um Glauben noch um Wissen, sondern um die *Übereinstimmung unseres Denkens mit den Urbildern unseres Unbewußten* [Hervorhebung d. Verf.]. (Jung, 1930, GW 8, § 794)

Mit dem Beginn einer Therapie oder Analyse eines Menschen übernehmen wir darum auch die Verpflichtung, uns auf die Übereinstimmung *seines* Denkens mit den untergründigen Tiefen einzulassen – was uns nicht unberührt lassen kann. Einst nahm die Psychoanalyse zwar an, dass ein Patient analog der medizinischen Diagnostik und Therapie unabhängig von der Person des Therapeuten ganz objektiv zu analysieren und therapieren sei. Das ist längst einer intersubjektiven Auffassung gewichen, die Jung mit seinem Verständnis des analytisch-psychotherapeutischen Prozesses schon sehr früh vertreten hat. Für ihn ist denn Psychotherapie auch ein »Zwiegespräch oder eine Auseinandersetzung zwischen zwei Personen«, und er erläutert die »Wechselwirkung zweier psychischer Systeme«, wie er das *dialektische Verfahren* nannte, im Folgenden noch genauer:

> Eine Person ist ein psychisches System, welches, im Falle der Einwirkung auf eine andere Person, mit einem anderen psychischen System in Wechselwirkung tritt. Diese vielleicht modernste Formulierung des therapeutischen Verhältnisses von Arzt und Patient hat sich, wie ersichtlich, weit entfernt von der anfänglichen Meinung, daß Psychotherapie eine Methode sei, die irgendjemand zur Erreichung eines gewollten Effektes in stereotypischer Weise anwenden könne. […]
>
> Da aber alles Lebendige immer nur in individueller Form vorkommt, und ich über das Individuelle des anderen immer nur das aussagen kann, was ich in meinem eigenen Individuellen vorfinde, so stehe ich in Gefahr, den anderen zu vergewaltigen oder selbst dessen Suggestion zu erliegen. Ich muß daher wohl oder übel, insofern ich überhaupt einen individuellen Menschen psychisch behandeln will, auf alles Besserwissen, auf alle Autorität und alles Einwirkenwollen verzichten. Ich muß notwendigerweise ein *dialektisches Verfahren* einschlagen [Hervorhebung d. Verf.], welches nämlich in der Vergleichung der wechselseitigen Befunde besteht. Dies wird aber erst möglich dadurch, daß ich dem anderen die Möglichkeit gebe, sein Material möglichst vollständig darzustellen, ohne ihn durch meine Vorstellungen zu beengen. Durch diese Darstellung wird sein System auf das meine bezogen, wodurch eine Wirkung in meinem eigenen System erzeugt wird. Diese Einwirkung ist das einzige, was ich in individueller Hinsicht und legitimerweise meinem Patienten gegenüberstellen kann. (Jung, 1935 GW 16, § 1 f.)

Heute werden denn auch Übertragung und Gegenübertragung als Ausdruck dieser Wechselwirkung gesehen; die *Übertragung* umfasst das Erleben des Patienten, die *Gegenübertragung* das des Psychotherapeuten in der gemeinsamen Beziehung. Damit aber wird der Therapeut vom scheinbar objektiv außenstehenden Beobachter zu einem seelisch Mitspielenden, Miterlebenden, ja Mitleidenden in einem Prozess, in den er ebenso als Fragender wie Antwortender mit hinein verwoben ist. Es könne dabei leicht geschehen, betonte Jung, dass die analytische Arbeit nicht nur dem Patienten, sondern auch dem Arzt »an die Haut, ja sogar darunter« gehe, »denn der wahre Arzt [stehe] nirgends daneben, sondern überall darin« (Jung, 1943, GW 12, Kap. I, § 5). Er wird auf diese Weise neben den Symbolen selbst zu einer jener *Beziehungsbrücken*, deren das Bewusstsein im Umgang mit dem Unbewussten im therapeutischen Prozess bedarf. In diesem transzendierenden Geschehen verhilft er Patienten, das Bewusstsein auf das Unbewusste hin zu öffnen, um ihnen so den

Zugang zum Unverfügbaren und damit eine neue Einstellung im Leben zu ermöglichen.

So betreten wir denn gemeinsam mit unseren Patienten den *Übergangs-, bzw. den intermediären Raum* (Winnicott) oder das Feld des *Dazwischen* (Jung), wo gegenseitige Beeinflussung stattfindet mit dem Ziel, Bewusstwerdung und lebendige Weltanverwandlung zu ermöglichen, indem die Trennung zwischen Bewusstsein und Unbewusstem aufgehoben wird zugunsten der Erfahrung, als lebendiger Mensch aus Bewusstsein und Unbewusstem »gewoben« zu sein und damit auch Anteil an jenseitigen Welten zu haben. Die *transzendierenden Symbole* sind in diesem Prozess unverzichtbar; sie sind gleichsam die Synthese im dialektischen Verfahren, diesem dynamischen Geschehen, das nicht nur während Therapie und Analyse, sondern ein Leben lang nicht zum Stillstand kommen sollte, denn beseelt gelebtes Leben wird jederzeit durch Einseitigkeit und Blockierung bedroht.

Diese Bedrohung ergibt sich oft auch durch äußere Lebensumstände, die zur blockierenden Selbstentfremdung führen können – oder aber zu einem symbolischen Umgang, der dem bedrängten Menschen einen Freiraum zu bewahren vermag. Ich denke hier an einen jungen litauischen Arzt, der mir von einer scheinbar ganz unspektakulären Tat seines Vaters unter der sowjetischen Besatzung seines Landes erzählte. Es war den Litauern in jener Zeit von den Besatzern zwar erlaubt worden, eine Datscha auf dem Land zu besitzen, nicht aber sie zu unterkellern. Auch hatten diese kleinen Landhäuser einem einheitlichen Bauplan zu folgen: Anzahl und Anordnung der Räume waren genau festgelegt, ebenso die Lage des weithin sichtbaren Kamins, der bei allen Gebäuden auf derselben Seite erbaut werden musste. Das war für den Vater, ohnehin bedrückt durch die Willkür der Okkupationsmacht, zu viel an Zwang zur Gleichförmigkeit und Fremdbestimmung, und er beschloss, für sich und seine Familie ein lebendiges Zeichen des Widerstands zu setzen, gleichzeitig allerdings auch bemüht, kein offensichtliches Risiko einzugehen: Er baute also in seiner Datscha den verbotenen Keller ein – unsichtbar von außen, im Innern aber reales Unterpfand für alle Familienmitglieder, dass es selbst unter diesem diktatorischen Regime Möglichkeiten zur Selbstbestimmung und zu einem eigenen Handlungsspielraum gab. Der verbotene Keller wurde so zum Symbol dafür, dass äußere Fremdbestimmung nicht das letzte Wort haben konnte; zwar ganz den realen Tatsachen geschuldet und in der konkreten Wirklichkeit erbaut, eröffnete dieser Kellerraum als Verbindungsbrücke aus einem nur schwer erträglichen Alltag den Zugang zu einer geistig-seelischen Welt, in der trotz allem ein Leben in Freiheit spürbar verheißen war. – Auch für uns mag dieser Keller ein hilfreiches Symbol sein: Wie oft sind wir doch Verhältnissen ausgesetzt, die wir *so* nicht gesucht haben, die uns scheinbar hoffnungslos überfordern, blockieren und unsere Lebensentwürfe hinfällig werden lassen. Da benötigen wir dringend den »Keller« in unserem Seelenhaus, der uns mit dem Zugang zur Tiefe zu beleben und vor Resignation und seelenlosem Leben zu bewahren vermag.

Die nie endende Dynamik der Seele, die stets für neue Veränderungen bereit sein muss, gleichzeitig aber in Treue zur ganz eigenen Grundmelodie oder dem Mythos, der mit diesem individuellen Leben gelebt wird, findet gelegentlich auch in Symbolen ihren Niederschlag, die einen Menschen durch das ganze Leben hindurch begleiten. Ein besonders eindrückliches Beispiel dieser Art finden wir in Paul Klees

»gemaltem Selbst«, das Anita Eckstaedt in einem Artikel sorgfältig zusammengetragen und kommentiert hat (Eckstaedt, 2004). Ich stütze mich im Folgenden auf diesen Artikel:

Die Autorin hat insgesamt zwölf Abbildungen des Schweizer Malers zusammengestellt; die beiden frühesten gehen auf Kinderzeichnungen des vierjährigen Paul Klee zurück, die auf eine sehr schwierige Mutter-Sohn-Beziehung hinweisen, in der das Kind vermutlich nicht die nötige Nähe seiner Mutter bekam – hier aber taucht auch schon zum ersten Mal das Rosensymbol auf. Später malt der Zehnjährige eine »Blume mit vier Blättern«, deren Blüte als Rose erscheint, während der Blätterstand ebenso gut auf eine Kleeblume hindeuten könnte. Dornen und Farben weisen aber auf eine Rose hin. Der Klee wird auf diesem Aquarell zur Rose: »Die Kleeblume oder die Klee-Rose – so darf inzwischen gesagt werden – ist Klees Selbstdarstellung« (ebd., S. 1148). Betroffen aber macht an dieser Blume, die ganz in die obere Bildhälfte hinein gemalt ist, dass ihr Boden und Wurzeln fehlen; sie hängt gleichsam im bodenlosen Nichts – was die wenig nährende und schützende Mutterbeziehung noch einmal bestätigt. Im Laufe der Erwachsenenjahre findet sich die Klee-Rose immer wieder, meist auf ein einfachstes Schema reduziert: ein Blütenkopf auf einem senkrechten Stiel – gelegentlich sogar analog dem Jahrzehnte früher gemalten Aquarell ohne Boden; mit der Zeit aber auch eingebettet in einen »Rosengarten«, in dem die Blumen in ihrer Abstraktheit auch als Bäume gelesen werden könnten und anzeigen, dass Klee als erwachsener Mann seinen Platz im Leben gefunden hat. Doch mit 43 Jahren malt Klee das Bild »Rosenwind«: eine einzige Rose (immer in vertrautem Schema), nun wenigstens eingepflanzt in einen Topf, ist bedrohlichen Stürmen ausgesetzt; entstanden ist das Bild im Todesjahr von Klees Mutter und zeigt an, wie sehr dieser Tod Klee erschüttert hat. Über ein Jahrzehnt später folgt »Landschaft am Anfang«, in der man unschwer einen liegenden Menschen in einfachsten Konturen ausmachen kann, der das ganze Bild beherrscht: Hier darf der Kopf wiederum als stilisierte Rosenblüte gesehen werden, in der sich vage das Gesicht eines Menschen erkennen lässt, während dessen Glieder als Blätter gedeutet werden können. In dieser Selbstdarstellung in der Landschaft scheint Klee endlich genügend Boden gefunden zu haben. Doch im selben Jahr (Klee ist nun 56 Jahre alt) folgt ein erschütterndes Symbol in der lebenslangen Selbstdarstellung: »Schattenblüte«. Eine einzige Rose, nun ganz groß in der Bildmitte angesiedelt, erinnert erneut an die frühen Rosendarstellungen. Sie hat jetzt zwar Boden, ist aber von ganz neuer Farbqualität – in Farben des Verwelkens – und sie scheint völlig verschattet. Klee erkrankte in diesem Jahr an Sklerodermie, was seine Fähigkeiten zum Malen und Zeichnen immer mehr einschränkte und schließlich nur zu seinem Tode führen konnte. Vier Jahre später entsteht »Zelt mit Wimpel in der Landschaft«: In seinem Todesjahr findet Klee seine Behausung in einem Zelt, ganz nah am Boden, und daneben steht ein Wimpel mit dem Rosensymbol – das Zelt, bereit zum baldigen Abbruch der Lebensbehausung, mahnt ans Grab, der Wimpel an den Grabstein mit der Rose als dem Erkennungszeichen von Paul Klee.

Staunend verfolgt man, wie sich dieses *Rosen-Symbol* durch das ganze Leben von Klee hindurchzieht. Traditionell ist die Rose ein umfassendes Symbol, das Gegensätze verbindet – Liebe und Schmerz, Lebensfreude und Vergänglichkeit – und eignet sich damit vorzüglich als *Symbol des Selbst*, wie das in Paul Klees Bildern auch der Fall ist. Gleichzeitig aber ist dieses Symbol nicht einfach ein archetypisches Bild (das ist es auch!), es ist vielmehr Ausdruck der Grundmelodie *dieses* individuellen Lebens, die schon im frühen Schmerz um die schwierige Liebe der Mutter angestimmt wird und die auch in all den Jahren danach durch alle Veränderungen und Schicksalsschläge hindurch erklingt und das unverwechselbar Eigene dieses Lebens und seine Lebendigkeit ausmacht.

Ähnlich prägend, Individuelles mit dem Archetypischen verbindend, sind auch Mythen, die sich im persönlichen Leben mehr oder weniger deutlich manifestieren. – *Albert Camus* vermag uns das wohl besonders exemplarisch zu zeigen. Er, geboren und aufgewachsen in allereinfachsten Verhältnissen in Algerien, hatte eine unvorstellbar karge und harte Kindheit. Er ist knapp ein Jahr alt, als sein Vater 1914 als französischer Soldat im Ersten Weltkrieg fällt. Seine Mutter zieht darauf mit ihren beiden Kindern zurück zu ihrer Mutter ins Armenviertel nach Algier. Die Wohnverhältnisse dieser bitterarmen Familie sind äußerst prekär: in den drei kleinen Räumen gibt es keinen Kochherd, keine Toilette (nur ein Plumpsklo ohne Wasserspülung außerhalb der Wohnung), kein Wasser und keine Elektrizität, weder Bücher noch Zeitungen und keine Möglichkeit zum Austausch: Die Mutter ist fast stumm, hört schlecht, ist Analphabetin und seelisch gestört. Die Großmutter ebenfalls Analphabetin, soll kalt und herzlos gewesen sein. Und der im Haushalt mitlebende Onkel ist ebenfalls fast taubstumm. In diesem Umfeld wächst der künftige Nobelpreisträger für Literatur heran! Dass Camus' Leben eine andere Wendung nahm, verdankt er seinem Grundschullehrer Louis Germain, der seinen Schüler gefördert und sich vehement für ihn eingesetzt hat, um ihm schließlich – gegen den Widerstand von Mutter und Großmutter – den Eintritt ins Lycée zu ermöglichen. Camus wird ihm Jahre danach dankbar seine Nobelpreisrede widmen (Radisch, 2013).

Im späteren Leben schreibt Camus eine Autobiographie unter dem Titel »Der erste Mensch«, an der er bis zu seinem Lebensende arbeiten wird. Man findet das Manuskript bei seinem tödlichen Autounfall in seiner Mappe, noch gänzlich in Rohform, und wird es später posthum veröffentlichen (Camus, 2011). Er hat es seiner Mutter gewidmet: »Dir, die Du dieses Buch nie wirst lesen können.«

Der erste Mensch – tatsächlich musste sich Camus alles selbst erarbeiten, ganz von Anfang an, wie der erste Mensch überhaupt; da gab es nichts in seinem familiären Umfeld, das ihm hätte eine Basis bieten können, und anfänglich gab es auch niemanden, der ihm Resonanz oder Spiegelung gegeben hätte – ganz aus dem Ungeformten und gegen große Widerstände musste er seinen Weg finden, oder, um es in Abwandlung seiner eigenen Worte zu sagen: er hatte im Erdreich seiner Schmerzen Kraft geschöpft und darin Wurzeln gefasst (1965, S. 76). Wo immer aber er auftauchte, war er zuerst einmal ein Fremder, der sich neue Welten stets allein aneignen musste. War es da ein Wunder, dass ihn der »Mythos von Sisyphos« so ansprach? Diese Gestalt aus der griechischen Mythologie musste bekanntlich auf ewig einen großen Felsblock den Berg hinaufwälzen, der aber kurz vor dem Ziel wieder ins Tal rollte. In diesem Mythos findet Camus nicht nur einen Ausdruck für seine Philosophie des Absurden, sondern auch für seine Herkunft in Kargheit und Versehrtheit, die ihm lebenslang so viel Sisyphusarbeit abverlangt hat. Seinen Essay über Sisyphos aber beschließt Camus mit den Worten: »Il faut s'imaginer Sisyphe heureux« (Camus, 1966). – Auch unter solchen Bedingungen also können wir uns »einen glücklichen Menschen vorstellen«, will wohl sagen, einen, der sein Leben in Lebendigkeit verbringt – trotz aller seelischer Verheerungen und Entbehrungen. Camus ist damit gelungen, was so vielen nicht glückt, was vor allem auch das Kind in uns (und den Menschen, die unseren Beistand suchen) so schwer akzeptieren kann und ihm darum immer wieder in Erinnerung gerufen werden muss:

> Es gilt dem Kind zu sagen, dass es keine Entschädigung erlangen wird, zumindest nicht in der entsprechenden Höhe, ja womöglich überhaupt nicht. Das Spukhaus, unser Spukhaus [in dem unser ganzes Elend seinen Ausgang nahm], von seinem Bann zu befreien, bedeutet nicht, rückgängig zu machen, was dort geschehen ist, zu leugnen, dass es in der Nähe Massengräber gegeben hat oder dass zwischen vier Wänden einfach ein Geheimnis eingeschlossen worden ist. Kann das Kind in uns sich damit abfinden? Wie kann man sich gegen die Resignation wehren und ihm helfen, für das, was ist, dankbar zu sein?

fragt Anne Dufourmantelle (2018, S. 126f.) und folgert daraus, man sollte »das Unheilbare zulassen und es wie etwas annehmen, das unstillbar bleibt, ein Leid, das nicht zu lindern ist. Dann wird die Sehnsucht zum [...] Ort eines neuen Lebens.« Camus ist tatsächlich in einem »Spukhaus« aufgewachsen, dennoch verfällt er nicht in Resignation; indem er seinen Lebensbericht seiner seelisch versehrten Mutter widmet – in einem Buch, das die Analphabetin nie wird lesen können –, scheint er akzeptiert zu haben, was ihm das Leben ursprünglich alles verweigert hat. Indem er zudem Sisyphos zum glücklichen Menschen erklärt, wird deutlich, wie sehr ihn dieser Mythos über seine persönliche Misere hinaus mit dem überindividuellen Menschsein überhaupt verbindet und damit belebt.

Camus' Sisyphos-Mythos und Klees Rose: sie spiegeln das persönliche Leben der beiden Männer, das aber gleichzeitig seine Resonanz auch in der Zeitlosigkeit archetypischen Erlebens findet und damit individuelles Geschick transzendiert in die Grunderfahrungen uralter Menschheitsgeschichte, bewahrt in den seelischen Tiefenschichten des Unbewussten – unserem Schöpfungsgrund.

Auch beseeltes Leben verheißt also nicht einfach Glück und Unversehrtheit; Verletzlichkeit und Endlichkeit des menschlichen Lebens gehören zu unserer Realität und damit auch das Leiden am unzulänglichen, vergänglichen Leben, dem wir ohnmächtig ausgeliefert sind. »Denn das Schöne ist nichts als des Schrecklichen Anfang«, schrieb Rilke einst in der Ersten Duineser Elegie (Rilke, 1966, Bd. 1, S. 441). Und er kommentierte diese Aussage später in einem Brief:

> Wer nicht der Fürchterlichkeit des Lebens irgendwann, mit einem endgültigen Entschlusse zustimmt [...], der nimmt die unsäglichen Vollmächte unseres Daseins nie in Besitz, der geht am Rande hin, der wird, wenn einmal die Entscheidung fällt, weder ein Lebendiger noch ein Toter gewesen sein. (zitiert nach Britton, 2001, S. 213)

Doch selbst wenn das Schöne im Leben glücklicherweise nicht immer im Schrecklichen endet und es uns ab und zu auch wieder beschieden ist: es ist nie in unserem dauernden Besitz. So ereignet sich Erfüllung stets nur im Vorübergang; und in den ständigen Veränderungen, die das Leben uns abverlangt, sind wir, die »wir nicht sehr verlässlich zu Haus sind« (Rilke, 1966, S. 441), immer wieder neu zur Wandlung aufgerufen. Die Sehnsucht nach lebendig gelebtem Leben lässt uns dabei aushalten und verhindert, dass wir in Resignation und Verbitterung versinken. Ohne symbolisches Verständnis und damit ohne Zugang zum Unverfügbaren allerdings bleibt das Leben oberflächlich, im Konkreten verhaftet, droht die Welt zu verhärten und in Versteinerung zu erstarren. Die Symbole aber lassen uns lebendigen Anteil haben an jener anderen Wirklichkeit hinter den Erscheinungen, am Unerwarteten, Unfassbaren dieser Welt, die unendlich groß, unser Begreifen bei weitem übersteigt und uns dennoch trägt.

# Literatur


Anders, G. (1992). *Die Antiquiertheit des Menschen.* 2 Bde. Bd. 2: *Über die Zerstörung des Lebens im Zeitalter der dritten industriellen Revolution.* München: Beck.

Andersen, H. Chr. (1986). *Märchen.* Übers. H. Denhardt. Auswahl u. Nachwort von L.L. Albertsen. Stuttgart: Philipp Reclam jun.

Ariès, Ph. (1980). *Geschichte des Todes.* Übers. H.-H. Henschen u. U. Pfau. München/Wien: Hanser.

Atwood, M. (2022). *Penelope und die zwölf Mägde.* Roman. Übers. M. Ingendaay u. S. Hübner. München: Penguin Random House.

Bach, S. (1961). *Spontanes Malen und Zeichnen im neurochirurgischen Bereich. Ein Beitrag zur Früh- und Differentialdiagnose.* Sonderdruck aus: Schweizer Archiv für Neurologie, Neurochirurgie und Psychiatrie. 1961, Bd. 87/1.

Bachofen, J.J. (1859). *Versuch über die Gräbersymbolik der Alten.* Basel: Bahnmeier (C. Detloff).

Bächtold-Stäubli, H. (1987) (Hrsg. unter Mitwirkung v. E. Hoffmann-Krayer). *Hand-wörterbuch des deutschen Aberglaubens.* 10 Bde. Berlin: de Gruyter.

Battegay, R. (1987). *Die Hungerkrankheiten. Unersättlichkeit als krankhaftes Phänomen.* Frankfurt a. M.: Fischer.

Beit von, H. (1971). *Symbolik des Märchens.* Bern: Francke.

*Bibel* (1985). Übers. Martin Luther. Mit Apokryphen. Stuttgart: Deutsche Bibelgesellschaft.

Biermann, W. (1991). *Alle Lieder.* Köln: Kiepenheuer & Witsch.

Bloch, E. (1982). *Das Prinzip Hoffnung.* 3 Bde. Frankfurt a. M.: Suhrkamp.

Böcklin, A. (1872). *Selbstbildnis mit fiedelndem Tod.* Zugriff am 14.09.2023 unter: www.de.wikipedia.org./Selbstbildnis_mit_fiedelndem_Tod.

Bonhoeffer, D. (1998). *Brevier.* Gütersloh: Chr. Kaiser/Gütersloher Verlagshaus.

Britton, R. (2001). Glaube, Phantasie und psychische Realität. Psychoanalytische Erkundungen. Übers. A. Vaihinger. Stuttgart: Klett-Cotta.

Bruckner, P. (2017). *Der Tod des Todes ist der Tod des Lebens.* In Neue Zürcher Zeitung, 8. Juli. Zürich: Neue Zürcher Zeitung.

Buber, M. (1984). *Das Dialogische Prinzip. Ich und Du.* Heidelberg: Lambert Schneider.

Camus, A. (1965). *Die Pest.* Roman. Übers. G.G. Meister. Frankfurt a. M./Wien/Zürich: Büchergilde Gutenberg.

Camus, A. (1966). *Der Mythos von Sisyphos. Ein Versuch über das Absurde.* Übers. H.G. Brenner u. W. Rasch. Reinbek bei Hamburg: Rowohlt.

Camus, A. (2011). *Der erste Mensch.* Übers. U. Aumüller. Reinbek bei Hamburg: Rowohlt.

Camus, A. (2021). *Die Pest.* Übers. U. Aumüller. Hamburg: Rowohlt Taschenbuch Verlag.

Canetti, E. (2014). *Das Buch gegen den Tod.* Mit einem Nachwort von Peter von Matt. München: Hanser.

Celan, P. (1949). *Corona.* In »Die Wandlung«. Eine Monatsschrift. Jg. IV, Heft 3. Heidelberg: Dolf Steinberger

Domin, H. (2009). *Sämtliche Gedichte.* Hrsg. von N. Herweg & M. Reinhold. Mit einem Nachwort von Ruth Klüger. Frankfurt a. M.: Fischer.

Dufourmantelle, A. (2018). *Lob des Risikos. Plädoyer für das Ungewisse.* Mit einem Vorwort von J. Hanimann. Übers. Nicola Denis. Berlin: Aufbau.

Eckstaedt, A. (2004). *Paul Klees gemaltes Selbst.* Psyche -Z Psychoanal 58, 2004, S. 1135–1155.

Eichendorff von, J. (1963). *Ausgewählte Werke.* Berlin u. Darmstadt: Tempel.

Freud, S. (1910). *Die zukünftigen Chancen der psychoanalytischen Therapie.* GW VIII. Frankfurt a. M. 1999: Fischer.
Freud, S. (1911). *Vorwort zur dritten Auflage der Traumdeutung.* GW II/III. Frankfurt a. M. 1999: Fischer.
Freud, S. (1913). *Zur Einleitung der Behandlung.* GW VIII. Frankfurt a. M. 1999: Fischer.
Freud, S. (1913). *Märchenstoffe in Träumen.* GW X. Frankfurt a. M. 1999: Fischer.
Freud, S. (1913). *Das Unbewusste.* GW X. Frankfurt a. M. 1999: Fischer.
Freud, S. (1914). *Erinnern, Wiederholen und Durcharbeiten.* GW X. Frankfurt a. M. 1999: Fischer.
Freud, S. (1915). *Bemerkungen über die Übertragungsliebe.* GW X. Frankfurt a. M. 1999: Fischer.
Freud, S. (1915b). *Zeitgemäßes über Krieg und Tod.* GW X. Frankfurt a. M. 1999: Fischer.
Freud, S. (1919). *Wege der psychoanalytischen Therapie.* GW XII. S. 181–194. Frankfurt a. M. 1999: Fischer.
Freud, S. (1927). *Die Zukunft einer Illusion.* GW XIV. Frankfurt a. M. 1999: Fischer.
Freud, S. (1937). *Die endliche und die unendliche Analyse.* GW XVI. S. 57–99. Frankfurt a. M. 1999: Fischer.
Freud, S. (1937). *Der Mann Moses und die monotheistische Religion.* GW XVI. S. 101–246. Frankfurt a. M. 1999: Fischer.
Fromm, Erich (1951). Märchen, Mythen, Träume. Eine Einführung in das Verständnis einer vergessenen Sprache. Zürich: Ex Libris.
Früh, S. (1985), (Hrsg.). Die Frau, die auszog, ihren Mann zu erlösen. Märchen aus Mallorca. In S. Früh (Hrsg.) Europäische Frauenmärchen. S. 21–26. Frankfurt a. M.: Fischer.
Grimms Märchen (1990). *Kinder- und Hausmärchen* (KHM). Gesammelt durch die Brüder Grimm. Vollständige Ausgabe in 2 Bdn. Zürich: Manesse.
Gronemeyer, M. (2014). *Das Leben als letzte Gelegenheit. Sicherheitsbedürfnisse und Zeitknappheit.* Darmstadt: Wissenschaftliche Buchgesellschaft.
Grossmann, D. (2013). *Aus der Zeit fallen.* Übers. A. Birkenhauer. München: Hanser.
Guardini, R. (1991). *Vom Sinn der Schwermut.* Mainz: Matthias Grünewald.
Guggenbühl, A. (1987). *Macht als Gefahr beim Helfer.* In Psychologische Praxis. Bd. 45. Basel: Karger.
Haller, C. (2017). *Das unaufhaltsame Fliessen.* Roman. München: Luchterhand.
Hammarskjöld, D. (1979). *Zeichen am Weg.* Übers. u. Einl. A. Graf Kuypenhausen. München: Droemer Knaur.
Höfer, J. & Rahner, K. (1986). Hrsg.. *Lexikon für Theologie und Kirche.* 14 Bde. Freiburg i.Br.: Herder
Homer (1953). *Odyssee.* Übers. J.H. Voss. Birkhäuser Klassiker. Basel: Birkhäuser.
Hofmannsthal, v. H. (1966). *Der Tor und der Tod.* In Hofmannsthal, *Gedichte und kleine Dramen.* S. 74–93. Frankfurt a. M.: Suhrkamp.
Holzhey, H. (2017). *Wir sehen jetzt durch einen Spiegel. Erfahrungen an den Grenzen philosophischen Denkens.* Basel: Schwabe.
Horkheimer, M./Adorno Th. W. (1944). *Die Dialektik der Aufklärung.* Frankfurt a. M. 2020: Fischer.
Hultberg,) P. (2008). *Zentrum und Umkreis. Die Rolle von Jungs Selbstbegriff in der Gegenwart.* In Anal Psychol 2008: 152, 2.
Hürlimann, Th. (2008). *Der Sprung in den Papierkorb. Geschichten, Gedanken und Notizen am Rand.* Zürich: Ammann.
Jaffé, A. (1962). *Erinnerungen, Träume, Gedanken von C.G. Jung.* Aufgezeichnet und herausgegeben von A. Jaffé. Zürich: Rascher.
Jung, C.G. (1912). *Symbole der Wandlung.* Analyse des Vorspiels zu einer Schizophrenie. GW 5. Olten 1985: Walter.
Jung, C.G. (1916). *Die transzendente Funktion.* GW 8, Kap. II. Olten 1982: Walter.
Jung, C.G. (1926). *Geist und Leben.* GW 8, Kap. XII. Olten 1982: Walter.
Jung, C.G. (1928). *Allgemeine Gesichtspunkte zur Psychologie des Traumes.* GW 8, Kap. IX. Olten 1982: Walter.
Jung, C.G. (1930). *Die Lebenswende.* GW 8, Kap. XVI. Olten 1982: Walter.
Jung, C.G. (1931). *Die Struktur der Seele.* GW 8, Kap. VII. Olten 1982: Walter.
Jung, C.G. (1932). *Wirklichkeit und Überwirklichkeit.* GW 8, Kap. XV. Olten 1982 (1971): Walter.

Jung, C.G. (1934). *Die Beziehung zwischen dem Ich und dem Unbewussten.* GW 7, Kap. II. Olten 1989: Walter.

Jung, C.G. (1934). *Seele und Tod.* GW 8, Kap. XVII. Olten 1982 (1971): Walter.

Jung, C.G. (1935). *Grundsätzliches zur praktischen Psychotherapie.* GW 16, Kap. I. Olten 1984: Walter.

Jung, C.G. (1938). *Die psychologischen Aspekte des Mutterarchetypus.* GW 9/1, Kap. IV. Olten 1983 (1976): Walter.

Jung, C.G. (1939). *Psychologie und Religion.* GW 11, Kap. 1. Olten 1988: Walter.

Jung, C.G. (1943). Einleitung in die religionspsychologische Problematik der Alchemie. GW 12, Kap. 1. Olten 1987: Walter.

Jung, C.G. (1943). *Traumsymbole des Individuationsprozesses.* GW 12, Kap. II. Olten 1987: Walter.

Jung, C.G. (1945). *Vom Wesen der Träume.* GW 8, Kap. X. Olten 1982: Walter.

Jung, C.G. (1946). *Theoretische Überlegungen zum Wesen des Psychischen.* GW 8, Kap. VIII. Olten 1982: Walter.

Jung, C.G. (1946). *Nachwort zu »Aufsätze zur Zeitgeschichte«.* GW 10, Kap. XIII. Olten 1986: Walter.

Jung, C.G. (1946). *Die Psychologie der Übertragung. Erläutert anhand einer alchemistischen Bilderserie.* GW 16, Kap. III. Olten 1984: Walter.

Jung, C.G. (1954). *Mysterium Coniunctionis. Untersuchung über die Trennung und Zusammensetzung der seelischen Gegensätze in der Alchemie.* Unter Mitarbeit von Marie-Louise von Franz. GW 14/II. Olten 1984: Walter.

Jung, C.G. (1958). *Ein moderner Mythus.* GW 10, Kap. III. Olten 1974: Walter.

Jung, C.G. (1955). *Briefe II.* GW. Olten 1989: Walter.

Jung, C.G. (1959). *Briefe I.* GW. Olten 1990: Walter.

Jung, C.G. (1960). *Definitionen.* GW 6. Kap. XI. Olten 1986: Walter.

Kafka, F. (1953). *Erzählungen.* Frankfurt a. M.: Fischer.

Kavafis, K. (1997). *Das Gesamtwerk.* Übers. u. hrsg. R. Elsie. Mit einer Einführung von Marguerite Yourcenar. Zürich: Ammann.

Kertész, I. (1998). *Ich – ein anderer.* Roman. Übers. I. Rakusa. Berlin: Rowohlt.

Kluwe, S. (2017). *Buchbesprechung* von K. Heiland, (2016) (Hrsg.). *Kontrollierter Kontrollverlust. Jazz und Psychoanalyse.* Gießen: Psychosozial. In Psyche – Z Psychoanal 71, S. 270.

Kristeva J. (1990). *Fremde sind wir uns selbst.* Übers. X. Rajewsky. 1Frankfurt a. M.: Suhrkamp.

Lasker-Schüler, E. (1966). *Sämtliche Gedichte.* München: Kösel.

Leuzinger-Bohleber, M. (2014). *Den Körper in der Seele entdecken. Embodiment und die Annäherung an das Nicht-Repräsentierte.* Psyche – Z Psychoanal 68.

Lewitscharoff, S. (2011). *Blumenberg.* Roman. Berlin: Suhrkamp.

Lewitscharoff, S. (2019). *Von oben.* Roman. Berlin: Suhrkamp.

Lüthi, M. (1999). Das europäische Volksmärchen. Form und Wesen. Tübingen: Francke.

Mahler, G. (1905). *Kindertotenlieder.* Gedichtzyklus von 5 Liedern. Vertonung von Gedichten unter dem gleichnamigen Titel von Friedrich Rückert. Abrufbar auf Youtube.

Mankell, H. (2016). *Die schwedischen Gummistiefel.* Übers. V. Reichel. Roman. Wien: Zsolnay.

Matt von, P. (1998). *Die verdächtige Pracht. Über Dichter und Gedichte.* München/Wien: Hanser.

Matt von, P. (2001). *Literaturwissenschaft und Psychoanalyse.* Stuttgart: Reclam.

Matt von, P. (2014). *Nachwort.* In E. Canetti, *Das Buch gegen den Tod.* München: Hanser.

Mendelsohn, D. (2019). *Eine Odyssee. Mein Vater. Ein Epos und ich.* Übers. M. Fienbork. München: Siedler.

Moser, T. (1976). *Gottesvergiftung.* Frankfurt a. M.: Suhrkamp.

Müller L./ Müller A. (2003). Hrsg. *Wörterbuch der Analytischen Psychologie.* Düsseldorf u. Zürich: Walter/Patmos.

Neumann, E. (1985). *Das Kind. Struktur und Dynamik der werdenden Persönlichkeit.* Fellbach: Bonz.

Neumann, E. (1987). *Die Grosse Mutter. Eine Phänomenologie der weiblichen Gestaltungen des Unbewussten.* Olten: Walter.

Neumann, E. (1992). *Ursprungsgeschichte des Bewusstseins.* Mit einem Vorwort von C.G. Jung. Frankfurt a. M.: Fischer.

Novalis (1962). *Heinrich von Ofterdingen.* 2. Teil: *Das Kloster oder der Vorhof.* Zürich: Winkler (Lizenzausgabe für Ex Libris).

Oz, A. (1990). *Der perfekte Frieden.* Roman. Übers. R. Achlama. Frankfurt a.M.: Suhrkamp.

Pelzl, E. (2013). *»Das Schweigen der Polyglotten«. Über Muttersprache, ihren Verlust und fremde Mütter.* Psyche – Z Psychoanal 67, 2013, S. 1–22.

Phillips, A. (2009). *Winnicott.* Übers. F. Langegger. Göttingen: Vandenhoeck & Ruprecht.

Platon (1965). *Symposion.* Sämtliche Werke, Bd. 2., Kap. 14–16. Schleswig: Rowohlt.

Press, J. (2017). *Der Gebrauch von Winnicott.* Psyche – Z Psychoanal 72, 2018, S. 278–307.

Radisch, I. (2013). *Camus. Das Ideal der Einfachheit.* Eine Biographie. Reinbek bei Hamburg: Rowohlt.

Rilke, R.M. (1966). *Werke in drei Bänden.* Frankfurt a.M.: Insel.

Rilke,R.M. (1975). *Sämtliche Werke in zwölf Bänden.* Werkausgabe. Frankfurt a.M.: Insel.

Rilke, R.M. (1996). *Werke. Kommentierte Ausgabe in vier Bänden.* Bd. 1: Gedichte 1895–1910. Hrsg. Manfred Engel & Ulrich Fülleborn. Frankfurt a.M.: Insel.

Rilke, R.M. (2021). *Werke.* Kommentierte Ausgabe in vier Bänden. Darmstadt: Wissenschaftliche Buchgesellschaft.

Rohde-Dachser, C. (2004). *Das Borderline-Syndrom.* 7. vollständig überarbeitete und erweiterte Auflage. Bern: Huber.

Rohde-Dachser, C. (2005). *»In den Himmel kommen, ohne zu sterben« – Inszenierungen des Unmöglichen als Selbsterhaltungsstrategie.* In C. Rohde-Dachser & F. Wellendorf, (2005). *Inszenierungen des Unmöglichen. Theorie und Therapie schwerer Persönlichkeitsstörungen.* S. 36–59. Stuttgart: Klett-Cotta.

Rohde-Dachser, C. & Wellendorf F. (2005). Hrsg. *Inszenierungen des Unmöglichen. Theorie und Therapie schwerer Persönlichkeitsstörungen.* Stuttgart: Klett-Cotta.

Rosa, H. (2016). *Resonanz. Eine Soziologie der Weltbeziehung.* Berlin: Suhrkamp.

Sachs, N. (1971). *Suche nach Lebenden.* Frankfurt a.M.: Suhrkamp.

Schärer, K. (2015). *Der Tod auf dem Apfelbaum.* Zürich: Atlantis.

Schiller, F. (1959). *Wallenstein (Die Piccolomini.)* Schillers Werke in Einzelausgaben. Hrsg.: B. v. Wiese, Frankfurt a.M.: Büchergilde Gutenberg.

Schiller, F. (1959a). *Gedichte.* Schillers Werke in Einzelausgaben. Hrsg.: B. v. Wiese, Frankfurt a.M.: Büchergilde Gutenberg.

Shakespeare, W. (1953). *Viel Lärm um nichts.* Übers. A.W. v. Schlegel u. L. Tieck. Birkhäuser-Klassiker, Werke in 10 Bdn. Bd. 5. Basel: Birkhäuser.

Shakespeare, W. (1954). *Der Sturm.* Übers. A.W. v. Schlegel u. L. Tieck. Birkhäuser-Klassiker, Werke in 10 Bdn., Bd. 7. Basel: Birkhäuser.

Sophokles (1944). *Antigone.* In Sophokles, *Tragödien.* Übers. Emil Staiger. Zürich: Atlantis.

Spillmann, B. (1998). *Die Wirklichkeit des Schattens. Kritische Überlegungen zu C.G. Jungs Haltung während des Nationalsozialismus und zur Analytischen Psychologie.* Anal Psychol 1998; 29: 272–295.

Spillmann, B. (2003). *Sehnsucht, an der wir sterben müssen.* In I. Riedel (Hrsg.), *Zeit zum Lachen, Zeit zum Weinen. Emotionen, die das Leben intensiver machen* (S. 112–125). Freiburg i. Br.: Herder.

Spillmann, B./Strubel, R. (2010). *C.G. Jung – Zerrissen zwischen Mythos und Wirklichkeit. Über die Folgen persönlicher und kollektiver Spaltungen im tiefenpsychologischen Erbe.* Gießen: Psychosozial.

Spillmann, B. (2010). *C.G. Jung – Gefangen im Mythos.* Teil I. In Spillmann B./Strubel, R. (2010). *C.G. Jung – Zerrissen zwischen Mythos und Wirklichkeit. Über die Folgen persönlicher und kollektiver Spaltungen im tiefenpsychologischen Erbe.* Gießen: Psychosozial.

Stern, D.N. (1992). *Die Lebenserfahrung des Säuglings.* Übers. E. Vorspohl. Stuttgart: Klett-Cotta.

Strasser, P. (2016). *Von Göttern und Zombies. Die Sehnsucht nach Lebendigkeit.* Paderborn: Wilhelm Fink.

Strubel, R. (2010). *Von der Dyade zur Triangulierung.* Teil II. In Spillmann B./Strubel R. (2010). *C.G. Jung – Zerrissen zwischen Mythos und Wirklichkeit. Über die Folgen persönlicher und kollektiver Spaltungen im tiefenpsychologischen Erbe.* Gießen: Psychosozial.

Tennyson, Lord A. (1999). *Ulysses.* Übers. Katrin Thier. Zugriff am 28.11.2022 unter: www.midwinter.de/lurk/making/ulysses.html.

Tolstoj, L.N. (1963). *Der Tod des Iwan Iljitsch.* Erzählung. Übers. unbekannt. Zürich: Gute Schriften.

Voigt, B. (2016). *Das neue Leben nach dem Sturz.* NZZ am Sonntag, 6. März. Zürich: Neue Zürcher Zeitung.

Weischedel, W. (1992). *Die philosophische Hintertreppe.* München: dtv.

Winnicott, D.W. (1962). *Ich-Integration in der Entwicklung des Kindes.* In Winnicott, *Reifungsprozesse und fördernde Umwelt. Studien zur Theorie der emotionalen Entwicklung.* Mit einem Vorwort von M. Masud R. Khan. Übers. G. Theusner-Stampa. Frankfurt a. M. 1988: Fischer.

Winnicott, D.W. (1963). *Die Angst vor dem Zusammenbruch.* Übers. P. Wegner u. R. Jaschke. In Psyche – Z Psychoanal 45, 1991, S. 1116–1126.

Winnicott, D.W. (1965). *Die Psychologie der Verrücktheit.* Übers. J. Picht. In Psyche – Z Psychoanal 72, 2018, S. 254–266.

Winnicott, D.W. (1978). *Familie und individuelle Entwicklung.* Übers. G. Theusner-Stampa. München: Kindler.

Winnicott, D.W. (1987). *Vom Spiel zur Kreativität.* Übers. M. Ermann. Stuttgart: Klett-Cotta.

Winnicott, D.W. (1988). *Reifungsprozesse und fördernde Umwelt.* Übers. G. Theusner-Stampa. Frankfurt a. M.: Fischer.

Yalom, D. (2010). *In die Sonne schauen. Wie man die Angst vor dem Tod überwindet.* Übers. B. Linner. München: Random House.

# Stichwortverzeichnis

## I



## J



## K



## L



## M



## N



## O



## P



## R

## W



## Z